2024~
2025

証券外務員
一種
対策問題集

J-IRIS●編

ビジネス教育出版社

このテキストについて

◆本書中の『2024年版 外務員必携（電子書籍）』からの転載、又は参照とした箇所の著作権は、日本証券業協会にあります。

◆本書の内容に関する一切の責は、株式会社日本投資環境研究所及び株式会社ビジネス教育出版社に帰属します。
内容についてのご不明な点は、ビジネス教育出版社までお問い合わせ下さい。

◆本書の内容は、2023年12月末時点の法令諸規則等に則したものです。

◆本書は、「一種 外務員(証券外務員)資格試験」を受験される方のための学習教材です。各試験の出題範囲の中から、頻出の内容をもとに構成しています。

◆本書は、外務員等資格試験に関する規則に基づいて作成しております。試験制度や法令諸規則等の変更及び誤植等につきましては、ビジネス教育出版社ホームページにて随時ご案内致しますのでご確認下さい（https://www.bks.co.jp）。

～ はじめに ～

外務員（証券外務員）資格試験に合格するためには、日本証券業協会の『外務員必携（電子書籍)』（以下『必携』）の理解が必要です。しかし、書籍にすると４冊分もある『必携』の内容を理解するには、膨大な労力を要します。

そこで、本書『2024～2025　証券外務員　［一種］対策問題集』は、『必携』を要約し、過去に出題された問題や、制度の改正を踏まえて作成しています。

まずは問題を解き、間違った場合は、なぜ間違ったのかを「解答」欄の解説を読んで、理解しましょう。

それでも理解できないときは、『2024～2025　証券外務員　学習テキスト』を読んでください。『学習テキスト』は、単元ごとに必携を要約し、ポイントをまとめています。

また、本書の「解答」には、この『学習テキスト』の掲載ページが記載されていますので、該当ページで詳細を確認することができます。

「『学習テキスト』に目を通してから問題を解く」、又は「問題を解いてから『学習テキスト』で確認し、理解する」等、ご自身で学習計画を立てることで、効率化を図るとともに、内容の理解度を深めていただきたいと思います。

もし、同じ問題を解いても３～４回間違った場合は、それがあなたの「弱点問題」です。この「弱点問題」を確実に理解すること、弱点を克服することが、「合格」に結びつくのです。

巻末に本試験に即した模擬想定問題を２回分用意しています。学習の総仕上げとして受験前に時間（160分）を計って実際の試験のつもりで臨んでください。

ぜひ、本書を活用して、合格を勝ち取ってください。

2024年５月
日本投資環境研究所

外務員資格とは

金融商品取引業者等で金融商品取引業務を行う者を、「外務員」といいます。

日本証券業協会の協会員には、会員、特別会員、特定業務会員があります。この各協会員の外務員資格にはいくつかの種類があり、資格によって取り扱うことのできる商品が異なります。ここでは、会員の外務員資格について紹介します。

【会員外務員の各資格】

資格名	取り扱うことのできる業務	受験資格
一種外務員資格	二種で扱う商品の他、先物取引、オプション取引、信用取引、仕組債　など	なし（誰でも受験可能）【注1】
二種外務員資格	株式、債券、投資信託　など	
内部管理責任者資格	支店等の営業活動が、金商法その他の法令等に準拠し適正に遂行されているか、適切な内部管理が行われているか　など	協会員の役員、一種外務員資格を有する者【注2】

【注1】受験資格は特に設けられておりませんので、受験を希望する方は、年齢などにかかわらず、どなたでも受験することができます。
ただし、一級不都合行為者、二級不都合行為者として取り扱われることとなった日から５年間を経過していない者、不合格による受験待機期間中（不合格となった試験の受験日の翌日から起算して30日間）の者及び不正受験等による受験排除期間中の者のいずれかに該当する者は受験することができません。

【注2】日本証券業協会の協会員である金融商品取引業者又は登録金融機関の役職員及びその採用予定者、金融商品仲介業者及び金融商品仲介業者の役職員並びにその採用予定者等に限られます。

外務員になるためには、金融商品取引業者等に所属し、その氏名等を外務員登録原簿に登録することが、金融商品取引法により義務付けられています。この登録手続きが終了しなければ、外務員として活動できません。

さらに、この登録を受ける前提として「外務員資格」を保有していることが必要になります。

受験手続

外務員資格試験は、日本証券業協会が実施しています。この試験に合格し、外務員登録原簿に登録を受けなければ、外務員の職務を行うことはできません。

外務員試験は、日本証券業協会の試験等を実施している「プロメトリック（株）」に申込みを行います。

受験手続は、以下のとおりです。なお、協会員（証券会社、銀行等）を通して受験手続を行う場合は、異なる手続となります。

受験資格　年齢などにかかわらず、誰でも受験できる

受験手続き　プロメトリック(株)のホームページから申し込む
http://www.prometric-jp.com/examinee/test_list/archives/17

試験実施日　原則として月～金曜日（土日祝、年末年始等を除く）
※試験会場によって実施日が異なりますので、申込みの際に確認しましょう。

試験会場　全国主要都市に設置されているプロメトリック(株)の試験会場（テストセンター）

受験料　13,860円（消費税10%を含む）

詳しい受験手順等は、プロメトリック(株)のホームページでご確認下さい。
プロメトリック(株)ホームページ：http://www.prometric-jp.com/

試験内容・合否

一種外務員資格（会員）試験の内容と合否に関しては、以下のとおりです。

試験形式	①○×方式 ②五肢選択方式（五肢択一方式、五肢択二方式）
出題数	合計100問（○×方式70問、五肢選択方式30問） ○×方式各２点、五肢選択方式10点（五肢択二は各５点）
試験方法	試験の出題、解答等はすべてＰＣにより行われます。 操作はマウスを使用します（電卓はＰＣの電卓を用います）。 なお、筆記用具や携帯電話等の持ち込みは禁止されています。
試験時間	２時間40分
合否判定基準	440点満点のうち７割（308点）以上の得点で合格です。
合否結果	一般受験の場合は、試験終了後正答率が画面に表示されます。 協会員を通した申込みの場合は、試験日の２営業日後に、担当者に通知されます。 なお、不合格の場合、不合格となった試験の受験から30日間は受験することができません。

出題科目

試験の出題科目は、以下のとおりです。（2019年３月時点）

法令・諸規則	○金融商品取引法及び関係法令 ○金融商品の勧誘・販売に関係する法律 ○協会定款・諸規則 ○取引所定款・諸規則	予想配点 94点／440点
商品業務	○株式業務 ○債券業務 ○投資信託及び投資法人に関する業務 ○付随業務 ○デリバティブ取引	予想配点 242点／440点
関連科目	○証券市場の基礎知識 ○株式会社法概論 ○財務諸表と企業分析 ○経済・金融・財政の常識 ○セールス業務 ○証券税制	予想配点 104点／440点

一種外務員資格（会員）試験　予想配点

	科　　目	問題数		配点
		○×	5択	
第２章	金融商品取引法	6	2	32
第３章	金融商品の勧誘・販売に関係する法律	3	0	6
第６章	協会定款・諸規則	7	3	44
第７章	取引所定款・諸規則	6	0	12
第８章	株式業務	6	4	52
第９章	債券業務	5	3	40
第10章	投資信託及び投資法人に関する業務	7	2	34
第11章	付随業務	0	1	10
第12章	株式会社法概論	5	1	20
第４章	経済・金融・財政の常識	0	2	20
第13章	財務諸表と企業分析	5	1	20
第14章	証券税制	6	1	22
第１章	証券市場の基礎知識	1	1	12
第５章	セールス業務	5	0	10
第15章	デリバティブ取引	8	9	106
合計		70	30	440

出 題 順　「金融商品取引法」から、上記表の科目順に出題されます。
なお、同じ科目の中に「○×方式」「五肢選択方式」が混在します。

予想配点　(株)日本投資環境研究所の調査により配点の予想をしました。

本書の見方・使い方

〈弱点問題をチェック〉
問題を間違えた場合、四角部分にチェックを入れてください。もし4回チェックがつくようであれば、それがあなたの「弱点問題」です。
問題そのものを書き写すなどして、確実に解けるよう理解を深めましょう。

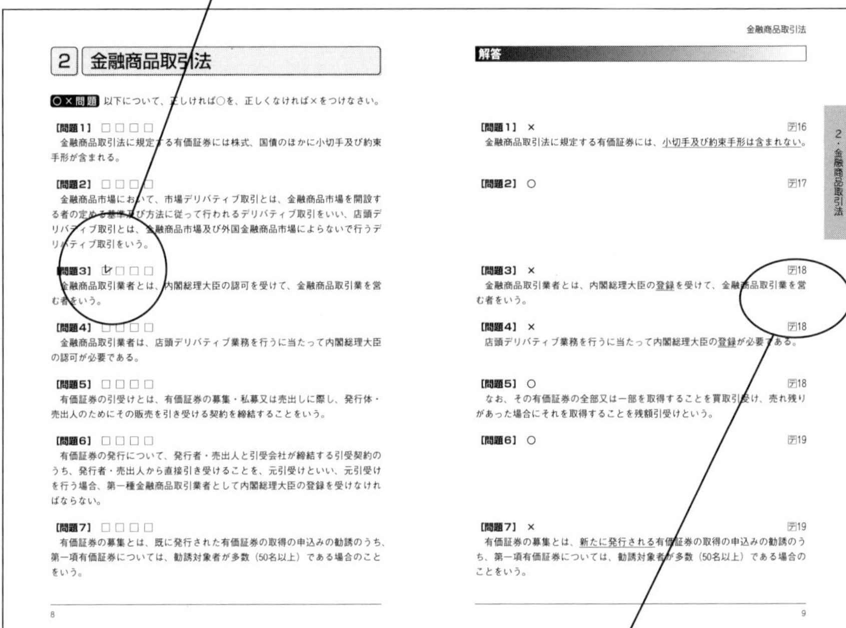
2 金融商品取引法

○×問題 以下について、正しければ○を、正しくなければ×をつけなさい。

【問題1】 □□□□
金融商品取引法に規定する有価証券には株式、国債のほかに小切手及び約束手形が含まれる。

【問題2】 □□□□
金融商品市場において、市場デリバティブ取引とは、金融商品市場を開設する者の定める基準及び方法に従って行われるデリバティブ取引をいい、店頭デリバティブ取引とは、金融商品市場及び外国金融商品市場によらないで行うデリバティブ取引をいう。

【問題3】 ☑□□□
金融商品取引業者とは、内閣総理大臣の認可を受けて、金融商品取引業を営む者をいう。

【問題4】 □□□□
金融商品取引業者は、店頭デリバティブ業務を行うに当たって内閣総理大臣の認可が必要である。

【問題5】 □□□□
有価証券の引受けとは、有価証券の募集・私募又は売出しに際し、発行体・売出人のためにその販売を引き受ける契約を締結することをいう。

【問題6】 □□□□
有価証券の発行について、発行者・売出人と引受会社が締結する引受契約のうち、発行者・売出人から直接引き受けることを、元引受けといい、元引受けを行う場合、第一種金融商品取引業者として内閣総理大臣の登録を受けなければならない。

【問題7】 □□□□
有価証券の募集とは、既に発行された有価証券の取得の申込みの勧誘のうち、第一項有価証券については、勧誘対象者が多数（50名以上）である場合のことをいう。

8

金融商品取引法

解答

【問題1】 × テ16
金融商品取引法に規定する有価証券には、小切手及び約束手形は含まれない。

【問題2】 ○ テ17

【問題3】 × テ18
金融商品取引業者とは、内閣総理大臣の登録を受けて、金融商品取引業を営む者をいう。

【問題4】 × テ18
店頭デリバティブ業務を行うに当たって内閣総理大臣の登録が必要である。

【問題5】 ○ テ18
なお、その有価証券の全部又は一部を取得することを買取引受け、売れ残りがあった場合にそれを取得することを残額引受けという。

【問題6】 ○ テ19

【問題7】 × テ19
有価証券の募集とは、新たに発行される有価証券の取得の申込みの勧誘のうち、第一項有価証券については、勧誘対象者が多数（50名以上）である場合のことをいう。

2・金融商品取引法

9

〈参照ページ〉
当社発行の学習テキストの掲載ページを参照することで、内容に立ち返って確認することができます。
略称は、以下のとおりです。
テ……『2024～2025 証券外務員 学習テキスト』

習熟チェック表

各科目の問題数が、いつ、どれだけ解けたかを記録できるチェック表です。
科目の復習や試験日に向けた習熟確認など、学習のめやすとしてお使いください。

科目 ＼ 学習日	月　日	月　日	月　日	月　日
①証券市場の基礎知識 ［全19問］	正　解　問 正解率　%	正　解　問 正解率　%	正　解　問 正解率　%	正　解　問 正解率　%
②金融商品取引法 ［全90問］	正　解　問 正解率　%	正　解　問 正解率　%	正　解　問 正解率　%	正　解　問 正解率　%
③金融商品の勧誘・販売に関係する法律 ［全24問］	正　解　問 正解率　%	正　解　問 正解率　%	正　解　問 正解率　%	正　解　問 正解率　%
④経済・金融・財政の常識 ［全53問］	正　解　問 正解率　%	正　解　問 正解率　%	正　解　問 正解率　%	正　解　問 正解率　%
⑤セールス業務 ［全30問］	正　解　問 正解率　%	正　解　問 正解率　%	正　解　問 正解率　%	正　解　問 正解率　%
⑥協会定款・諸規則 ［全90問］	正　解　問 正解率　%	正　解　問 正解率　%	正　解　問 正解率　%	正　解　問 正解率　%
⑦取引所定款・諸規則 ［全25問］	正　解　問 正解率　%	正　解　問 正解率　%	正　解　問 正解率　%	正　解　問 正解率　%
⑧株式業務 ［全76問］	正　解　問 正解率　%	正　解　問 正解率　%	正　解　問 正解率　%	正　解　問 正解率　%
⑨債券業務 ［全67問］	正　解　問 正解率　%	正　解　問 正解率　%	正　解　問 正解率　%	正　解　問 正解率　%
⑩投資信託及び投資法人に関する業務 ［全81問］	正　解　問 正解率　%	正　解　問 正解率　%	正　解　問 正解率　%	正　解　問 正解率　%
⑪付随業務 ［全21問］	正　解　問 正解率　%	正　解　問 正解率　%	正　解　問 正解率　%	正　解　問 正解率　%
⑫株式会社法概論 ［全67問］	正　解　問 正解率　%	正　解　問 正解率　%	正　解　問 正解率　%	正　解　問 正解率　%
⑬財務諸表と企業分析 ［全50問］	正　解　問 正解率　%	正　解　問 正解率　%	正　解　問 正解率　%	正　解　問 正解率　%
⑭証券税制 ［全50問］	正　解　問 正解率　%	正　解　問 正解率　%	正　解　問 正解率　%	正　解　問 正解率　%
⑮デリバティブ取引 ［全132問］	正　解　問 正解率　%	正　解　問 正解率　%	正　解　問 正解率　%	正　解　問 正解率　%
合計 ［全875問］	正　解　問 正解率　%	正　解　問 正解率　%	正　解　問 正解率　%	正　解　問 正解率　%

会員

試験対策問題［一種］

問　題

1 証券市場の基礎知識

○×問題 以下について、正しければ○を、正しくなければ×をつけなさい。

[問題1] □□□□

金融市場において、経済主体間の資金需要額と供給額は、家計部門や企業部門で必ず一致する。

[問題2] □□□□

企業の資金調達方法のうち、株式の発行によるものは直接金融に区分され、債券の発行によるものは、間接金融に区分される。

[問題3] □□□□

資金移転の仲介の役割を担う証券会社は、供給者の資産を管理運用し、その果実（収益）を顧客に還元する。

[問題4] □□□□

新規に発行される証券を、発行者から直接あるいは仲介者を介して投資者が第１次取得する市場を発行市場という。

[問題5] □□□□

金融商品取引業者として内閣総理大臣の登録を受けた者でなければ、金融商品取引業を行ってはならない。

[問題6] □□□□

金融商品取引業者の業務のうち、店頭デリバティブ取引業務は、リスクの高い業務であることから内閣総理大臣の認可を要する証券業務である。

[問題7] □□□□

金融商品取引業者が元引受け業務を行う場合には、内閣総理大臣の認可が必要である。

[問題8] □□□□

金融商品取引法上の投資者保護とは、証券投資に関する情報を正確かつ迅速に投資者が入手でき、また、不公正な取引の発生から投資者を回避させることが基本である。

解答

［問題1］ ×　　テ2

経済主体間の資金需要額と供給額は、全体としては一致するが、部門別では必ずしも一致しない。

［問題2］ ×　　テ3

株式の発行も債券の発行も直接金融である。

［問題3］ ×　　テ3

証券会社は資金移転等の仲介機能を果たしているが、証券を取得する判断と責任はすべて供給者（投資者）に帰属するものであり、供給者の資産を管理運用はしない。

［問題4］ ○　　テ4

なお、取得されて既発行となった証券が第１次投資者から第２次、第３次の投資者に転々と流通（売買）する市場を流通市場という。

［問題5］ ○　　テ5、18

［問題6］ ×　　テ5、18

内閣総理大臣の登録を要する証券業務である。

［問題7］ ×　　テ5、19

元引受け業務については、内閣総理大臣の登録が必要である。

［問題8］ ○　　テ5

問題

[問題9] □ □ □ □

証券取引等監視委員会には、インサイダー取引や証券会社による損失保証・補塡、相場操縦、有価証券報告書の虚偽記載等の公正を損なう行為についての強制調査権が付与されている。

[問題10] □ □ □ □

証券保管振替機構の振替制度では、株式等の配当金の支払いにおいて、証券会社を通じて配当金を受領する方法を選択することができない。

[問題11] □ □ □ □

投資者保護基金の補償限度額は、１店舗当たり3,000万円とされている。

[問題12] □ □ □ □

日本証券金融は、金融商品取引業者に金銭の貸付けを行う。

[問題13] □ □ □ □

銀行は、金融商品の仲介を行うことはできない。

[問題14] □ □ □ □

サステナブルファイナンスのうち、教育（Education）、社会（Social）、ガバナンス（Governance）の３つの要素を投資決定に組み込むことをESG投資という。

[問題15] □ □ □ □

サステナブルファイナンスは、特定の金融商品や運用スタイルを指す言葉ではなく、持続可能な社会を支える金融の制度や仕組み、行動規範、評価手法等の全体像を指す。

[問題16] □ □ □ □

ESG要素を考慮する手法として、特定の業界や企業、国などを投資対象から除外するネガティブ・スクリーニングがある。

[問題17] □ □ □ □

サステナビリティボンドは、環境にも社会にもポジティブなインパクトを与えるプロジェクトに資金使途を限定して発行される債券である。

解答

【問題9】 ○ テ6

【問題10】 × テ6

証券保管振替機構の振替制度では、株式等の配当金の支払いにおいては、全銘柄の配当金を同一の預金口座で受領する方法や、証券会社を通じて配当金を受領する方法を選択することができる。

【問題11】 × テ7、40

投資者保護基金の補償限度額は、顧客１人当たり1,000万円とされている。

【問題12】 ○ テ7、41

日本証券金融は、金融商品取引業者に信用取引の決済に必要な金銭又は有価証券を貸し付ける貸借取引貸付け等を行っている。

【問題13】 × テ7

銀行は、金融商品の仲介を行うことができる。

【問題14】 × テ8

ESG投資のEは、教育（Education）ではなく、環境（Environment）である。

【問題15】 ○ テ8

【問題16】 ○ テ9

【問題17】 ○ テ10

問題

選択問題

[問題18] □□□□

次の文章のうち、正しいものの番号を1つマークしなさい。

1. 証券市場のうち、株式市場における資金調達や債券市場における資金調達は、間接金融に分類される。
2. 金融商品取引業者は、元引受け業務を行うにあたっては、内閣総理大臣の認可が必要である。
3. 発行市場と流通市場は、別々の市場であり、お互いに影響を及ぼすことはない。
4. 証券保管振替機構は、国債の決済及び管理業務を集中的に行う日本で唯一の証券決済機関である。
5. 証券取引等監視委員会は、取引調査、金融商品取引業者への検査、有価証券報告書等の開示書類の検査を行っている。

[問題19] □□□□

次の文章のうち、正しいものの番号を2つマークしなさい。

1. 間接金融では金融仲介機関が資金回収にかかわるリスクを負うのに対して、直接金融では資金の最終的貸し手（投資者）がリスクを負う。
2. 金融商品取引業者が、PTS（私設取引システム）業務を行おうとするときは、内閣総理大臣の登録が必要である。
3. 発行市場と流通市場は、別々の市場であり、お互いに影響を及ぼすことはない。
4. 証券取引等監視委員会は、金融商品取引業界における自主規制機関の1つとされている。
5. 証券取引等監視委員会には、インサイダー取引や証券会社による損失保証・補填、相場操縦、有価証券報告書の虚偽記載等の公正を損なう行為についての強制調査権が付与されている。

解答

[問題18]　5　　テ2～6、19

1．× 証券市場を通じるものは、直接金融に分類される。
2．× 内閣総理大臣の登録が必要である。
3．× 発行市場と流通市場は、有機的に結びついている。
4．× 証券保管振替機構は、国債以外の有価証券の決済及び管理業務を集中的に行う日本で唯一の証券決済機関である。
5．○

[問題19]　1、5　　テ3～6、193

1．○
2．× PTS（私設取引システム）業務は、内閣総理大臣の認可が必要である。
3．× 発行市場が機能するためには、公正で継続的な価格形成と換金の可能性が高い（流動性が高い）流通市場が不可欠であり、両市場は有機的に結び付いている。
4．× 証券取引等監視委員会は、金融庁に属する公的規制機関であり、自主規制機関ではない。
5．○

2 金融商品取引法

○×問題 以下について、正しければ○を、正しくなければ×をつけなさい。

[問題1] □□□□

金融商品取引法に規定する有価証券には株式、国債のほかに小切手及び約束手形が含まれる。

[問題2] □□□□

金融商品市場において、市場デリバティブ取引とは、金融商品市場を開設する者の定める基準及び方法に従って行われるデリバティブ取引をいい、店頭デリバティブ取引とは、金融商品市場及び外国金融商品市場によらないで行うデリバティブ取引をいう。

[問題3] □□□□

金融商品取引業者とは、内閣総理大臣の認可を受けて、金融商品取引業を営む者をいう。

[問題4] □□□□

金融商品取引業者は、店頭デリバティブ業務を行うに当たって内閣総理大臣の認可が必要である。

[問題5] □□□□

有価証券の引受けとは、有価証券の募集・私募又は売出しに際し、発行体・売出人のためにその販売を引き受ける契約を締結することをいう。

[問題6] □□□□

有価証券の発行について、発行者・売出人と引受会社が締結する引受契約のうち、発行者・売出人から直接引き受けることを、元引受けといい、元引受けを行う場合、第一種金融商品取引業者として内閣総理大臣の登録を受けなければならない。

[問題7] □□□□

有価証券の募集とは、既に発行された有価証券の取得の申込みの勧誘のうち、第一項有価証券については、勧誘対象者が多数（50名以上）である場合のことをいう。

解答

[問題1]　×　テ16

金融商品取引法に規定する有価証券には、小切手及び約束手形は含まれない。

[問題2]　○　テ17

[問題3]　×　テ18

金融商品取引業者とは、内閣総理大臣の登録を受けて、金融商品取引業を営む者をいう。

[問題4]　×　テ18

店頭デリバティブ業務を行うに当たって内閣総理大臣の登録が必要である。

[問題5]　○　テ18

なお、その有価証券の全部又は一部を取得することを買取引受け、売れ残りがあった場合にそれを取得することを残額引受けという。

[問題6]　○　テ19

[問題7]　×　テ19

有価証券の募集とは、新たに発行される有価証券の取得の申込みの勧誘のうち、第一項有価証券については、勧誘対象者が多数（50名以上）である場合のことをいう。

問題

【問題8】 □□□□

PTS業務を業として行おうとするときは、内閣総理大臣の登録を受けなければならない。

【問題9】 □□□□

金融商品取引法では、金融商品取引業以外の業務を、その内容により、付随業務、届出業務、承認業務の３つに分類している。

【問題10】 □□□□

金融商品取引業者は、登録申請書又は添付書類の記載事項に変更があったときには、登録申請書の場合はその日から２週間以内に、添付書類の場合は遅滞なく、その旨を内閣総理大臣に届け出なければならない。

【問題11】 □□□□

金融商品取引業者等は、投資者保護上問題がないと認められる場合に限り、登録を受けた外務員以外の者にも外務員の職務を行わせることができる。

【問題12】 □□□□

いったん登録された外務員は、いかなる場合も登録を取り消されることはない。

【問題13】 □□□□

金融商品取引業者等は、金融商品取引法に違反する悪質な行為を外務員が行った場合に、その行為が代理権の範囲外であれば、監督責任を免れることができる。

【問題14】 □□□□

金融商品取引業者等は、その行う金融商品取引業の内容について広告等をする場合は、利益の見込み等について著しく事実に相違する表示又は著しく人を誤認させる表示をすることは禁止されている。

【問題15】 □□□□

金融商品取引業者等が広告等をする場合の広告規制の対象には、同一の内容を一斉に多数の者に送る電子メール等も含まれる。

解答

[問題8]　×　テ20～21、193

PTS業務は、内閣総理大臣の認可を受けなければならない。

[問題9]　○　テ20、304

[問題10]　○　テ21

[問題11]　×　テ22

登録外務員以外の者の外務行為は、禁止されている。

[問題12]　×　テ23

内閣総理大臣は、欠格事由のいずれかに該当したときなど一定の場合、外務員登録を取り消し、又は２年以内の期間を定めて職務の停止を命ずることができる。

[問題13]　×　テ23

金融商品取引業者等は、金融商品取引法に違反する悪質な行為を外務員が行った場合に、そうした行為が代理権の範囲外であることを理由として監督責任を免れることはできない。

[問題14]　○　テ24

[問題15]　○　テ24

なお、広告規制の対象範囲は、郵便、信書便、ファクシミリ、電子メール、ビラ・パンフレット配布等がある。

問題

[問題16] □□□□

金融商品取引業者等は、金融商品取引契約を締結しようとするときは、あらかじめ、契約締結前交付書面を交付しなければならない。

[問題17] □□□□

金融商品取引業者等は、金融商品取引契約を締結しようとする時は、あらかじめ、顧客に対して重要事項を記載した書面を交付するが、その記載内容に「手数料等、顧客が支払うべき対価に関する事項」は含まれるが、「金利、通貨の価格変動により損失が生じるおそれ」は含まれない。

[問題18] □□□□

金融商品取引業者等は、上場有価証券の売買について過去1年以内に当該顧客に対して、上場有価証券等書面を交付している場合、契約締結前書面等の交付は免除される。

[問題19] □□□□

個人向けの市場デリバティブ取引全般については、不招請勧誘の禁止の適用対象とされている。

[問題20] □□□□

金融商品取引業者等は、顧客から有価証券の売買又は店頭デリバティブ取引に関する注文を受けた場合、あらかじめ、自己がその相手方となって当該売買を成立させるのか、又は媒介し、取次ぎし、若しくは代理して当該売買若しくは取引を成立させるのかの別を明らかにしなければならない。

[問題21] □□□□

金融商品取引業者等は、金融商品取引行為について、顧客の知識、経験、財産の状況及び金融商品取引契約を締結する目的に照らして不適当と認められる勧誘を行って投資者の保護に欠けることのないように業務を行わなければならない。

[問題22] □□□□

商品関連市場デリバティブ取引に係る業務に関して、顧客から預託を受けた商品等を担保に供する場合には、書面又は電磁的方法による同意を得なければならない。

解答

【問題16】 ○ 　　テ24

【問題17】 × 　　テ25

「金利、通貨の価格変動により損失が生じるおそれ」も含まれる。

【問題18】 ○ 　　テ25

契約締結前の書面交付義務の適用除外に当たる。

【問題19】 × 　　テ26

個人向けの市場デリバティブ取引全般については、顧客の勧誘受諾意思確認義務及び再勧誘の禁止の適用対象とされているが、不招請勧誘の禁止の適用対象とされていない。なお、不招請勧誘の禁止の適用対象は、個人向けの店頭デリバティブ取引全般である。

【問題20】 ○ 　　テ27

問題文は、取引態様の事前明示義務の記述である。なお、自己が相手方となって売買を成立させることを「仕切り注文」、媒介、取次ぎ、又は代理により売買を成立させることを「委託注文」という。

【問題21】 ○ 　　テ27

問題文は、適合性の原則の遵守義務についての記述である。

【問題22】 ○ 　　テ27

なお、信用取引の代用有価証券を再担保に供するとき、他人に貸し付けるときにおいても担保同意書（又は電磁的方法による同意）を受けなければならない。

問題

[問題23] □□□□

損失補塡は禁止されているので、たとえ事故に該当するものであっても、顧客に対して損失補塡をすることはできない。

[問題24] □□□□

特定投資家制度において、地方公共団体は、選択により一般投資家に移行可能な特定投資家に分類される。

[問題25] □□□□

特定投資家であっても、契約締結前の書面交付の省略や損失補塡などの行為については、禁止行為となっている。

[問題26] □□□□

有価証券の引受人となった金融商品取引業者は、その有価証券を売却する場合において、引受人となった日から1ヵ月を経過する日までは、その買主に対し、買入代金について貸付けその他信用の供与を行ってはならない。

[問題27] □□□□

断定的判断の提供による勧誘は禁止されているが、その勧誘が結果的に的中した場合は違法性がなくなる。

[問題28] □□□□

断定的判断の提供により、顧客が損失を被った場合、金融商品取引業者等は、顧客に対し元利金相当額の賠償責任を負う。

[問題29] □□□□

金融商品取引業者等又はその役職員は、顧客に対して特別の利益の提供を約束しても、実際に特別の利益の提供を行わなければ、禁止行為とはならない。

[問題30] □□□□

金融商品取引業者等は、自己が保有する銘柄について、不特定かつ多数の顧客に対し、買付け若しくは売付けの勧誘を一定期間継続して、一斉にかつ過度に勧誘する行為で、公正な価格形成を損なうおそれがあるものを行ってはならない。

解答

[問題23]　×　テ28

その補填が事故に起因するものであることについて、金融商品取引業者等があらかじめ内閣総理大臣から確認を受けている場合やその他内閣府令で定めている場合には単なる事故処理として扱われ、損失補填に該当しない。

[問題24]　×　テ29

地方公共団体は、選択により特定投資家に移行可能な一般投資家に分類される。

[問題25]　×　テ29～30

特定投資家においては、契約締結前の書面交付については、行為規制の適用除外となっている。損失補填は、特定投資家であっても禁止行為である。

[問題26]　×　テ30

有価証券の引受人となった金融商品取引業者は、その有価証券を売却する場合において、引受人となった日から６ヵ月を経過する日までは、その買主に対し買入代金について貸付けその他信用の供与を行ってはならない。

[問題27]　×　テ31

結果的に的中しても、投資判断の形成を歪めることになるので違法性はなくならない。

[問題28]　×　テ31、63

賠償額は、元本欠損額とされ、無過失責任とされている。

[問題29]　×　テ32

顧客に対して特別の利益の提供を約束する行為が禁止行為となる。なお、社会通念上のサービスは、特別の利益の提供に含まれない。

[問題30]　○　テ32

問題文は、大量推奨販売の禁止の記述であるが、その銘柄が現にその金融商品取引業者等が保有している有価証券である場合の推奨販売行為は厳しく禁じられている。

問題

【問題31】 □□□□

金融商品取引業者等又はその役職員は、特定かつ少数の銘柄について、不特定かつ多数の顧客に対し、買付け若しくは売付けの勧誘を一定期間継続して、一斉にかつ過度に行うことを禁じているが、その銘柄が金融商品取引業者等が現に保有している銘柄であれば、禁止行為には当たらない。

【問題32】 □□□□

金融商品取引業者等は、顧客から有価証券の買付け又は売付けの委託等を受け、その委託に係る売買を成立させる前に自己の計算において、その有価証券と同一の銘柄の売買を成立させることを目的として、当該顧客の委託注文と同一又はそれよりも有利な価格で買付け又は売付けする行為は禁じられている。

【問題33】 □□□□

金融商品取引業者等は、顧客との間に継続的な取引関係がある場合には、顧客の意思を確認することなく、売買を行うことや、あらかじめ買付けをしておいて後から顧客の承認（事後承諾）を得ようとする行為を行うことができる。

【問題34】 □□□□

金融商品取引業者等は、顧客の信用取引の買いに対して自己の株式を売付けた場合、当該株式の買付けをしてはならない。

【問題35】 □□□□

安定操作を行うことができる金融商品取引業者等は、募集・売出しに係る有価証券の発行者の発行する株券等で、金融商品取引所に上場されているものであれば、安定操作期間中に他の金融商品取引業者に対する買付けの委託等を行うことができる。

【問題36】 □□□□

金融商品取引業者等又はその役員若しくは使用人は、法人関係情報に基づいて、自己の計算において有価証券の売買その他の取引等を行ってはならない。

【問題37】 □□□□

金融商品取引業者等は、個人顧客を相手方とする有価証券店頭デリバティブ取引について、証拠金の預託を受けずに取引することは禁止されている。

解答

[問題31] × テ32

特に、金融商品取引業者等が現に保有している銘柄を、大量推奨販売することは、そのまま相場操縦に該当する可能性もあるので、厳しく禁じられている。

[問題32] ○ テ33

問題文は、フロントランニングの禁止の記述である。

[問題33] × テ33

顧客との間に継続的な取引関係がある場合でも、顧客の意思を確認することなく、売買を行うことや、あらかじめ買付けをしておいて後から顧客の承認（事後承諾）を得ようとする行為は禁止されている。

[問題34] ○ テ34

問題文は、信用取引における客向かい行為の記述である。そもそも金融商品取引業者は、顧客から信用取引の委託を受けたときは、その委託に対し、自己がその相手方となって信用取引を成立させてはならないこととなっている。

[問題35] × テ34

引受金融商品取引業者等は、安定操作期間中に自己の計算による買付けや、他の金融商品取引業者に対する買付けの委託等を行ってはならない。

[問題36] ○ テ34

[問題37] ○ テ35

なお、これは顧客が不測の損害を被るおそれ、顧客の損失が証拠金を上回ることにより業者の財務の健全性に影響が出るおそれ、過当投機を助長するおそれなどの弊害を防止するためである。

問題

[問題38] □□□□

投資運用業を行う金融商品取引業者等は、投資信託及び投資法人との資産運用契約、又は投資一任契約に関して、いかなる名目によるかを問わず、顧客から金銭若しくは有価証券の預託を受けてはならない。

[問題39] □□□□

銀行、協同組織金融機関その他政令で定める金融機関以外の者は、法人に限り、内閣総理大臣の登録を受けて、金融商品仲介業を営むことができる。

[問題40] □□□□

信用格付とは、金融商品又は法人の信用状態に関する評価の結果について、記号又は数字を用いて表示した等級をいう。

[問題41] □□□□

投資者保護基金が補償をする対象債権は、破綻業者の適格機関投資家を含む顧客が、当該金融商品取引業者に対して有する債権である。

[問題42] □□□□

証券金融会社の貸借取引貸付けとは、金融商品取引業者又はその顧客に対し有価証券又は金銭を担保として金銭又は有価証券を貸し付けることをいう。

[問題43] □□□□

内閣総理大臣は、一定の要件を備える者をその登録により、紛争解決等業務を行う者として指定できる。

[問題44] □□□□

何人も、有価証券の売買その他の取引又はデリバティブ取引等を誘引する目的をもって、虚偽の相場を利用してはならない。

[問題45] □□□□

有価証券の募集、売出し、売買その他の取引若しくはデリバティブ取引等のため、又は有価証券等の相場の変動を図る目的をもって、風説を流布し、偽計を用い、又は暴行若しくは脅迫をしてはならないが、これに違反した者は懲役若しくは罰金に処し、又はこれを併科される。

解答

［問題38］ ○ テ36

ただし、投資運用業に関し、顧客のために所定の行為を行う場合において、これらの行為による取引の決済のために必要なときは、この限りではない。

［問題39］ × テ37

個人も内閣総理大臣に登録することにより、金融商品仲介業を営むことができる。

［問題40］ ○ テ38

［問題41］ × テ40

投資者保護基金が補償をする対象債権は、破綻業者の適格機関投資家等のプロを除く一般顧客が、当該金融商品取引業者に対して有する債権である。

［問題42］ × テ41

証券金融会社の貸借取引貸付けとは、取引所の会員等である金融商品取引業者に対し、信用取引の決済のために必要な金銭又は有価証券を貸し付けることをいう。顧客に対して貸し付けるのではない。問題文は、一般貸付けの記述である。

［問題43］ × テ42

紛争解決機関になろうとする者は、内閣総理大臣への申請が必要である。

［問題44］ ○ テ43

［問題45］ ○ テ43

問題

[問題46] □□□□

仮装取引とは、自己が行う売付け若しくは買付けと同時期に、それと同じ価格で他人がその金融商品の買付け若しくは売付けを行うことをあらかじめその者と通謀して、その売付け若しくは買付けを行うことをいう。

[問題47] □□□□

特定投資家は、有価証券等の売買の取引を誘引する目的をもって、取引所金融市場における有価証券の相場を変動させるべき一連の有価証券の売買の委託をすることができる。

[問題48] □□□□

何人も金融商品取引法における、上場有価証券の相場をくぎ付けにし、固定し、又は安定させる目的をもって、金融商品市場における一連の売買又はその委託若しくは受託をすることはいかなる場合も禁止されている。

[問題49] □□□□

会社関係者が、公表前に入手した上場会社等の業務に関する重要事実をもとに買付けをしたが、売却後に損失が出た場合は、内部者取引に該当しない。

[問題50] □□□□

内部者取引における会社関係者の範囲には、上場投資法人等の執行役員や監督役員は含まれない。

[問題51] □□□□

会社関係者の範囲には、上場会社等の帳簿閲覧権を有する株主が含まれる。

[問題52] □□□□

「内部者取引規制」において、会社関係者が、上場会社等の業務に関する重要事実を公表前に入手した場合には、会社関係者でなくなったとしても、会社関係者でなくなった後6ヵ月間は、当該重要事実が公表された場合でも、当該会社の発行する上場株券等の特定有価証券等に係る売買はできない。

[問題53] □□□□

上場会社の業務等に関する重要事実には、「資本金の額の減少」「合併」「代表取締役の解任・選任」「主要株主の異動」などが含まれる。

解答

[問題46]　×　テ44

仮装取引とは、上場有価証券等の売買、市場デリバティブ取引や店頭デリバティブ取引について、取引状況に関し他人に誤解を生じさせる目的をもって、権利の移転、金銭の授受等を目的としない仮装の取引を行うことである。問題文は、馴合取引の記述である。

[問題47]　×　テ45

有価証券等の売買の取引を誘引する目的をもって、取引所金融市場における有価証券の相場を変動させるべき一連の有価証券の売買の委託をすることは相場操縦であり、何人も行ってはならない。

[問題48]　×　テ45

例外として、安定操作取引については、禁止されていない。

[問題49]　×　テ46

売却後に損失が出た場合でも、内部者取引に該当する。

[問題50]　×　テ46

上場投資法人等の執行役員や監督役員及び上場投資法人等の資産運用会社の役員も、会社関係者に含まれる。

[問題51]　○　テ46

[問題52]　×　テ46

会社関係者でなくなって「1年」以内の者は会社関係者に該当するが、会社関係者でも、重要事実の公表後は売買可能である。

[問題53]　×　テ47

「代表取締役の解任・選任」は、業務等に関する重要事実に含まれない。

問題

[問題54] □ □ □ □

内部者取引における主要株主とは、総株主等の議決権の100分の10以上の議決権を保有する株主のことをいう。

[問題55] □ □ □ □

内部者取引において、報道機関に対して公開され、かつ、公開した時から3日以上経過した場合は重要事実が公表されたものとみなされる。

[問題56] □ □ □ □

上場会社等が、金融商品取引所が運営、利用する適時開示情報伝達システム（TDnet）に重要事実を掲載することにより、公衆縦覧に供されるとともに、直ちに公表されたことになる。

[問題57] □ □ □ □

重要事実の公表において、当該上場会社等が提出した有価証券報告書等に記載され、金融商品取引法の規定に従い公衆の縦覧に供された場合も公表されたとみなされる。

[問題58] □ □ □ □

新株予約権を有する者が新株予約権行使により株券を取得する場合は、内部者取引規制の適用除外とならない。

[問題59] □ □ □ □

上場会社等の役員又は主要株主が、自己の計算において当該会社等の特定有価証券等について買付け等をした場合、その１年経過後に売付け等により利益を得た場合は、当該会社等は、その役員等に対して得た利益の提供を請求することができる。

[問題60] □ □ □ □

何人も、有価証券等の相場を偽って公示し、又は公示若しくは頒布する目的をもって有価証券等の相場を偽って記載した文書を作成し、若しくは頒布してはならない。

[問題61] □ □ □ □

企業内容等開示制度が適用される有価証券には、国債証券、地方債証券、金融債も含まれる。

解答

[問題54]　○　テ47

[問題55]　×　テ47

内部者取引において、２以上の報道機関に対して公開され、かつ、公開した時から12時間以上経過した場合は重要事実が公表されたものとみなされる。

[問題56]　○　テ48

なお、この場合には12時間ルールは適用されない。

[問題57]　○　テ48

[問題58]　×　テ48

新株予約権を有する者が新株予約権行使により株券を取得する場合は、内部者取引規制の適用除外となる。

[問題59]　×　テ49

上場会社等の役員又は主要株主が、当該上場株式等の特定有価証券等について、自己の計算において買付け（又は売付け）等をした６ヵ月以内に売付け（買付け）等を行って利益を得た時は、当該上場会社等は、その者に対し、得た利益の提供を請求できる。

[問題60]　○　テ49

問題文は、虚偽相場の公示等の禁止の記述である。

[問題61]　×　テ50

企業内容等開示制度が適用される有価証券には、国債証券、地方債証券、金融債は含まれない。また、政府保証債及び流動性の低い一定の集団投資スキーム持分等も適用されない。

問題

[問題62] □□□□

「企業内容等開示制度」が適用される有価証券には、投資信託の受益証券は含まれない。

[問題63] □□□□

金融商品取引業者は、有価証券の募集又は売出しの届出の効力発生前において、当該有価証券への投資勧誘を行うことは可能であるが、当該有価証券を顧客に取得させ又は売付けることは禁止されている。

[問題64] □□□□

有価証券の募集若しくは売出しにおける目論見書の交付に当たっては、直接相手方に交付し、又は相手方からの交付の請求があった場合には交付しなければならない。

[問題65] □□□□

既に開示が行われている場合における有価証券の売出しについては、発行者等は、内閣総理大臣へ届出を行えば、目論見書の交付が免除される。

[問題66] □□□□

「企業内容等開示制度」に関して、資本金が５億円以上で、かつ、最近５事業年度のいずれかの末日において、株主名簿上の株主数が300人以上の会社は、流通市場における開示制度の適用対象会社（300人を下回ると不適用）となる。

[問題67] □□□□

有価証券報告書は、有価証券の募集若しくは売出しに際し、内閣総理大臣（金融庁長官）に提出するものであり、当該募集又は売出しに関する情報が記載された勧誘文書である。

[問題68] □□□□

有価証券報告書の提出を義務付けられる上場会社等は、半期報告書を半期（６ヵ月）経過後45日以内に内閣総理大臣に提出しなければならない。

解答

[問題62]　×　テ50

投資信託の受益証券には、「企業内容等開示制度」が適用される。

[問題63]　○　テ51

なお、内閣総理大臣が届出を受理すると、原則として、その日から15日が経過した日に効力が発生する。

[問題64]　○　テ52

[問題65]　×　テ52

既に開示が行われている場合における有価証券の売出しについては、発行者等以外の者が行う場合は、目論見書の交付は免除されるが、発行者等は、引き続き目論見書の交付が要求される。

[問題66]　×　テ53

いわゆる外形基準は、株主名簿上の株主数が1,000人以上の会社である。

[問題67]　×　テ53

有価証券報告書は、事業年度経過後３ヵ月以内に作成する企業情報の外部への開示資料である。

[問題68]　○　テ53

なお、2024年４月１日以後に開始する事業年度の会社から四半期報告書が廃止されたため、有価証券報告書の提出義務会社は半期報告書の提出が義務付けられるようになった。

問題

[問題69] □□□□

有価証券報告書等の提出を義務付けられている上場会社等は、有価証券報告書等の記載内容が金融商品取引法令に基づき適正であることを経営者が確認した旨を記載した確認書を当該有価証券報告書等に併せて内閣総理大臣に提出しなければならない。

[問題70] □□□□

親会社等状況報告書は、親会社等の事業年度終了後３ヵ月以内に内閣総理大臣に提出しなければならない。

[問題71] □□□□

「企業内容等開示制度」に関して、有価証券届出書及び有価証券報告書等は、一定の場所に備え置かれ各々の書類ごとに定められた期間、公衆の縦覧に供される。

[問題72] □□□□

「企業内容等開示制度」に関して、有価証券報告書において記載される財務諸表は、その発行会社の監査役の監査を受けていれば、公認会計士又は監査法人の監査証明を受けなくてもよい。

[問題73] □□□□

有価証券報告書の提出義務のある会社は、事業年度ごとに、内部統制報告書を内閣総理大臣に提出しなければならない。

[問題74] □□□□

発行者以外の者による株券等の買付け等であって、市場外で60日間に11名以上の者から株券等を買付け、その買付後の株券等所有割合が３％を超える場合等は、原則として公開買付けによらなければならない。

[問題75] □□□□

公開買付けによって株券等の買付け等を行う者は、公開買付けの目的、買付価格、買付予定株数、買付期間等を公告し、公告した日に、公開買付届出書を内閣総理大臣に提出しなければならない。

[問題76] □□□□

公開買付届出書等は、内閣総理大臣に提出した日から買付期間終了後10年間を経過する日までの間、公衆の縦覧に供される。

解答

[問題69]　○　テ53

[問題70]　○　テ53

[問題71]　○　テ54

なお、公衆の縦覧に供される書類には、発行登録書、発行登録追補書類、有価証券報告書、半期報告書、確認書、内部統制報告書、臨時報告書、親会社等状況報告書、自己株券買付状況報告書等がある。

[問題72]　×　テ54

財務諸表等については、上場会社等監査人名簿への登録を受け、かつ、当該法人と特別の利害関係を持たない公認会計士、監査法人による監査証明を受けなければならない。

[問題73]　○　テ54

[問題74]　×　テ55

買付後の株券等所有割合が５％を超える場合は、公開買付けによらなければならない。

[問題75]　○　テ55

[問題76]　×　テ55

提出された日から買付期間終了後５年を経過する日までの間、公衆の縦覧に供される。

問題

[問題77] □□□□

公開買付期間中は、公開買付価格の引き上げ及び引き下げは禁止されている。

[問題78] □□□□

公開買付者は、公開買付け後の株券等所有割合が３分の２以上となる場合には、応募株式の全部を買い付けなければならない。

[問題79] □□□□

「株券等の大量保有の状況に関する開示制度」に関して、大量保有報告書の提出期限は、株券等の実質的な保有者がこの開示制度に定める大量保有者に該当することとなった日から起算して10日（日曜日その他政令で定める休日の日数は算入しない）以内である。

[問題80] □□□□

大量保有報告制度の報告対象となる有価証券の範囲には、株券や新株予約権付社債券が含まれる。

[問題81] □□□□

大量保有報告制度における株券等保有割合は、発行済株式総数を保有する株券等の数で除して求められる。

[問題82] □□□□

大量保有報告書は、内閣総理大臣に提出されるが、EDINETによる提出が義務付けられている。

[問題83] □□□□

「株券等の大量保有の状況に関する開示制度」に関して、報告義務者は、株券等保有割合が５％を超えた際に大量保有報告書を提出すれば、その後、保有割合に変化が生じたとしても、その異動状況等に関する報告を行う必要はない。

[問題84] □□□□

大量保有報告書は、５年間公衆の縦覧に供される。

解答

[問題77]　×　テ55

公開買付期間中は、買付価格を引き下げることは原則できないが、引き上げることはできる。

[問題78]　○　テ55

[問題79]　×　テ56

大量保有報告書の提出期限は、大量保有者に該当することとなった日から起算して５日（日曜日その他政令で定める休日の日数は算入しない）以内である。

[問題80]　○　テ56

[問題81]　×　テ56

大量保有報告制度における株券等保有割合は、保有する株券等の数に共同保有者が保有する株券等の数を加え、それを発行済株式総数で除して求められる。

[問題82]　○　テ57

[問題83]　×　テ57

一度、大量保有報告書を提出した後に、保有割合に一定の変化（１％以上の増減）が生じた場合には、その日から５日以内に変更報告書を提出しなければならない。

[問題84]　○　テ57

問題

選択問題

[問題85] □□□□

次の文章のうち、正しいものの番号を１つマークしなさい。

1．有価証券の売買の媒介とは、自己の名をもって委託者の計算で、有価証券を買い入れ又は売却すること等を引き受けることをいう。
2．有価証券の売買の媒介とは、委託者の名をもって委託者の計算で、有価証券を買い入れ又は売却すること等を引き受けることをいう。
3．有価証券の売買の取次ぎとは、自己の名をもって委託者の計算で、有価証券を買い入れ又は売却すること等を引き受けることをいう。
4．有価証券の売買の取次ぎとは、委託者の名をもって委託者の計算で、有価証券を買い入れ又は売却すること等を引き受けることをいう。
5．有価証券の売買の代理とは、自己の名をもって委託者の計算で、有価証券を買い入れ又は売却すること等を引き受けること等をいう。

[問題86] □□□□

次の文章のうち、「外務員制度」に関する記述として、正しいものの番号を２つマークしなさい。

1．金融商品取引業者等は、外務員の氏名、生年月日その他所定の事項につき、証券取引所に備える外務員登録原簿に登録を受けなければならない。
2．金融商品取引業者等は、営業所外の場所で外務行為を行う者については、外務員登録を行わなければならないが、営業所内で外務行為を行う者については、外務員の登録を要しないものとされている。
3．内閣総理大臣は、監督上の処分により外務員の登録を取り消され、その取消しの日から５年を経過しない者の外務員の登録の申請については、拒否しなければならない。
4．金融商品取引業者等は、外務員の行った営業行為につき責任を負うが、相手方である顧客に悪意があるときには適用されない。
5．外務員は、その所属する金融商品取引業者等に代わって、有価証券の売買等法律に規定する行為に関し、一切の裁判上の行為を行う権限を有するものとみなされる。

解答

[問題85]　3　テ18

1．× 媒介とは、他人間の取引の成立に尽力することをいう。なお、「自己」とは金融商品取引業者のことである。

2．× 媒介とは、他人間の取引の成立に尽力することをいう。

3．○

4．× 取次ぎとは、自己の名をもって委託者の計算で、有価証券を買い入れ又は売却すること等を引き受けることをいう。

5．× 代理とは、委託者の計算で、委託者の名で有価証券の売買等を行うことを引き受けることをいう。

[問題86]　3、4　テ22〜23

1．× 所定の事項を内閣府令で定める場所に備える外務員登録原簿に登録を受けなければならない。ここでいう内閣府令で定める場所とは、認可金融商品取引業協会又は金融商品取引法に規定する認定金融商品取引業協会である。

2．× 営業所の内外を問わず登録外務員以外の者は、外務行為が許されない。

3．○

4．○

5．× 一切の裁判外の行為を行う権限を有するものとみなされる。

問題

[問題87] □□□□

次の文章のうち、「金融商品取引業の行為規制」に関する記述として、誤っているものの番号を２つマークしなさい。

1．多数の者に対して同様の内容で行う情報の提供であっても、販売用資料は、金融商品取引法上の広告等規制の対象とならない。
2．金融商品取引業者等は、金融商品取引契約が成立したときは、遅滞なく、金融商品取引法に定める契約締結前交付書面を顧客に交付しなければならない。
3．金融商品の投資勧誘に当たっては、当該商品が持つリスク等の重要事項について、顧客の属性に照らして、当該顧客に理解されるために必要な方法及び程度による説明をしなければならない。
4．有価証券の売買その他の取引等について生じた顧客の損失を補塡する約束をした場合、当該損失補塡を実行しなくても、禁止行為となる。
5．金融商品取引法及び金融サービスの提供に関する法律では、断定的判断の提供等の禁止規定が設けられ、その違反については、相手方が特定投資家であっても適用される。

[問題88] □□□□

次の文章のうち、「市場阻害行為の規制（不公正取引の規制）」に関する記述として、誤っているものの番号を２つマークしなさい。

1．相場操縦は、原則、禁止されているが、利益の獲得を目的としていなければ、禁止行為に該当しない。
2．いわゆる馴合取引とは、自己が行う売付け又は買付けと同時期に、それと同価格で他人がその有価証券の買付け又は売付けをあらかじめその者と通謀して、その売付け又は買付けを行うことをいう。
3．いわゆる仮装取引とは、上場有価証券等の売買等について、取引状況に関し他人に誤解を生じさせる目的をもって、権利の移転、金銭の授受等を目的としない仮装の取引をすることをいう。
4．取引所金融商品市場における上場金融商品等の相場をくぎ付けにし、固定し、又は安定させる目的で、一連の有価証券売買等又はその申込み、委託等若しくは受託等をすることは禁止されている。
5．有価証券を借り入れて売付け又は売付けの委託若しくは受託をする場合は、空売り規制の対象とならない。

解答

[問題87]　1、2　　テ24～25、28、30、62

1．×　販売用資料も、要件に該当すれば、広告等規制の対象となる。
2．×　金融商品取引契約が成立したときは、遅滞なく契約締結時交付書面を作成し、顧客に交付しなければならない。
3．○
4．○　問題文は、損失補塡の禁止の記述である。
5．○　その他、虚偽告知の禁止、損失補塡等の禁止などは、特定投資家にも適用される。

[問題88]　1、5　　テ44～46

1．×　相場操縦の成立のためには、利益の獲得を目的にしていることは必要ではない。
2．○
3．○
4．○
5．×　有価証券を借り入れて売付け又は売付けの委託若しくは受託をする場合も、空売り規制の対象となる。

問題

[問題89] □□□□

次の文章のうち、誤っているものの番号を２つマークしなさい。

1. 仮装取引とは、上場有価証券等の売買等について、取引状況に関し他人に誤解を生じさせる目的をもって、権利の移転、金銭の授受等を目的としない仮装の取引をすることをいう。
2. 特定投資家は、有価証券等の売買の取引を誘引する目的をもって、取引所金融市場における有価証券の相場を変動させるべき一連の有価証券の売買の委託をすることができる。
3. 取引を誘引する目的をもって、重要な事項について虚偽であり、又は誤解を生じさせるべき表示を故意に行うことは禁止されている。
4. 何人も有価証券の相場をくぎ付けにし、固定し、又は安定させる目的をもって、金融商品市場における一連の売買又はその委託若しくは受託をする行為は、いかなる場合も禁止されている。
5. 内部者取引において、株式の分割は、重要事実に該当する。

[問題90] □□□□

次の文章のうち、正しいものの番号を２つマークしなさい。

1. 大量保有報告書は、大量保有者となった日から起算して10日（日曜日その他政令で定める休日の日数は算入しない）以内に内閣総理大臣に提出しなければならない。
2. 株券等の大量保有の状況に関する開示制度（いわゆる５％ルール）において、提出された大量保有報告書は、５年間公衆の縦覧に供される。
3. 株券等の大量保有の状況に関する開示制度（いわゆる５％ルール）において、一度大量保有報告書を提出している場合は、その後いかなる場合も変更について報告する必要はない。
4. 大量保有報告制度の対象有価証券には、新株予約権証券は含まれない。
5. 大量保有報告制度における株券等保有割合とは、保有する株券等の数（共同保有者の保有する株券等の数を含む）を発行済株式総数で除して求める。

解答

[問題89]　2、4　テ44～45、47

1．○

2．×　有価証券等の売買の取引を誘引する目的をもって、取引所金融市場における有価証券の相場を変動させるべき一連の有価証券の売買の委託をすることは相場操縦であり、何人も行ってはならない。

3．○

4．×　企業による資金調達の便宜を優先させて、このような取引が認められる場合があり、これを安定操作取引という。

5．○

[問題90]　2、5　テ56～57

1．×　大量保有者となった日から５日以内に内閣総理大臣に提出しなければならない。

2．○

3．×　報告義務者は、一度大量保有報告書を提出していても、その後に当該株券等保有割合の１％以上の増減等、重要な事項につき変更が生じた場合には５日以内に報告（変更報告書を提出）することとされている。

4．×　大量保有報告書の対象となる有価証券には、新株予約権証券も含まれる。

5．○

3 金融商品の勧誘・販売に関係する法律

〇×問題 以下について、正しければ〇を、正しくなければ×をつけなさい。

【問題1】 □□□□

金融サービスの提供に関する法律において、「金融商品の販売」とは、預金等の受入を内容とする契約、有価証券を取得させる行為、市場・店頭デリバティブ取引などを指す。

【問題2】 □□□□

金融サービスの提供に関する法律において、金融商品販売業者等は、金融商品の販売等を業として行うときは、金融商品の販売が行われるまでの間に、原則として顧客に重要事項の説明をしなければならない。

【問題3】 □□□□

金融サービスの提供に関する法律では、重要事項の説明義務違反については、故意又は過失がある場合に限り、損害賠償責任を負わなければならない。

【問題4】 □□□□

金融サービスの提供に関する法律において、損害賠償責任が生じた場合、損害額は元利合計額と推定される。

【問題5】 □□□□

金融サービスの提供に関する法律において、「勧誘の方法及び時間帯に関し勧誘の対象となる者に対し配慮すべき事項」は、金融商品販売業者等に義務付けている勧誘方針の策定及び公表しなければならない事項の1つである。

【問題6】 □□□□

金融サービスの提供に関する法律において、「金融サービス仲介業」とは、預金等媒介業務、保険媒介業務、有価証券等仲介業務又は貸金業貸付媒介業務のいずれかを業として行うことをいう。

【問題7】 □□□□

消費者契約法において、金融商品取引業者が顧客を誤認させる行為又は困惑させる行為を行った場合、顧客は契約を取り消すことができる。

解答

[問題1]　○　　テ62

[問題2]　○　　テ62

なお、重要事項の説明は、書面の交付による方法でも可能だが、顧客の知識、経験、財産の状況及び当該金融商品の販売に係る契約を締結する目的に照らして、当該顧客に理解されるために必要な方法及び程度によるものでなければならない。

[問題3]　×　　テ63

重要事項の説明義務違反については、故意又は過失の有無を問わない、無過失責任とされている。

[問題4]　×　　テ63

損害額は、元本欠損額と推定される。

[問題5]　○　　テ63

[問題6]　○　　テ64

[問題7]　○　　テ65

問題

【問題8】 □□□□

消費者契約法により契約の取消しができるのは、重要事項の不実告知、断定的判断の提供、不利益事実の故意又は重大過失による不告知、不退去及び退去妨害などである。

【問題9】 □□□□

消費者契約法において、取消権は追認することができる時から、6ヵ月間行使しないときに消滅する。

【問題10】 □□□□

「仮名加工情報」とは、個人情報に含まれる記述等の一部を削除又は置換したり、個人情報に含まれる個人識別符号の全部を削除又は置換する措置を講じて他の情報と照合しない限り特定の個人を識別することができないように個人情報を加工して得られる個人に関する情報をいう。

【問題11】 □□□□

「匿名加工情報」とは、特定の個人を識別することができないように加工して得られる個人に関する情報であって、当該個人情報を復元して特定の個人を再識別することができないようにしたものをいう。

【問題12】 □□□□

個人情報の保護に関する法律において、個人情報とは、生存する個人の情報であって、氏名、生年月日その他の記述等により特定の個人を識別できるもの又は個人識別符号が含まれるものをいう。

【問題13】 □□□□

個人情報の保護に関する法律において、情報それ自体からは特定の個人を識別できないが、他の情報と容易に照合することができ、それにより特定の個人を識別することができる場合には、当該情報は個人情報に該当する。

【問題14】 □□□□

個人情報の保護に関する法律における個人情報取扱事業者は、個人情報を取り扱うに当たっては、その利用目的をできる限り特定しなければならない。

【問題15】 □□□□

個人情報取扱事業者は、その取り扱う個人データの漏えい、滅失又は毀損の防止その他の個人データの安全管理のために必要かつ適切な措置を講じなければならない。

解答

【問題8】 ○ テ65～66

また、過量取引・同種契約による過量取引があった場合などもこれに該当する。

【問題9】 × テ66

取消権は追認することができるときから、1年間（霊感等を用いた告知に係るものは3年間）行使しないときに消滅する。

【問題10】 ○ テ68

【問題11】 ○ テ68

【問題12】 ○ テ68

【問題13】 ○ テ68

【問題14】 ○ テ69

また、あらかじめ本人の同意を得ないで、利用目的の達成に必要な範囲を超えて、個人情報を取り扱ってはならない。

【問題15】 ○ テ69

問題

[問題16] □□□□

個人情報の保護に関する法律においては、法令に基づく場合などを除いて、あらかじめ本人の同意を得ないで、個人データを第三者に提供してはならない。

[問題17] □□□□

個人情報取扱事業者からデータを委託され、当該データを受け取った者は、第三者に該当しない。

[問題18] □□□□

法人の代表者個人や取引担当者個人を識別することができる情報は、個人情報に該当する。

[問題19] □□□□

取引時確認義務において、取引を行う目的についても確認しなければならない。

[問題20] □□□□

既に取引時確認をしたことがある顧客との取引については、ハイリスク取引であっても、改めて取引時確認を行う必要はない。

[問題21] □□□□

犯罪による収益の移転防止に関する法律において、取引時確認を行う際の本人確認書類のうち、有効期限のないものについては、金融商品取引業者が提示又は送付を受ける日の前１年以内に作成されたものに限られる。

[問題22] □□□□

協会員は、取引時確認を行った場合は、直ちに確認記録を作成し、当該取引に係る取引終了日から５年間保存しなければならない。

[問題23] □□□□

疑わしい取引の疑いがある場合には、速やかに行政庁に対して疑わしい取引の届出を行わなければならない。

[問題24] □□□□

犯罪による収益の移転防止に関する法律において、疑わしい取引の届出を行おうとする場合は、当該疑わしい取引の届出にかかる顧客又はその関係者に事前に通知しなければならない。

解答

[問題16]　○　テ69

[問題17]　○　テ70

[問題18]　○　テ70

[問題19]　○　テ71

[問題20]　×　テ71

ハイリスク取引の場合、改めて取引時確認を行う必要がある。

[問題21]　×　テ72

６ヵ月以内に作成されたものに限られる。

[問題22]　×　テ72

取引時確認の確認記録は、取引終了日から７年間保存しなければならない。

[問題23]　○　テ72

[問題24]　×　テ72

疑わしい取引の届出を行おうとすること又は行ったことを、当該疑わしい取引の届出に係る顧客やその関係者に漏らしてはならない。

4 経済・金融・財政の常識

○×問題 以下について、正しければ○を、正しくなければ×をつけなさい。

【問題1】 □□□□

一国の経済活動は、生産、分配、支出の3つのどの側面からみても等しいとされ、これを「三面等価の原則」という。

【問題2】 □□□□

GDP（国内総生産）において、日本企業の海外支店は、「国内」に含まれない。

【問題3】 □□□□

経済は、一般的には長期的に成長トレンドを持ち、中期的には好景気・不景気の波を繰り返す。

【問題4】 □□□□

景気循環とは、株価が上昇又は下降の波を交互に繰り返すことによって好景気になる見方をいう。

【問題5】 □□□□

新設住宅着工床面積は、景気の変動に遅行して動く傾向があり、景気遅行指数として利用されている。

【問題6】 □□□□

東証株価指数は、景気動向指数の採用系列のうち、一致系列に分類される。

【問題7】 □□□□

景気動向指数の採用系列のうち、有効求人倍率は、景気の動きに先行して動く傾向にある。

【問題8】 □□□□

景気動向指数の採用系列のうち、完全失業率及び常用雇用指数は、景気の動きに一致して動く傾向にある。

【問題9】 □□□□

「全国企業短期経済観測調査」は、日本銀行が4ヵ月に一度公表している。

解答

【問題1】 ○ テ76

【問題2】 ○ テ76

【問題3】 ○ テ76

通常の経済変動は、成長トレンドの周りを景気循環の波が取り巻く形で推移する。

【問題4】 × テ77

景気循環とは、経済状況を好・不況の波を交互に繰り返す動きとしてとらえる見方のことである。

【問題5】 × テ77〜78

新設住宅着工床面積は、景気の変動に先行して動く傾向があり、景気先行指数として利用されている。

【問題6】 × テ77

東証株価指数は、景気動向指数の採用系列のうち、先行系列に分類される。

【問題7】 × テ77

有効求人倍率は、景気の動きに一致して動く傾向にある（一致系列に分類される）。

【問題8】 × テ77〜78

完全失業率及び常用雇用指数は、景気の動きに遅行して動く傾向にある（遅行系列に分類される）。

【問題9】 × テ77

「全国企業短期経済観測調査（いわゆる日銀短観）」は、日本銀行が３ヵ月に一度公表している。

問題

[問題10] □ □ □ □

可処分所得とは、所得から社会保険料等を差し引いたものをいう。

[問題11] □ □ □ □

消費性向とは、可処分所得に対する消費支出の割合のことをいう。

[問題12] □ □ □ □

可処分所得から消費支出を差し引いたものを家計貯蓄といい、可処分所得を家計貯蓄で除した比率を家計貯蓄率という。

[問題13] □ □ □ □

完全失業率は、労働力人口に占める完全失業者の割合をいう。

[問題14] □ □ □ □

完全失業者は、就業者以外で、調査期間中に求職活動したが、仕事をしなかった者をいう。

[問題15] □ □ □ □

労働力人口とは、就業者数に完全失業者数を加えたものであり、15歳以上の人のうち、働く意思をもっている者の人口をいう。

[問題16] □ □ □ □

有効求人倍率は、景気が良い時は低下、景気が悪い時は上昇する。

[問題17] □ □ □ □

有効求人倍率が1を上回るということは、仕事が見つからない人が多く、逆に1を下回るということは、求人が見つからない企業が多いことを意味する。

[問題18] □ □ □ □

雇用関連指標のうち、「有効求人倍率」は、有効求人数を有効求職者数で除して求められる。

[問題19] □ □ □ □

労働投入量とは、労働者（就業者）の数に、1人当たりの総労働時間を掛け合わせたものである。

[問題20] □ □ □ □

消費者物価指数（CPI）は、家計が購入する各種の消費財やサービスの小売価格の水準を指数値で示したものであり、総務省から発表される。

解答

[問題10]　○　テ78

なお、可処分所得は、所得から社会保険料等及び所得税等を差し引いたものである。

[問題11]　○　テ78

[問題12]　×　テ78

家計貯蓄を可処分所得で除した比率を家計貯蓄率という。

[問題13]　○　テ77～78

なお、完全失業率は、常用雇用指数とともに、景気の動きに遅行する。

[問題14]　○　テ78

[問題15]　○　テ78～79

なお、15歳以上65歳未満の人口を生産年齢人口という。

[問題16]　×　テ78

有効求人倍率は、景気が良い時は上昇、景気が悪い時は低下する。

[問題17]　×　テ78

有効求人倍率が1を上回るということは、求人が見つからない企業が多く、逆に1を下回るということは、仕事が見つからない人が多いことを意味する。

[問題18]　○　テ78～79

$$\text{有効求人倍率}=\frac{\text{有効求人数}}{\text{有効求職者数}}\text{（倍）}$$

[問題19]　○　テ79

[問題20]　○　テ79

なお、消費者物価指数（CPI）は、家計が購入する約600品目の価格を各品目の平均消費額で加重平均した指数である。

問題

【問題21】 □□□□

「消費者物価指数（CPI）」には、直接税や社会保険料等の非消費支出、土地や住宅等の価格が含まれる。

【問題22】 □□□□

物価関連指標のうち、「GDPデフレーター」は、実質GDPを名目GDPで除して求められる。

【問題23】 □□□□

国際収支統計（IMF方式）は、「経常収支」、「金融収支」及び「資本移転等収支」の３項目から構成されている。

【問題24】 □□□□

国際収支統計において、経常収支は、所得収支に経常移転収支を合計して求められる。

【問題25】 □□□□

貿易・サービス収支のうち、貿易収支は商品の輸出から輸入を差し引いたものをいい、サービス収支は輸送、旅行、その他のサービスが計上される。

【問題26】 □□□□

為替レートとは、外国為替市場において異なる通貨が交換される際の交換比率のことであり、「１ドル150円」といった表示方法を、邦貨建ての為替レートという。

【問題27】 □□□□

ドルの需要が発生するのは、日本から外国に製品を輸出する場合や外国が日本の債券・株式を購入する場合であり、ドルの供給が発生するのは、日本が外国から原材料や製品を輸入する場合や、外国の債券・株式を購入する場合である。

【問題28】 □□□□

国際収支においては、経常収支が赤字の国は金融収支が赤字となるのに対し、経常収支が黒字の国は金融収支が黒字となるのが一般的である。

【問題29】 □□□□

通貨には、価値尺度としての機能、交換手段としての機能、及び価値の貯蔵手段としての機能がある。

解答

【問題21】 ×　テ79

「消費者物価指数」には、直接税や社会保険料等の非消費支出、土地や住宅等の価格は含まれない。

【問題22】 ×　テ79

「GDPデフレーター」は、名目GDPを実質GDPで除して求められる。

【問題23】 ○　テ80

【問題24】 ×　テ80

経常収支は、貿易・サービス収支、第一次所得収支及び第二次所得収支を合計して求められる。

【問題25】 ○　テ80

【問題26】 ○　テ81

【問題27】 ×　テ81

ドルの需要が発生するのは、日本が外国から原材料や製品を輸入する場合や、外国の債券・株式を購入する場合であり、ドルの供給が発生するのは、日本が外国へ製品を輸出する場合や、外国の債券・株式を売却する場合である。

【問題28】 ○　テ81

【問題29】 ○　テ82

問題

【問題30】 □□□□

マネーストックとは、国内の民間金融部門が保有する通貨量のことである。

【問題31】 □□□□

マネーストック統計において、M_1に計上されるものは、現金通貨と預金通貨（要求払預金：民間金融機関の当座預金、普通預金など）である。

【問題32】 □□□□

一般的にインフレーションが進行すると、通貨の価値は、実物資産の価値に比べて相対的に上昇する。

【問題33】 □□□□

円の対ユーロレートが80円から160円になれば、円のユーロに対する値打ちは半減したことになる。

【問題34】 □□□□

日本銀行は、銀行券の独占的発行権を有する「発券銀行」としての機能、市中金融機関を対象に取引を行う「銀行の銀行」としての機能、及び政府の出納業務を行う「政府の銀行」としての機能を有している。

【問題35】 □□□□

インターバンク市場への参加は、金融機関に限られ、金融機関相互の資金運用・調達の場として利用される。

【問題36】 □□□□

コール市場で取引される翌日物（オーバーナイト物）の仲介は、金融商品仲介業者が行っている。

【問題37】 □□□□

「オープン市場」は、短期金融市場のうち、一般事業法人など非金融機関も参加できる市場をいう。

【問題38】 □□□□

「債券レポ（レポ取引）」とは、現金を担保とした債券の貸借取引である。

解答

【問題30】 ×　　テ82

マネーストックとは、国内の民間非金融部門（金融機関を除く一般の法人、個人及び地方公共団体等）が保有する通貨の量のことである。国や金融機関が保有する預金等は含まれない。

【問題31】 ○　　テ82

なお、マネーストックの指標は、対象とする金融商品の範囲や金融機関など通貨発注主体の相違によりM_1、M_2、M_3と複数の指標が存在する。

【問題32】 ×　　テ83

インフレーションが進行すると貨幣価値は、実物資産の価値に比べて、相対的に下落する。

【問題33】 ○　　テ83

【問題34】 ○　　テ83

また、実行される金融政策として、公開市場操作、預金準備率操作などがある。

【問題35】 ○　　テ84

【問題36】 ×　　テ84

コール市場では、主に短資会社が資金の仲介役として重要な役割を果たしている。

【問題37】 ○　　テ84

オープン市場には、レポ市場・CD市場・国庫短期証券（T-Bill）市場・CP市場・短期金利デリバティブ（OIS）市場などがある。

【問題38】 ○　　テ84

問題

[問題39] □□□□

基準割引率及び基準貸付利率とは、金融機関が当座預金について適用する金利をいう。

[問題40] □□□□

日本銀行の金融政策の目的（目標）には、金利の安定と金融システムの安定がある。

[問題41] □□□□

日本銀行の日々の金融調節は、政策委員会が金融政策決定会合で決定した金融市場調節方針に従って、オペレーションによって行われている。

[問題42] □□□□

公開市場操作で売買される債券に、国庫短期証券が含まれ、株式も対象となる。

[問題43] □□□□

預金準備率操作とは、日本銀行が預金準備率の変更によって金融機関の支払準備を増減させ、金融に影響を与える政策のことをいう。

[問題44] □□□□

衆議院で可決した予算案を参議院が否決した場合、両院協議会が開かれ、両院協議会においても意見が一致しない場合は、参議院の議決が国会の議決となり、予算が成立する。

[問題45] □□□□

国民負担率とは、国民所得に対する租税・社会保障負担の比率である。

[問題46] □□□□

基礎的財政収支対象経費及び一般会計で最も金額の大きな経費は、公共事業関係費である。

[問題47] □□□□

財政投融資とは、税負担に拠ることなく、財投債（国債）の発行などにより調達した資金を財源とした投資活動である。

[問題48] □□□□

公共財とは、防衛、警察、司法など政府が供給したほうが望ましい財・サービスをいう。

解答

[問題39]　×　テ84

基準割引率及び基準貸付利率とは、日銀の民間金融機関に対する貸出金について適用される基準金利のことである。

[問題40]　×　テ85

日銀の金融政策の目的（目標）には、物価の安定と金融システムの安定の2つがある。

[問題41]　○　テ85

[問題42]　×　テ85

公開市場操作の対象は、債券や手形であり、株式は含まれない。

[問題43]　○　テ85

[問題44]　×　テ86

予算案は、参議院が衆議院と異なった議決をしたときは、衆議院の議決が優先される。なお、参議院が衆議院の可決した予算案を受け取ってから30日以内に議決しない場合には、予算は自然成立する。

[問題45]　○　テ86

[問題46]　×　テ86

最も大きな経費は、社会保障関係費である。なお、基礎的財政収支対象経費とは、一般会計の歳出から国債費を除いたもので、従来の一般歳出と地方交付税交付金を合わせたものである。

[問題47]　○　テ87

[問題48]　○　テ87

問題

[問題49] □□□□

プライマリーバランスとは、公債金収入を含む収入と利払費及び債務償還費を加えた支出との収支のことをいう。

選択問題

[問題50] □□□□

次の文章のうち、正しいものの番号を2つマークしなさい。

1．GDPは、一国の経済活動の様子を全体的にとらえる代表的な指標といえ、家計、消費、資産の3つの側面を持っており、どの面からみても等しいという意味で「三面等価の原則」が成り立っているといえる。
2．景気動向指数は、先行指数、一致指数及び遅行指数に分類され、内閣府から毎月公表される。
3．マネーストックとは、国内の民間金融機関が保有する通貨量のことである。
4．コール市場で取引される翌日物（オーバーナイト物）の仲介は、金融商品仲介業者が行っている。
5．国の予算は、一般会計予算と特別会計予算で構成されている。

[問題51] □□□□

次の文章のうち、誤っているものの番号を2つマークしなさい。

1．消費性向とは、可処分所得に対する消費支出の割合のことをいう。
2．基準割引率及び基準貸付利率とは、金融機関の当座預金に適用される金利のことである。
3．マネーストックとは、民間金融機関を除く一般の法人、個人および地方公共団体が保有する現金通貨・預金通貨等の保有量のことである。
4．財政投融資とは、税負担に拠ることなく、財投債（国債）の発行などにより調達した資金を財源とした投資活動である。
5．衆議院で可決した予算を参議院が否決した場合、両院協議会が開かれ、両院協議会においても意見が一致しない場合は、参議院の議決が国会の議決となり、予算が成立する。

解答

[問題49]　×　テ88

プライマリーバランスとは、公債金収入以外の収入と利払費及び債務償還費を除いた支出との収支のことをいう。

[問題50]　**2、5**　テ76～77、82、84、86

1．×　生産（又は付加価値）、分配（又は所得）、支出の３つの側面を持っており、どの面からみても等しいという意味で「三面等価の原則」が成り立っているといえる。

2．○

3．×　マネーストックとは、国内の民間非金融部門が保有する通貨量のことをいう。

4．×　コール市場では、主に短資会社が資金の仲介役として重要な役割を果たしている。

5．○

[問題51]　**2、5**　テ78、82、84、86～87

1．○

2．×　基準割引率及び基準貸付金利とは、日本銀行の民間金融機関に対する貸出金について適用される基準金利のことで、かつて公定歩合と呼ばれていた。

3．○

4．○

5．×　予算案は、参議院が衆議院と異なった議決をしたときは、衆議院の議決が優先される。なお、参議院が衆議院の可決した予算案を受け取ってから30日以内に議決しない場合には、予算は自然成立する。

問題

[問題52] □□□□

次の文章のうち、正しいものの番号を2つマークしなさい。

1. GDPデフレーターは、名目GDPを実質GDPで除したものである。
2. 労働投入量とは、労働力人口に年間総労働時間を掛けたものである。
3. ドルの需要が発生するのは、外国が日本から製品を輸入する場合や、日本の債券・株式を購入する場合であり、ドルの供給が発生するのは、日本が外国から原材料や製品を輸入する場合である。
4. 基準割引率及び基準貸付利率は、民間金融機関の当座預金に適用される金利である。
5. プライマリーバランスとは、公債金収入以外の収入と利払費及び債務償還費を除いた支出との収支のことをいう。

[問題53] □□□□

次の文章のうち、正しいものの番号を2つマークしなさい。

1. 国民負担率は、国民所得に対する租税・社会保障負担の比率である。
2. ユーロの対円レートが80円から160円になれば、円のユーロに対する値打ちは2倍になったことになる。
3. 家計貯蓄率は、可処分所得を家計貯蓄で除して求められる。
4. 一般会計で最も大きな経費は、公共関連事業費である。
5. 日本銀行の日々の金融調節は、政策委員会が金融政策決定会合で決定した金融市場調節方針に従って、オペレーションによって行われている。

解答

[問題52]　1、5　テ79、81、84、88

1．○

2．×　労働投入量とは、労働者（就業者）の数に、１人当たりの総労働時間を掛けたものである。

3．×　ドルの需要が発生するのは、日本が外国から製品を輸入する場合や、外国の債券・株式を購入する場合であり、ドルの供給が発生するのは、日本が外国へ輸出する場合や外国の債券・株式を売却する場合である。

4．×　基準割引率及び基準貸付利率は、日銀の民間金融機関に対する貸出金に適用される金利である。

5．○

[問題53]　1、5　テ78、83、85～86

1．○

2．×　ユーロの対円レートが80円から160円になれば、円のユーロに対する値打ちは半減したことになる。

3．×　家計貯蓄率は、家計貯蓄を可処分所得で除したものをいう。

4．×　一般会計で最も大きな経費は、社会保障関係費である。

5．○

5 セールス業務

○×問題 以下について、正しければ○を、正しくなければ×をつけなさい。

【問題1】 □□□□
外務員には、高い法令遵守意識や職業倫理と自己規律を持って業務に当たっていくという姿勢が求められる。

【問題2】 □□□□
外務員は、刻々と変化する市場の様々な情報を的確に分析し、投資家に対して有用なアドバイスができるように自己研鑽に励む必要がある。

【問題3】 □□□□
外務員は、顧客に対し、能動的にコミュニケーションをとり、当該顧客の事情を探ったうえで、顧客の投資ニーズに合うと判断した商品の勧誘を行ってみることも必要である。

【問題4】 □□□□
外務員は、顧客に商品を勧めた時、顧客のニーズに合っていなくても、自分の勧めた商品の有効性、有益性を強く訴える必要がある。

【問題5】 □□□□
外務員は、法令、諸規則を遵守することはもちろん、たとえルールがなくても不適切な行為はしないという姿勢が必要である。

【問題6】 □□□□
外務員は、単に不正又は不適切な行為をしないというだけでなく、リスクや不正を排除するため積極的に行動する姿勢が強く要求される。

【問題7】 □□□□
外務員は、自社の利益のため法令、諸規則に違反する可能性があっても、確実に違反でなければ積極的に行動すべきである。

解答

[問題1]　○　テ92

[問題2]　○　テ92

[問題3]　○　テ92

[問題4]　×　テ92

外務員は、顧客のニーズに合った商品を選定し、顧客の納得のうえで実際に購入してもらう必要がある。

[問題5]　○　テ93

[問題6]　○　テ93

[問題7]　×　テ93

外務員は、顧客の最大の利益に立って行動すべきであり、法令、諸規則を遵守することはもちろん、たとえルールがなくても不適切な行為はしないという姿勢が必要である。

問題

[問題8] □□□□

外務員が、不正又は不適切な行為を行うことは、当該行為者本人のみに損失をもたらすだけで、当該外務員の所属する会社や業界全体あるいは資本市場に影響することはない。

[問題9] □□□□

顧客と金融商品取引業者等との間には大きな情報格差があるため、投資の最終決定は外務員が行うべきである。

[問題10] □□□□

インサイダー取引、相場操縦などの行為を行った場合には、刑事訴追をされたうえ、厳しい刑事罰が科される。

[問題11] □□□□

外務員は、法令等違反についてはすぐには報告せず、大事に至りそうな場合は、上司や法務部等の専門部署に報告する。

[問題12] □□□□

協会員は、日本証券業協会が示すモデル倫理コードの内容を含むそれぞれの協会員が定める倫理コードを保有することとされているが、協会員の倫理体制が整っている場合であれば、倫理コードを保有しなくてもよい。

[問題13] □□□□

協会員が保有する倫理コードに関して、協会員の役職員は、業務に関し生ずる利益相反を適切に管理しなければならない。また、地位や権限、業務を通じて知り得た情報等を用いて、不正な利益を得ることはしない。

[問題14] □□□□

協会員が保有する倫理コードに関して、協会員の役職員は、法定開示情報など、情報開示に関する規定によって開示が認められる情報を除き、業務上知り得た情報の管理に細心の注意を払い、機密として保護する。

[問題15] □□□□

協会員が保有する倫理コードに関して、協会員の役職員は、良き企業市民として、社会の活動へ積極的に参加し、社会秩序の安定と維持に貢献する。

解答

[問題8]　×　テ93

外務員が、不正又は不適切な行為を行うことは、本人のみに損失をもたらすだけでなく、当該外務員の所属する会社や業界全体あるいは資本市場自体の信頼を大きく傷つける可能性がある。

[問題9]　×　テ93

顧客と金融商品取引業者等との間には大きな情報格差があるため、それらを是正し、顧客が適切かつ十分な情報を得たうえで、顧客自らの判断に基づいて投資を行うべきであることを理解する。

[問題10]　○　テ93

[問題11]　×　テ93

外務員は、法令等違反について発覚した場合には、しかるべき部署や機関に速やかに報告を行う。さらに大きな事故に結び付く危険があることを心得なければならない。

[問題12]　×　テ94

協会員は、必ず倫理コードを保有しなくてはならない。

[問題13]　○　テ95

（利益相反の適切な管理）

[問題14]　○　テ95

（守秘義務の遵守と情報の管理）

[問題15]　○　テ95

（社会秩序の維持と社会的貢献の実践）

問題

[問題16] □□□□

外務員は、顧客の知識・経験の程度、財産の状況、投資目的、資金性格等に適合した銘柄、数量及び頻度に留意して投資勧誘を行う必要がある。

[問題17] □□□□

協会員が保有する倫理コードに関して、協会員の役職員は、投資に関する顧客の知識、経験、財産、目的などを十分に把握し、これらに照らした上で、業者だけの利益を重視する。

[問題18] □□□□

協会員が保有する倫理コードに関して、協会員の役職員は、仲介者として、常に顧客のニーズや利益を重視し、顧客の立場に立って、誠実かつ公正に業務を遂行する。

[問題19] □□□□

協会員が保有する倫理コードに関して、協会員の役職員は、顧客に対して投資に関する助言行為を行う場合、中立的立場から自己の見解のみを事実として説明した上で、専門的な能力を活かし助言をする。

[問題20] □□□□

協会員が保有する倫理コードに関して、協会員の役職員は、顧客に対して投資に関する助言行為を行う場合、関連する法令や規則等のもとで、投資によってもたらされる価値に影響を与えることが予想される内部情報等の公開されていない情報を基に、顧客に対して助言行為を行うことはしない。

[問題21] □□□□

日本証券業協会が示すモデル倫理コードの「資本市場における行為」では、「法令や規則等に定めのないものであっても、社会通念や市場仲介者として求められるものに照らして疑義を生じる可能性のある行為については、外務員の判断のみで、その是非について判断する」と掲げている。

[問題22] □□□□

投資家に対するアドバイスは適切に行わなければならないが、証券投資の最終決定はあくまで投資家自身の判断と責任に基づいて行われるべきものである。

解答

[問題16]　○　テ96

（顧客利益を重視した行動）

[問題17]　×　テ96

常に顧客にとって最善となる利益を考慮して行動する。（顧客利益を重視した行動）

[問題18]　○　テ96

（顧客の立場に立った誠実かつ公正な業務の執行）

[問題19]　×　テ96

中立的立場から、事実と見解を明確に区別した上で、専門的な能力を活かし助言をする。（顧客に対する助言行為）

[問題20]　○　テ96

（顧客に対する助言行為）

[問題21]　×　テ96

自社の倫理コードと照らし、その是非について判断する。

[問題22]　○　テ97

問題

[問題23] □□□□

外務員は、顧客にとって最適であると確信してハイ・リターンの商品を勧めたが、当該顧客は確定利付商品を選択した。この場合、外務員は、顧客の選択にかかわらず、最適だと思う商品を勧めなければならない。

[問題24] □□□□

外務員は、投資家に対して投資アドバイスを行う際は、合理的な根拠に基づいて十分な説明を行う必要があり、また、投資家の誤解を招かないためにも、その説明内容や資料は正確でなければならない。

[問題25] □□□□

顧客がその投資方針や投資目的、資産や収入などに照らして明らかに不適切な投資を行おうとした場合、外務員は顧客に対して再考を促すよう適切なアドバイスを与えることが求められる。

[問題26] □□□□

外務員は、顧客がその投資目的や資金量にふさわしくない投資を行おうとする場合でも、自己責任原則を重視して顧客の注文をそのまま受注する必要がある。

[問題27] □□□□

外務員は、原則として断定的判断の提供を行ってはならないが、結果的に顧客に利益があったときは許容される。

[問題28] □□□□

新興国通貨建債券は、相対的に金利が高い傾向にあるが、円と外貨を交換する際のスプレッドが大きく、円貨での償還金額等が目減りすることがある。

[問題29] □□□□

業者は、業務に当たっては、業者の最大の利益及び市場の健全性を図るべく、相当の技術、配慮及び注意をもって行動しなければならない。

[問題30] □□□□

金融事業者が「顧客本位の業務運営に関する原則」を採択する場合は、顧客本位の業務運営を実現するための明確な方針を策定し、公表しなければならない。

解答

[問題23]　×　テ97

投資の最終決定は、あくまでも投資家自身の判断と責任に基づいて行われるべきものである。

[問題24]　○　テ97

[問題25]　○　テ98

[問題26]　×　テ98

外務員は、顧客がその投資目的や資金量にふさわしくない投資を行おうとする場合には、外務員は顧客に対して再考を促すような適切なアドバイスを与えることが求められている。

[問題27]　×　テ98

断定的判断の提供は、金融商品取引法で禁止されており、顧客に利益があったとしても不正行為である。

[問題28]　○　テ100

[問題29]　×　テ101

業務に当たっては、顧客の最大の利益及び市場の健全性を図るべく、相当の技術、配慮及び注意をもって行動しなければならない。(IOSCOの行為規範原則②注意義務)

[問題30]　○　テ102

(顧客本位の業務運営に関する方針の策定・公表等)

6 協会定款・諸規則

○×問題 以下について、正しければ○を、正しくなければ×をつけなさい。

【問題1】 □□□□

日本証券業協会の目的の1つに、協会員の行う有価証券の売買その他の取引等を公正かつ円滑ならしめ、金融商品取引業の健全な発展を図り、もって協会員の保護に資することがある。

【問題2】 □□□□

日本証券業協会の統一慣習規則は、協会員の有価証券の売買その他の取引等に関する公正な慣習を促進して不当な利得行為を防止し、取引の信義則を助長するために定める規則である。

【問題3】 □□□□

協会員は、顧客の投資経験、投資目的、資力等を十分に把握し、顧客の意向と実情に適合した投資勧誘を行うよう努めなければならない。

【問題4】 □□□□

協会員は、当該協会員にとって新たな有価証券等の販売を行うに当たっては、当該有価証券等に適合する顧客が想定できないものは、当該有価証券等の特性やリスクについて顧客が理解できるように十分説明して、販売しなければならない。

【問題5】 □□□□

協会員は、投資勧誘に当たっては、顧客に対し、投資は投資者自身の判断と責任において行うべきものであることを理解させる必要がある。

【問題6】 □□□□

協会員は、顧客に関する情報を他に漏えいしてはならない。

【問題7】 □□□□

協会員は顧客に対し、ブル型投資信託の販売の勧誘を行うに当たっては、勧誘開始基準を定め、当該基準に適合し、リスクの説明を行った顧客でなければ、販売の勧誘を行ってはならない。

解答

[問題1] ×　　テ106

協会員の保護ではなく、投資者の保護に資することである。

[問題2] ×　　テ106

問題文は、統一慣習規則ではなく、自主規制規則の記述である。

[問題3] ○　　テ107

いわゆる「適合性の原則」の記述である。

[問題4] ×　　テ107

当該有価証券等に適合する顧客が想定できないものは、販売してはならない。

[問題5] ○　　テ107

いわゆる「自己責任原則の徹底」の記述である。

[問題6] ○　　テ108

[問題7] ○　　テ108

問題

[問題8] □□□□

協会員は、高齢顧客（個人に限り、特定投資家を除く）に有価証券等の勧誘による販売を行う場合には、当該協会員の業態、規模、顧客分布及び顧客属性並びに社会情勢その他の条件を勘案し、高齢顧客の定義、販売対象となる有価証券等、説明方法、受注方法等に関する社内規則を定め、適正な投資勧誘に努めなければならない。

[問題9] □□□□

協会員は、ハイリスク・ハイリターンな特質を有する取引等を行うに当たっては、それぞれ各協会員が取引開始基準を定め、その基準に適合した顧客との間で当該取引等の契約を締結するものとされている。

[問題10] □□□□

協会員は、顧客（特定投資家を除く）と、有価証券関連デリバティブ取引等や特定店頭デリバティブ取引等の販売に係る契約を締結しようとするときは、当該顧客に対し注意喚起文書の交付義務はない。

[問題11] □□□□

協会員は、顧客（特定投資家を除く）と有価証券関連デリバティブ取引等の契約を初めて締結しようとするときは、「契約締結前交付書面」を交付し十分説明するとともに、当該顧客から当該取引等に関する確認書を徴求するものとする。

[問題12] □□□□

協会員は、顧客の有価証券関連デリバティブ取引等の建玉、損益、委託証拠金、預り資産等の状況について適切な把握に努めるとともに、当該取引等を重複して行う顧客の評価損益については、総合的な管理を行わなければならない。

[問題13] □□□□

協会員は、金融商品取引所が委託保証金の率の引上げ措置を行っている銘柄については、信用取引の勧誘を自粛しなければならない。

[問題14] □□□□

協会員は、金融商品取引所が有価証券オプション取引の制限又は禁止措置を行っている銘柄については、有価証券オプション取引の勧誘を自粛しなければならず、これらの措置が行われている旨及びその内容を説明しなければならない。

解答

[問題8]　○　テ109

[問題9]　○　テ109

[問題10]　×　テ109

あらかじめ注意喚起文書を交付しなければならない。

[問題11]　○　テ110

[問題12]　○　テ110

[問題13]　×　テ111

協会員は、金融商品取引所が委託保証金の率の引上げ措置を行っている銘柄に対して顧客から信用取引を受託する場合、当該顧客にこれらの措置が行われている旨及び内容の説明を行わなければならない。

[問題14]　○　テ111

問題

[問題15] □□□□

協会員は、店頭有価証券については、いかなる場合も、顧客に対し投資勧誘を行ってはならない。

[問題16] □□□□

会員は、顧客が株券の名義書換えを請求するに際し、自社の名義を貸与できるのは、顧客が特定投資家の場合だけである。

[問題17] □□□□

金融商品取引業者は、上場会社等の特定有価証券等に係る売買等を初めて行う顧客が、上場会社等の役員等に該当する顧客の場合、その売買等が行われるまでに内部者登録カードを備え付けなければならない。

[問題18] □□□□

内部者登録カードへの記載事項に、「家族構成及び続柄」がある。

[問題19] □□□□

協会員は、新規顧客、大口取引顧客等からの注文に際しては、あらかじめ当該顧客から買付代金又は売付有価証券の全部の預託を受ける等、取引の安全性の確保に努めなければならない。

[問題20] □□□□

協会員は、有価証券の売買その他の取引等を行う場合、顧客の注文に係る取引と自己の計算による取引とを峻別し、顧客の注文に係る伝票を速やかに作成のうえ、整理・保存しなければならない。

[問題21] □□□□

協会員は、顧客の注文に係る取引の適正な管理に資するため、打刻機の適正な運用及び管理、コンピュータの不適正な運用の排除等を定めた社内規則を整備しなければならない。

[問題22] □□□□

会員は、顧客の有価証券の売買その他の取引等に関連し、顧客の資金又は有価証券の借入れにつき行う保証、あっせん等の便宜の供与は行ってはならない。

解答

[問題15]　×　テ112

協会員は、店頭有価証券については、店頭有価証券規則に規定する場合を除き、顧客に対し投資勧誘を行ってはならない。例えば、適格機関投資家など例外規定がある。

[問題16]　×　テ112

会員は、いかなる顧客に対しても、株券の名義書換えの請求に際し、自社の名義を貸与してはならない。

[問題17]　○　テ112

[問題18]　×　テ112

内部者登録カードへの記載事項に、「家族構成及び続柄」はない。

[問題19]　×　テ113

協会員は、あらかじめ当該顧客から買付代金又は売付有価証券の全部又は一部の預託を受ける等、取引の安全性の確保に努めなければならない。

[問題20]　○　テ113

[問題21]　○　テ113

[問題22]　×　テ113

会員は、顧客の有価証券の売買その他の取引等に関連し、顧客の資金又は有価証券の借入れにつき行う保証、あっせん等の便宜の供与については、顧客の取引金額その他に照らして過度にならないよう、適正な管理を行わなければならない。

問題

[問題23] □□□□

協会員は、顧客から保管の委託を受けている又は振替口座簿への記載若しくは記録により管理している投資信託等について、顧客に当該投資信託等に係る損益（トータルリターン）を通知する必要はない。

[問題24] □□□□

協会員は、有価証券の売買その他の取引等に係る顧客管理の適正化を図るため、顧客調査、取引開始基準、過当勧誘の防止、取引一任勘定取引の管理体制の整備等に関する社内規則を制定し、これを役職員に遵守させなければならない。

[問題25] □□□□

協会員は、法人関係情報を取得した場合は、営業上有益であるため、他の部門と共有しなければならない。

[問題26] □□□□

法人関係部門とは、法人関係情報を統括して管理する部門をいう。

[問題27] □□□□

協会員は、単純な寄託契約に基づき、顧客から有価証券の保管の委託を受け、その有価証券を顧客ごとに個別に保管する場合には、顧客から有価証券を受け入れることができる。

[問題28] □□□□

協会員は、顧客から保護預り口座設定申込書の提出があり、その申込みを承諾した場合には、保護預り口座を設定し、その旨を当該顧客に通知しなければならない。

[問題29] □□□□

協会員は、抽選償還が行われることのある債券について、顧客から混合寄託契約により寄託を受ける場合は、その取扱い方法についての社内規程を設け、事前にその社内規程について顧客の了承を得る必要がある。

解答

[問題23]　×　テ114

協会員は、顧客に対し、当該投資信託等に係る損益（トータルリターン）を通知しなければならない。

[問題24]　○　テ114

[問題25]　×　テ115

協会員は、法人関係情報を取得した役職員に対し、その取得した法人関係情報を直ちに管理部門に報告するなど法人関係情報を取得した際の管理のために必要な手続きを定め、業務上不必要な部門に伝わらないように管理しなければならない。

[問題26]　×　テ115

法人関係部門とは、主として業務（金融商品取引業及びその付随業務又は登録金融機関業務をいう）を行っている部門のうち、主として業務上、法人関係情報を取得する可能性の高い部門をいう。

[問題27]　○　テ116

その他、委任契約による場合、混合寄託契約による場合、質権者である場合、消費寄託契約の場合も受け入れることができる。

[問題28]　○　テ117

[問題29]　○　テ117

問題

【問題30】 □□□□

協会員が、顧客から累積投資契約に基づく有価証券の寄託を受ける場合には、当該顧客と保護預り約款に基づく有価証券の寄託に関する契約を締結しなければならない。

【問題31】 □□□□

保護預り約款は、有価証券の「保護預り」に関し、受託者たる会員と寄託者たる顧客との間の権利義務関係を明確にしたものであり、保護預り証券の出納、保管等について、細目にわたり規定すべきものである。

【問題32】 □□□□

保護預り証券は、すべて証券保管振替機構で混合保管することとされている。

【問題33】 □□□□

照合通知書の交付は、顧客に対する債権債務の残高について、残高に異動がある都度又は顧客から請求がある都度、行うことになっている。

【問題34】 □□□□

当該顧客が取引残高報告書を定期的に交付している顧客であり、当該取引残高報告書に照合通知書に記載すべき項目を記載している場合には、照合通知書の作成・交付が免除される。

【問題35】 □□□□

照合通知書の記載事項として、立替金、貸付金、預り金又は借入金の直近の残高がある。

【問題36】 □□□□

会員は、金銭及び有価証券の残高がない顧客であっても、直前に行った報告以後1年に満たない期間において残高があったものについては、照合通知書により、現在その残高がない旨を報告しなければならない。

【問題37】 □□□□

照合通知書の作成は、協会員の営業部門で行わなくてはならない。

解答

[問題30]　×　　テ117

累積投資契約に基づく有価証券の寄託については、保護預り契約を締結する必要はない。

[問題31]　○　　テ118

[問題32]　×　　テ118

保護預り証券は、原則として会員が保管する。金融商品取引所又は決済会社の振替決済に係る証券については、決済会社で混合保管する。

[問題33]　×　　テ118

照合通知書の交付は、顧客に対する債権債務の残高について、顧客の区分に従って、それぞれに定める頻度で行う。

[問題34]　○　　テ119

[問題35]　○　　テ119

[問題36]　○　　テ119

[問題37]　×　　テ120

照合通知書の作成は、協会員の検査、監査又は管理を担当する部門で行わなければならない。

問題

【問題38】 □□□□

照合通知書を顧客に交付するときは、顧客との直接連絡を確保する趣旨から、直接手渡すことを原則としている。

【問題39】 □□□□

顧客から金銭、有価証券の残高について照会があったときは、会員の検査、監査又は管理の担当部門がこれを受け付け、営業部門を通じて遅滞なく回答を行わなければならない。

【問題40】 □□□□

契約締結時交付書面を顧客に交付するときは、顧客との直接連絡を確保する趣旨から、当該顧客の住所、事務所の所在地又は当該顧客が指定した場所に出向いて、直接手渡すことを原則としている。

【問題41】 □□□□

内部管理責任者は、自らが任命された営業単位における投資勧誘等の営業活動、顧客管理に関し、重大な事案が生じた場合は、速やかにその内容を営業責任者に報告し、その指示を受けなければならない。

【問題42】 □□□□

協会員は、原則として、相手方が反社会的勢力であることを知りながら、当該相手方との間で有価証券の売買その他の取引を行ってはならない。

【問題43】 □□□□

会員は、初めて有価証券の売買その他の取引等に係る顧客の口座を開設しようとする場合は、あらかじめ、当該顧客から反社会的勢力でない旨の確約を受けなければならない。

【問題44】 □□□□

協会員が、他の協会員の使用人を自己の従業員として採用することは禁止されているが、出向により受け入れ採用する場合については、この規制の対象外となっている。

解答

[問題38]　×　テ120

照合通知書の交付については、顧客との直接連絡を確保する趣旨から、当該顧客の住所、事務所の所在地又は当該顧客が指定した場所に郵送することを原則としている。

[問題39]　×　テ120

会員の検査、監査又は管理の担当部門が遅滞なく回答しなければならない。

[問題40]　×　テ120

契約締結時交付書面の送付については、顧客との直接連絡を確保する趣旨から、当該顧客の住所、事務所の所在地又は当該顧客が指定した場所に郵送することを原則としている。

[問題41]　×　テ122

内部管理統括責任者に報告する。

[問題42]　○　テ123

また、相手方が反社会的勢力であることを知りながら、当該相手方への資金の提供その他便宜の提供を行ってはならない。

[問題43]　○　テ123

[問題44]　○　テ124

問題

[問題45] □□□□

協会員は、従業員として採用しようとする者が、他の協会員の従業員であったとき又は現に他の協会員の従業員であるときは、当該者が協会から処分を受けているかどうかについて所定の方法により協会に照会しなければならない。

[問題46] □□□□

協会員の従業員は、所属協会員の書面による承諾がある場合に限り、自己の計算において信用取引を行うことができる。

[問題47] □□□□

「仮名取引」とは、口座名義人とその口座で行われる取引の効果帰属者が一致しない取引のことであり、顧客が架空名義あるいは他人の名義を使用してその取引の法的効果を得ようとする取引のことをいう。

[問題48] □□□□

協会員の従業員は、顧客から有価証券の売買その他取引等の注文を受けた場合において、当該顧客から書面を受けた場合に限り、自己がその相手方となって有価証券の売買その他の取引を成立させることができる。

[問題49] □□□□

協会員の従業員は、自己の有価証券の売買その他の取引等について、顧客の書面の承諾がある場合に限り、顧客の名義を使用することができる。

[問題50] □□□□

協会員の従業員は、顧客から有価証券の名義書換等の手続きの依頼を受けた場合には、所属協会員を通じないでその手続きを行うことができる。

[問題51] □□□□

協会員の従業員は、有価証券の売買その他取引等に関して顧客と金銭、有価証券の貸借を行うことができる。

[問題52] □□□□

金融商品取引業者の従業員が、従業員限りで広告等の表示又は景品類の提供を行う際には、所属営業単位の営業責任者の審査を受けなければならない。

解答

[問題45]　○　テ124

一級不都合行為者としての取扱い又は二級不都合行為者としての取扱い及び処分について、所定の方法により協会に照会しなければならない。

[問題46]　×　テ125

協会員の従業員は、いかなる場合も、自己の計算において信用取引を行うことは禁止されている。

[問題47]　○　テ125

[問題48]　×　テ126

いかなる場合も従業員のいわゆる呑み行為は、禁止されている。なお、設問の自己とは従業員のことである。

[問題49]　×　テ126

協会員の従業員は、自己の有価証券の売買その他の取引等について、いかなる場合も、顧客の名義又は住所を使用してはならない。

[問題50]　×　テ126

所属協会員を通じないで、顧客から依頼を受けた有価証券の名義書換等の手続きを行うことは禁止されている。

[問題51]　×　テ126

協会員の従業員は、有価証券の売買その他取引等に関して顧客と金銭、有価証券の貸借（顧客の債務の立替えを含む）を行ってはならない。

[問題52]　×　テ126

従業員限りで広告等の表示又は景品類の提供を行う際には、広告審査担当者の審査を受けなければならない。

問題

[問題53] □□□□

協会員の従業員は、顧客から有価証券の売付けの注文を受ける場合において、当該有価証券の売付けが空売りであるか否かの別を確認せずに注文を受けてはならない。

[問題54] □□□□

協会員の従業員は、特定投資家以外の顧客に対して行う上場CFD取引に係る契約の勧誘に関して、勧誘受諾意思の確認義務及び再勧誘の禁止が課される。

[問題55] □□□□

協会員は、従業員が有価証券等の性質又は取引の条件について、顧客を誤認させるような勧誘をしないように指導及び監督しなければならない。

[問題56] □□□□

日本証券業協会は、金融商品取引業の信用への影響が特に著しい行為を行ったと認められる者を一級不都合行為者として、期限を設けずに協会員の従業員としての採用を禁止する。

[問題57] □□□□

二種外務員は、所属協会員の一種外務員の同行がある場合には、顧客から信用取引及び有価証券関連デリバティブ取引等に係る注文を受託することができる。

[問題58] □□□□

二種外務員は、新株予約権証券を取り扱うことができる。

[問題59] □□□□

二種外務員は、店頭デリバティブ取引に類する複雑な仕組債を取り扱うことはできないが、レバレッジ投資信託は取り扱うことができる。

[問題60] □□□□

協会員は、その役員又は従業員のうち、外務員の種類ごとに定める一定の資格を有し、かつ、外務員の登録を受けた者でなければ、外務員の職務を行わせてはならない。

解答

[問題53]　○　テ127

[問題54]　○　テ127、151

[問題55]　○　テ127

[問題56]　○　テ128

なお、不都合行為者のうち、一級不都合行為者以外の者を二級不都合行為者とし、当該取扱いの決定の日から５年間協会員の従業員としての採用を禁止する。

[問題57]　×　テ129

二種外務員は、所属協会員の一種外務員の同行がある場合には、顧客から信用取引の注文を受託することはできるが、有価証券関連デリバティブ取引等に係る注文は、一種外務員の同行の有無にかかわらず受託することはできない。

[問題58]　×　テ129

二種外務員は、新株予約権証券を取り扱うことができない。

[問題59]　×　テ129

二種外務員は、店頭デリバティブ取引に類する複雑な仕組債だけでなく、レバレッジ投資信託も取り扱うことができない。

[問題60]　○　テ130

問題

[問題61] □ □ □ □

協会は、外務員の登録に関する処分として、登録を受けている外務員が金融商品取引法に定める欠格事由に該当したときは、期間を定めて外務員の職務の停止の処分を行うことができるが、その登録を取り消すことはできない。

[問題62] □ □ □ □

協会員は、登録を受けている外務員について、外務員登録日を基準として3年目ごとの日の属する月の初日から1年間内に日本証券業協会の外務員資格更新研修を受講させなければならない。

[問題63] □ □ □ □

協会員は、外務員登録を受けていない者が新たに登録を受けたときは、登録日後180日以内に、日本証券業協会の外務員資格更新研修を受講させなければならない。

[問題64] □ □ □ □

受講義務期間内に外務員資格更新研修を修了しなかった場合でも、外務員資格が取り消されることはない。

[問題65] □ □ □ □

協会員は、取引の信義則に違反するものに該当するおそれのある広告等の表示を行ってはならない。

[問題66] □ □ □ □

協会員は、判断、評価等が入る広告等の表示を行ってはならない。

[問題67] □ □ □ □

協会員は、広告等の表示又は景品類の提供を行うときは、営業責任者に禁止行為に違反する事実がないかどうか審査させなければならない。

[問題68] □ □ □ □

店頭有価証券とは、わが国の法人が国内において発行する取引所金融商品市場に上場されている株券、証券投資信託、新株予約権付社債券をいう。

解答

[問題61]　×　テ130

協会の行政処分は、登録取り消し処分と、２年以内の職務停止の２つがある。

[問題62]　×　テ131

協会員は、登録を受けている外務員について、外務員登録日を基準として５年目ごとの日の属する月の初日から１年間内に日本証券業協会の外務員資格更新研修を受講させなければならない。

[問題63]　○　テ131

[問題64]　×　テ131

受講義務期間に外務員資格更新研修を修了しなかった場合には、外務員資格更新研修を修了するまでの間、すべての外務員の効力が停止し、外務員の職務を行うことができなくなる。また、受講義務期間の最終日の翌日から180日までの間に当該研修を修了しなかった場合には、すべての外務員資格が取り消される。

[問題65]　○　テ132

その他、協会員としての品位を損なうもの、金融商品取引法その他の法令等に違反する表示のあるもの等について、広告等の表示を行ってはならない。

[問題66]　×　テ132

その根拠を明示すれば、判断、評価等が入る広告等の表示を行うことができる。

[問題67]　×　テ133

協会員は、広告審査担当者を任命し、禁止行為に違反する事実がないか審査させなければならない。

[問題68]　×　テ134

店頭有価証券とは、わが国の法人が国内において発行する取引所金融商品市場に上場されていない株券、新株予約権証券、新株予約権付社債券をいう。

問題

[問題69] □□□□

会員等は、株式投資型クラウドファンディング業務について、電話又は訪問の方法等により当該業務に係る投資勧誘を行うことができる。

[問題70] □□□□

協会員は、新規公開に際して行う株券の個人顧客への配分に当たっては、すべて抽選により配分先を決定する必要がある。

[問題71] □□□□

日本証券業協会は、公社債の店頭売買を行う投資者及び証券会社等の参考に資するため、指定する協会員からの報告に基づき売買参考統計値を毎週発表する。

[問題72] □□□□

協会員は、顧客との間で公社債の店頭取引を行うに当たっては、合理的な方法で算出された時価（社内時価）を基準として取引を行わなければならない。

[問題73] □□□□

協会員は、小口投資家との店頭取引に当たっては、価格情報の提示や公社債店頭取引の知識啓発に十分留意し、より一層取引の公正性に配慮しなければならない。

[問題74] □□□□

協会員は、上場公社債の取引を初めて行う小口投資家に対して、取引所金融商品市場における取引と店頭取引の相違点についての説明等が義務付けられている。

[問題75] □□□□

協会員は、国債の発行日前取引を初めて行う顧客に対し、あらかじめ、当該取引が停止条件付売買であることを説明しなければならない。

[問題76] □□□□

協会員は、公社債の店頭取引を行ったときは、約定時刻等を記載した注文伝票を作成しなければならない。

解答

[問題69]　×　テ137

会員等は、株式投資型クラウドファンディング業務について、電話又は訪問の方法等により当該業務に係る投資勧誘を行ってはならない。情報通信の技術を利用する募集の取扱い等の方法（ウェブサイト、電子メール）で行われなければならない。

[問題70]　×　テ140

原則として、個人顧客への配分予定数量の10%以上について抽選により配分先を決定する必要がある。

[問題71]　×　テ146、241

売買参考統計値は、毎営業日発表される。

[問題72]　○　テ146、240

[問題73]　○　テ146

なお、小口投資家とは、公社債の額面1,000万円未満の取引を行う顧客をいう。

[問題74]　○　テ146

[問題75]　○　テ146

[問題76]　○　テ147

問題

【問題77】 □□□□

金融商品取引業者が顧客と外国証券の取引に関する契約を締結しようとするときは、あらかじめ金融商品取引所の受託契約準則に定める様式による「外国証券取引口座に関する約款」を顧客に交付し、「外国証券取引口座設定に関する申込書」を徴求する必要がある。

【問題78】 □□□□

金融商品取引業者は、顧客から新たに外国株券の売買を受託するときには、あらかじめ外国証券取引口座に関する約款を交付し、外国証券取引口座設定に関する確認書を徴求しなければならない。

【問題79】 □□□□

外国証券については、募集及び売出し等の場合を除き金融商品取引法に基づく企業内容等の開示が行われておらず、投資者の入手し得る情報が限られていることから、協会員は、顧客に対する外国証券の勧誘に際しては、顧客の意向、投資経験、及び資力等に適合した投資が行われるよう十分配慮しなければならない。

【問題80】 □□□□

「外国証券の取引に関する規則」において、協会員が顧客との間で外国株券の国内店頭取引を行うに当たっては、本国の外国有価証券市場における当該外国株券の前日の終値により取引を行わなければならないとされている。

【問題81】 □□□□

協会員が適格機関投資家を除く顧客に勧誘を行うことにより販売等ができる外国投資信託証券は、「選別基準」に適合しており、投資者保護上問題がないと日本証券業協会が確認した外国投資信託証券でなければならない。

【問題82】 □□□□

外国投資信託証券の選別基準は、「外国証券の取引に関する規則」において、外国投資信託受益証券、外国投資証券の別にかかわらず、同一の基準が定められている。

解答

【問題77】 ×　テ147

各金融商品取引業者が定める様式の外国証券取引口座に関する約款を顧客に交付し、当該顧客から約款に基づく取引口座の設定に係る申込みを受けなければならない。

【問題78】 ×　テ147

金融商品取引業者は、顧客から新たに外国株券の売買を受託するときには、あらかじめ外国証券取引口座に関する約款を交付し、外国証券取引口座設定に関する申込みを受けなければならない。外国証券取引口座設定に関する確認書の徴求義務はない。

【問題79】 ○　テ148

【問題80】 ×　テ148

協会員が顧客との間で外国株券の国内店頭取引を行うに当たっては、「社内時価（合理的な方法で算出された時価）」を基準とした適正な価格により取引を行わなければならない。

【問題81】 ×　テ149

協会員が顧客（適格機関投資家を除く）に勧誘を行うことにより販売等ができる外国投資信託証券は、「選別基準」に適合しており、投資者保護上問題がないと協会員が確認した外国投資信託証券でなければならない。

【問題82】 ×　テ149

外国投資信託証券の選別基準は、「外国証券の取引に関する規則」において、外国投資信託受益証券、外国投資証券の別に定められている。

問題

[問題83] □□□□

金融商品取引業者は、顧客に販売した外国投資信託証券が当該証券について規定された選別基準に適合しないこととなったときは、遅滞なくその旨を当該顧客に通知しなければならないが、その場合、当該顧客から買戻しの取次ぎ又は解約の取次ぎの注文があったときは、これに応じる必要はない。

[問題84] □□□□

協会員が国内公募の引受等を行うことのできる外国株券等は、国内の取引所金融商品市場において取引が行われているもの又は当該市場における取引が予定されているものに限られる。

[問題85] □□□□

取引所内の価格に基づいて行う､取引所外での差金決済取引は禁止されている。

選択問題

[問題86] □□□□

次の文章のうち、正しいものの番号を2つマークしなさい。

1．協会員は、顧客に対し、投資は金融商品取引業者等の判断と責任において行うべきものであることを理解させる必要がある。
2．協会員は、株式や投資信託などの取引等に当たっては、取引開始基準を定め、その基準に適合した顧客との間で取引の契約を締結するものとされている。
3．協会員は、店頭有価証券については、店頭有価証券規則に規定する場合を除き、顧客に対し投資勧誘を行ってはならない。
4．協会員は、新規顧客、大口取引顧客等からの注文の受託に際しては、取引の安全性の確保のため、あらかじめ当該顧客から買付代金又は売付有価証券の全部の預託を受けなければならないとされている。
5．会員は、顧客が株券の名義書換えを請求するに際し、自社の名義を貸与してはならない。

解答

[問題83]　×　テ149

金融商品取引業者は、顧客に販売した外国投資信託証券が当該証券について規定された選別基準に適合しないこととなったときは、遅滞なくその旨を当該顧客に通知しなければならないが、その場合、当該顧客から買戻しの取次ぎ又は解約の取次ぎの注文があったときは、これに応じなければならない。

[問題84]　×　テ150

協会員が国内公募の引受等を行うことのできる外国株券等は、適格外国金融商品市場若しくは国内の取引所金融商品市場において取引が行われているもの又は当該市場における取引が予定されているものに限られる。

[問題85]　×　テ151

差金決済取引（CFD取引）とは、有価証券や有価証券指数を参照とする取引開始時の取引価格と取引終了時の取引価格との差額により差金決済を行う取引であり、上場CFD取引のほか、店頭CFD取引も一定の要件の下で行われている。

[問題86]　**3、5**　テ107、109、112～113、135

1．×　投資は、投資者自身の判断と責任において行うべきものである。

2．×　取引開始基準は、「信用取引」、「有価証券関連デリバティブ取引等」、「特定店頭デリバティブ取引等」、「店頭取扱有価証券」などハイリスク・ハイリターンな特質を有する取引等について定めなければならないが、株式や投資信託は対象外である。

3．○

4．×　あらかじめ当該顧客から買付代金または売付有価証券の全部又は一部の預託を受ける等取引の安全性の確保に努めなければならないとされている。

5．○

問題

[問題87] □□□□

次のうち、「内部者登録カード」に記載すべき事項として誤っているものの番号を２つマークしなさい。

1. 氏名又は名称
2. 住所又は所在地及び連絡先
3. 本籍地
4. 会社名、役職名及び所属部署
5. 資産の状況

[問題88] □□□□

次の文章のうち、誤っているものの番号を２つマークしなさい。

1. 協会員は、有価証券の売買その他の取引等を行う場合、顧客の注文に係る取引と自己の計算による取引とを峻別し、顧客の注文に係る伝票を速やかに作成のうえ、整理・保存しなければならない。
2. 会員は、金銭及び有価証券の残高がない顧客の場合でも、直前に行った報告以後1年に満たない期間においてその残高があったものについては、照合通知書により、現在その残高がない旨を報告しなければならない。
3. 契約締結時交付書面を顧客に交付するときは、顧客との直接連絡を確保する趣旨から、当該顧客の住所、事務所の所在地又は当該顧客が指定した場所に出向いて、直接手渡すことを原則としている。
4. 協会は、外務員の登録に関する処分として、登録を受けている外務員が金融商品取引法に定める欠格事項に該当したときは、期間を定めて外務員の職務の停止の処分を行うことができるが、その登録を取り消すことはできない。
5. 協会員が顧客との間で、公社債の店頭売買を行うに当たっては、合理的な方法で算出された時価である社内時価を基準とした適正な価格により取引を行わなければならない。

解答

[問題87]　3、5　　テ112

1．○
2．○
3．×　本籍地は、内部者登録カードの記載事項ではない。
4．○
5．×　資産の状況は、内部者登録カードの記載事項ではない。

[問題88]　3、4　　テ113、119～120、130、146、240

1．○
2．○
3．×　契約締結時交付書面を顧客に交付するときは、顧客との直接連絡を確保する趣旨から、当該顧客の住所、事務所の所在地又は当該顧客が指定した場所に郵送することを原則としている。
4．×　協会は、外務員の登録に関する処分として、登録を受けている外務員が金融商品取引法に定める欠格事項に該当したときは、2年以内の期間を定めて外務員の職務の停止の処分を行うことができるが、その登録を取り消すこともできる。
5．○

問題

[問題89] □□□□

次の文章のうち、正しいものの番号を２つマークしなさい。

1．会員が、顧客から単純な寄託契約又は混合寄託契約により有価証券の寄託を受ける場合には、当該顧客と保護預り約款に基づく有価証券の寄託に関する契約を締結しなければならない。
2．累積投資契約に基づく有価証券の寄託については、保護預り契約を締結する必要がある。
3．照合通知書の記載事項として、立替金、貸付金、預り金又は借入金の直近の残高がある。
4．顧客から金銭、照合通知書の記載内容について照会があったときは、営業の担当部門が受け付け、会員の検査、監査又は管理の担当部門を通じて遅滞なく回答を行わなければならない。
5．取引残高報告書は、原則として、定期的に１年に１回以上交付しなければならない。

[問題90] □□□□

次の文章のうち、誤っているものの番号を２つマークしなさい。

1．協会員は、広告等の表示を行うときは、投資者保護の精神に則り、取引の信義則を遵守し、品位の保持を図るとともに、的確な情報提供及び明瞭かつ正確に表示を行うように努めなければならない。
2．協会員は、判断、評価等を入れた広告等の表示を行うことはできない。
3．協会員は、広告等の表示又は景品類の提供を行うときは、禁止行為に違反する事実がないかどうか、内部管理責任者に審査させなければならない。
4．協会員の会員内部管理責任者資格試験の合格者は、広告審査担当者になることができる。
5．協会員は、協会員間の競争を妨げるおそれのある広告等の表示を行ってはならない。

解答

[問題89]　1、3　　テ116～120

1．○
2．×　累積投資契約に基づく有価証券の寄託については、保護預りに関する契約を締結する必要はない。
3．○
4．×　顧客から照合通知書の記載内容について照会があったときは、会員の検査、監査又は管理の担当部門が受け付け、遅滞なく回答しなければならない。
5．×　取引残高報告書は、原則として、定期的に1年を3ヵ月以下の期間ごとに区分した期間の末日ごとに1回以上交付しなければならない。

[問題90]　2、3　　テ132～133

1．○
2．×　協会員は、判断、評価等が入る場合において、その根拠を明示していない広告等の表示を行ってはならない。
3．×　広告審査担当者に審査させなければならない。
4．○
5．○

7 取引所定款・諸規則

○×問題 以下について、正しければ○を、正しくなければ×をつけなさい。

【問題1】 □□□□

取引所金融商品市場において行う取引の種類は、東京証券取引所においては有価証券の売買、大阪取引所においては市場デリバティブ取引であることが規定されている。

【問題2】 □□□□

東京証券取引所の取引参加者は、有価証券の売買を行うことができる総合取引参加者のみである。

【問題3】 □□□□

金融商品取引市場において、国債先物等取引参加者になれるのは、第一種金融商品取引業者のみである。

【問題4】 □□□□

取引参加者は、事故防止等の観点から取引所市場における有価証券の売買等の委託を受けるときは、あらかじめ顧客の住所、氏名その他の事項を調査しなければならない。

【問題5】 □□□□

取引所に上場される有価証券は、金融商品取引法上の有価証券に限られる。具体的には、株券、国債証券、地方債証券、社債券、約束手形及び転換社債型新株予約権付社債券等である。

【問題6】 □□□□

東京証券取引所の市場区分は、プライム市場、スタンダード市場、グロース市場の３区分である。

【問題7】 □□□□

国債証券の上場については、発行者からの申請は必要ないとされている。

【問題8】 □□□□

外国株券等の上場審査については、内国株券等の上場審査制度を基準にして行われ、外国株券等に特有な性質は配慮されない。

解答

[問題1]　○　テ156

[問題2]　○　テ156

[問題3]　×　テ157

国債先物等取引参加者になれるのは、第一種金融商品取引業者及び登録金融機関である。

[問題4]　○　テ157

[問題5]　×　テ158

金融商品取引法上の有価証券に約束手形は含まれない。その他小切手も金融商品取引法上の有価証券ではない。

[問題6]　○　テ158

[問題7]　○　テ159、162

[問題8]　×　テ159

外国株券等の上場審査については、内国株券等の上場審査制度を基準にして、外国株券等に特有な性質を配慮しつつ行われる。

問題

[問題9] □□□□

上場株券等が上場廃止基準に該当し上場廃止が決定した場合、取引所は当該銘柄を一定期間整理銘柄に指定し、その売買を行わせることができる。

[問題10] □□□□

非参加型優先株の上場審査基準は、普通株と全く同じ基準である。

[問題11] □□□□

上場している普通株について、上場廃止基準に該当することとなった場合には、その発行者が発行する優先株についても同様に上場が廃止される。

[問題12] □□□□

転換社債型新株予約権付社債券の上場については、当該債券発行会社が当該取引所に上場されている場合には、上場審査を行うことなくその上場が認められる。

[問題13] □□□□

ETFについては、上場審査基準は設けられていない。

[問題14] □□□□

取引所は、株券の普通取引において、配当金交付株主確定期日又は新株予約権その他の権利確定日（基準日）の前日から配当落又は権利落として売買を開始するとしている。

[問題15] □□□□

国債証券の呼値の単位は、額面100円につき１円である。

[問題16] □□□□

取引所は、有価証券の価格の急激な変動による投資者の不測の損害を防止するため、有価証券の売買における１日の値幅を制限している。

[問題17] □□□□

金融商品取引所の売買立会による売買は、売買注文について、まず価格優先の原則を適用し、これによることができない場合には、時間優先の原則に従い、個別競争売買によって行われる。

解答

[問題9]　○　テ160

[問題10]　×　テ161

優先株等の上場については、優先株等の特異性を考慮し、普通株とは異なった基準を設けている。

[問題11]　○　テ161

[問題12]　×　テ162

転換社債型新株予約権付社債券の上場については、債券と同様、上場申請のあった当該債券について上場審査基準に基づいて審査を行い、上場を決定する。

[問題13]　×　テ162

ETF（上場投資信託）についても上場審査基準が設けられている。

[問題14]　○　テ164

[問題15]　×　テ165

国債証券の呼値の単位は、額面100円につき１銭である。

[問題16]　○　テ165

問題文は、制限値幅の記述である。

[問題17]　○　テ166

問題

[問題18] □□□□

買呼値においては、低い値段の買呼値が高い値段の買呼値に優先し、売呼値においては、高い値段の売呼値が低い値段の売呼値に優先する。これを、価格優先の原則という。

[問題19] □□□□

指値による呼値は、成行による呼値に値段的に優先する。

[問題20] □□□□

売買立会の始値を定める場合は、板寄せによる方式で行われる。

[問題21] □□□□

DVP決済とは、「資金と証券の同時又は同日中の引渡しを行う決済」のことであり、この決済では、取引相手の決済不履行から生じる元本リスクを排除することができる。

[問題22] □□□□

取引所の受託契約準則は、取引参加者である金融商品取引業者のみならず、顧客についても対等の契約を締結した者として、熟読し遵守すべき義務がある。

[問題23] □□□□

有価証券の売買における顧客と取引参加者との間の金銭の授受は、必ず円貨で行わなければならない。

[問題24] □□□□

地方債証券は、制度信用取引の委託保証金代用有価証券にならない。

※ 本設問は外国株式信用取引を除く、国内における信用取引を対象とする。

[問題25] □□□□

信用取引の代用有価証券の現金換算率は、有価証券の種類にかかわらず100分の80である。

※ 本設問は外国株式信用取引を除く、国内における信用取引を対象とする。

解答

[問題18]　×　テ166

買呼値においては、高い値段の買呼値が低い値段の買呼値に優先し、売呼値においては、低い値段の売呼値が高い値段の売呼値に優先する。これを、価格優先の原則という。

[問題19]　×　テ166

成行による呼値は、指値による呼値に値段的に優先する。

[問題20]　○　テ167

[問題21]　○　テ170、188

なお、元本リスクとは、資金又は証券を交付した後その対価を受取れないリスクをいう。

[問題22]　○　テ171

[問題23]　×　テ172

有価証券売買における顧客と取引参加者との間の金銭の授受は、すべて円貨で行うことが前提になっているが、受託取引参加者が同意したときは、顧客の指定する外貨によって行うことができる。

[問題24]　×　テ173、204

地方債証券は、制度信用取引の委託保証金代用有価証券となる。

[問題25]　×　テ173、204

有価証券の種類によって、現金換算率に違いがある。

8 株式業務

○×問題 以下について、正しければ○を、正しくなければ×をつけなさい。

［問題1］ □□□□

売買立会における一般の内国株券の呼値の単位は最低1円であるが、TOPIX500構成銘柄は最低10銭である。

［問題2］ □□□□

金融商品取引業者は、株式の取引については、取引開始基準を定め、適合した顧客から取引を受託するものとされている。

［問題3］ □□□□

信用取引口座の設定に当たっては、金融商品取引業者は、顧客から金融商品取引業者が定める様式による信用取引口座設定約諾書を受け入れなければならない。

［問題4］ □□□□

金融商品取引業者は、顧客から信用取引の注文を受ける際は、その都度、制度信用取引（PTS制度信用取引を含む）か、一般信用取引（PTS一般信用取引を含む）か、顧客の意向を確認しなければならない。

［問題5］ □□□□

金融商品取引業者は、顧客の有価証券の売買等が内部者取引に該当するおそれのあることを知った場合は、当該注文を受けることはできない。

［問題6］ □□□□

金融商品取引業者は、自己の計算による売付け、顧客から受託する売付けが空売りに該当する場合でも取引所に明示する必要はない。

［問題7］ □□□□

金融商品取引業者は上場株券の安定操作取引が行われていることを知りながら、その旨を表示しないで、顧客から当該株券の買付け注文を受けることはできない。

解答

［問題1］　○　テ179

なお、TOPIX 500構成銘柄は、TOPIX 100（TOPIX Core30及びLarge70）及びTOPIX Mid400構成銘柄で構成される。

［問題2］　×　テ109、181

株式の取引については、取引開始基準を定める必要はない。なお、信用取引については、取引開始基準を定める必要がある。

［問題3］　×　テ173、181

顧客から、取引所が定める様式による信用取引口座設定約諾書を受け入れなければならない。

［問題4］　○　テ181、202

［問題5］　○　テ182

会社関係者などで、所定の方法で上場会社等の業務等に関する重要事実を知った者は、これが公表される前に、その上場株式等の特定有価証券等に係る売買等（内部者取引）を行ってはならない。金融商品取引業者は、顧客の有価証券の売買等が内部者取引に該当すること、又はそのおそれのあることを知った場合は、当該注文を受けることはできない。

［問題6］　×　テ182

取引所金融市場で行う空売りは、取引所に明示しなければならない。

［問題7］　○　テ184

問題

[問題8] □□□□

顧客が、金融商品取引所の売買立会による売買に係る上場株式の委託注文を行う際に金融商品取引業者に指示すべき事項の1つに「委託注文の有効期間」がある。

[問題9] □□□□

顧客が東京証券取引所の立会内売買に係る上場株式の委託注文を行う際、金融商品取引業者に指示すべき事項には、売買の種類、銘柄、売付け又は買付けの区別、数量、値段の限度、買付けの場合には一任するか否かなどがある。

[問題10] □□□□

「自己又は委託の別」は、注文伝票の記載事項に含まれる。

[問題11] □□□□

「取引の種類」は、注文伝票に記載すべき事項である。

[問題12] □□□□

「受渡日」は、注文伝票に記載すべき事項である。

[問題13] □□□□

取引所取引における普通取引では、売買成立の日から起算して3営業日目に決済を完了させる。

[問題14] □□□□

資金と証券の同時又は当日中の引渡しを行う決済をDVP決済といい、取引相手の決済不履行（資金又は証券を交付した後その対価を受け取れないこと）を排除できる。

[問題15] □□□□

立会外売買は、上場株式だけでなく新株予約権付社債、ETF、J-REIT等についても取引対象となる。

[問題16] □□□□

クロス取引とは、1つの金融商品取引業者が同一銘柄について同量の売り注文と買い注文を取引所に提出し、商いを成立させる取引をいう。

解答

[問題8]　○　テ185

[問題9]　×　テ185

原則として、取引一任勘定取引は禁止されている。

[問題10]　○　テ186

他に取引の種類、銘柄、売付け又は買付けの別、受注数量、指値又は成行の別、受注日時等の記載事項がある。

[問題11]　○　テ186

[問題12]　×　テ186

「受渡日」は、注文伝票に記載すべき事項ではない。

[問題13]　○　テ163、187

[問題14]　○　テ170、188

[問題15]　○　テ189

なお、立会外売買とは、各取引所の電子取引ネットワークシステムを介して行われる売買制度である。

[問題16]　○　テ189

問題

[問題17] □□□□

取引所における立会外バスケット取引は、15銘柄以上で構成され、かつ総額1億円以上のポートフォリオに限定されている。

[問題18] □□□□

店頭有価証券は、原則として一般投資家に対し投資勧誘を行ってはならない。

[問題19] □□□□

株式の店頭取引は、信用取引による売買ができる。

[問題20] □□□□

取引所での売買と取引所外での売買では、同一時刻に成立した売買であれば、同じ価格でなければならない。

[問題21] □□□□

PTS（私設取引システム）を開設できるのは、内閣総理大臣の認可を受けた有価証券関連業務を行う金融商品取引業者だけである。

[問題22] □□□□

私設取引システム（PTS）で取引できる銘柄は、上場株式のみである。

[問題23] □□□□

PTS（私設取引システム）では、顧客の間の交渉に基づく価格を用いる方法により、価格を決定することができない。

[問題24] □□□□

PTS（私設取引システム）の売買価格決定方法のうちの1つに、顧客の提示した指値が、取引の相手方となる他の顧客の提示した指値と一致する場合に、当該顧客の提示した指値を用いる方法は含まれる。

[問題25] □□□□

株式累積投資は、任意の時に単元未満株のまま機動的に任意の銘柄の買付けを行い、また、買い付けた単元未満株を単元未満株のまま売り付けることができる。

[問題26] □□□□

ドル・コスト平均法とは、株価の値動きやタイミングに関係なく、株式を定期的に継続して一定金額ずつ購入していく方法である。

解答

【問題17】 ○ テ189

【問題18】 ○ テ135、190

【問題19】 × テ190

株式の店頭取引は、信用取引はできない。

【問題20】 × テ191

取引所での売買と取引所外での売買では、同一時刻に成立した売買であっても、価格が異なることがある。

【問題21】 ○ テ20～21、193

【問題22】 × テ193

店頭売買有価証券も取引の対象銘柄となっている。

【問題23】 × テ193

顧客の間の交渉に基づく価格を用いる方法で売買価格を決定することができる。

【問題24】 ○ テ193

なお、PTSの売買価格決定方法には、他にオークション（競売買）の方法や顧客の間の交渉に基づく価格を用いる方法などがある。

【問題25】 × テ194～195、306

株式累積投資は、株価の値動きやタイミングに関係なく、株式を定期的に継続して一定金額ずつ購入していく方法である。問題文は、株式ミニ投資の記述である。

【問題26】 ○ テ194、307

ドル・コスト平均法は、株式累積投資での購入に用いられている。

[問題27] □□□□

株式ミニ投資は、資金を預かり、株式を定期的に継続して一定金額ずつ購入していく方法である。

[問題28] □□□□

株式ミニ投資の取扱金融商品取引業者は、顧客から当該注文を受ける場合には、当該顧客と金融商品取引業者の定める株式ミニ投資に関する約款に基づく取引契約を締結することとされている。

[問題29] □□□□

株式ミニ投資の取扱金融商品取引業者は、顧客から当該売買注文を受ける場合には、当該顧客から銘柄、買付け又は売付けの区別、成行又は指値の別、数量について指示を受ける必要がある。

[問題30] □□□□

株式ミニ投資に係る取引において、約定日は金融商品取引業者が顧客から注文を受託した日の翌営業日とされている。

[問題31] □□□□

株式の新規上場に際して、公開価格の決定方法には、競争入札による公募等とブック・ビルディングがある。

[問題32] □□□□

株式の新規上場時に、まず入札を行いその結果を勘案して公開価格を決定する方式をブック・ビルディングという。

[問題33] □□□□

信用取引とは、投資家が金融商品取引業者から買付代金の貸付けを受けて有価証券の買付けを行う又は有価証券の貸与を受けて売却を行う取引である。

[問題34] □□□□

証券金融会社が、金融商品取引業者及び顧客に対して、制度信用取引に必要な資金や株券を貸し付ける取引を貸借取引という。

解答

[問題27]　×　テ194〜195、306

株式ミニ投資は、任意の時に単元未満株（取引所の定める売買単位の10分の1単位）のまま機動的に任意の銘柄の買付けを行い、また、買い付けた単元未満株を単元未満株のまま売り付けることができる方法である。問題文は、株式累積投資の記述である。

[問題28]　○　テ195

[問題29]　×　テ196

取扱金融商品取引業者は、顧客から株式ミニ投資に係る売買注文を受ける場合には、当該顧客から銘柄、買付け又は売付けの区別、数量について指示を受ける必要があるが、約定日における指定証券取引所の価格に基づき約定価格が決定されるため、価格（成行又は指値の別）については指示を受けない。

[問題30]　○　テ196

[問題31]　○　テ197

[問題32]　×　テ197

ブック・ビルディングは、公開価格に係る仮条件を決定し、その後ブック・ビルディングにより把握した投資者の需要状況、上場日までの期間における有価証券の相場の変動リスク等を総合的に勘案して、上場前の公募・売出しに際する公開価格を決定するものである。問題文は、競争入札の記述である。

[問題33]　○　テ198

[問題34]　×　テ198

貸借取引は、金融商品取引業者と証券金融会社との取引であり、顧客は対象外である。

問題

[問題35] □□□□

上場株券等の信用取引は、金融商品取引業者が取引開始基準を定め、当該基準に適合した顧客から取引を受託しなければならない。

[問題36] □□□□

信用取引等の代用有価証券として受け入れた有価証券は、顧客の書面による同意なしに他人に貸し付けることができる。

[問題37] □□□□

制度信用銘柄の選定は、当該銘柄の取引所における上場後最初の約定値段が決定された日の翌営業日に行われる。

[問題38] □□□□

金融商品取引業者は、信用取引による売付け又は買付けが成立したときは、売買成立の日から起算して３営業日目の日の正午までの当該金融商品取引業者が指定する日時までに、約定価額の30％以上の委託保証金を顧客から徴収しなければならない。

[問題39] □□□□

上場株券の信用取引において、委託保証金は現金が原則であるが、その全額を有価証券で代用することができる。

[問題40] □□□□

国債証券と投資信託受益証券は、上場株券の信用取引において、委託保証金の代用有価証券とすることができる。

[問題41] □□□□

制度信用取引の代用有価証券の現金換算率は、有価証券の種類にかかわらず、一律100分の80に統一されている

[問題42] □□□□

金融商品取引業者は、受入委託保証金から、信用取引の建株が相場の変動により発生した計算上の損失額を差し引いた保証金残高が、約定価額の30％を下回ることとなった場合には、その約定価額の30％に達するまでの金額を追加保証金として損失金額が生じた日から起算して３営業日目の日の正午までの金融商品取引業者が指定する日時までに、顧客から徴収しなければならない。

解答

[問題35]　○　テ109、201

[問題36]　×　テ27、201

金融商品取引業者が受け入れた代用有価証券を再担保に供するか、又は他人に貸し付けるときは、当該顧客より書面による同意書を受けなければならない。なお、書面による同意は、所定の電磁的方法で行うことができる。

[問題37]　○　テ203

[問題38]　○　テ203

なお、委託保証金の最低限度額は30万円である。

[問題39]　○　テ204

[問題40]　○　テ204

[問題41]　×　テ173、204

有価証券の種類によって現金換算率に違いがある。

[問題42]　×　テ205

委託保証金の維持率は20%である。この20%を下回ることを維持率割れといい、維持率割れした場合、20%に達するまでの金額を追加保証金（追証）として徴収しなければならない。

問題

［問題43］ □□□□

金融商品取引業者は、信用取引において顧客が未決済勘定の一部又は全部を決済し、新たに信用取引を行ったときは、当該顧客から信用取引に係る保証金として預託を受けた金銭又は有価証券をこの新たな信用取引に係る保証金として預託を受けるべく金銭の額に充当することができる。

［問題44］ □□□□

信用取引において、相場の変動により生じた計算上の利益相当額について、顧客は金銭又は有価証券を引き出したり、他の建株の保証金として充当することができる。

［問題45］ □□□□

信用取引貸株料は、株券の借入れに伴う費用として売方から徴収し、品貸料と同様、買方に支払われる。

［問題46］ □□□□

証券金融会社が、貸株超過銘柄の不足する株数を他から調達したときの品貸料を一般に日歩といい、金融商品取引業者は、買方から徴収し、売方に支払う。

［問題47］ □□□□

制度信用取引における弁済期限の繰り延べについては、「売付け」又は「買付け」が成立した日の６ヵ月後の応答日から起算して３営業日目の日を超えて繰り延べることはできない。

［問題48］ □□□□

上場株券の信用取引には、「反対売買（差金決済）による方法」と「受渡決済（現渡し又は現引き）による方法」があり、顧客は、信用取引による売買を決済する際に、いずれかの方法を選択する必要がある。

［問題49］ □□□□

金融商品取引業者は、顧客の売建株又は買建株が未決済の状態で配当落ちとなった場合には、発行会社が支払う配当金確定後、その税引配当金相当額を配当落調整額として、買方より徴収して、売方に支払うこととなる。

［問題50］ □□□□

株式分割等による新株等の引受けを希望する信用取引の買方顧客は、買建株の株数の範囲内で新株を金融商品取引業者に申し込むことができるが、申込株数が超過し、新株の割り当てがないときには顧客は異議の申立てができる。

解答

[問題43] ○ 　テ206

[問題44] × 　テ206

相場の変動により生じた計算上の利益相当額について、金銭又は有価証券を引き出したり、他の建株の保証金として充当することは禁じられている。

[問題45] × 　テ209、211

信用取引貸株料は売方が株券の借り入れに伴う費用として、金融商品取引業者に支払うものである。品貸料と異なり、買方には支払われない。

[問題46] × 　テ210～211

証券金融会社が、貸株超過銘柄の不足する株数を他から調達したときの品貸料を一般に逆日歩といい、金融商品取引業者は、売方から徴収し、買方にも支払う。

[問題47] ○ 　テ211

[問題48] ○ 　テ211～212

[問題49] × 　テ212

配当落調整額は、売方から徴収して買方に支払う。

[問題50] × 　テ212

申込株数が超過したときは、申込株数に応じて按分され、売買の取組みの関係上新株を割り当てられないこともあるが、これに対して顧客は異議の申立てはできない。

問題

【問題51】 □□□□

金融商品取引業者は、金融商品取引所が信用取引残高の日々公表銘柄に指定した銘柄について、信用取引の勧誘を自粛するものとされている。

【問題52】 □□□□

金融商品取引業者が顧客の委託に基づき信用取引による注文を執行した場合、顧客が委託保証金を定められた日時までに預託しない場合には、金融商品取引業者は、任意に、顧客の計算において、反対売買を行うことができる。

【問題53】 □□□□

株式の発行形式のうち、有償増資には、株主割当有償増資、公募増資、第三者割当増資がある。

【問題54】 □□□□

一般に、無償増資と呼ばれるのは、株式分割のことである。

【問題55】 □□□□

株式分割及び株主割当有償増資の場合、新株割当期日の２営業日前までの旧株の株価は、新株の割当てを受ける権利を持った価格で取引される。

【問題56】 □□□□

株主割当有償増資が実施される場合、新株割当期日の前営業日からは、その株は新株の割当を受ける権利がなくなってしまう。そのため、株価は理論的には、その権利分の価値だけ値下がりするが、これを権利落相場という。

【問題57】 □□□□

時価1,200円の株式について、１：1.5の株式分割を行うこととなった場合の予想権利落相場は800円である（１円未満は切り捨てる）。

【問題58】 □□□□

一般的に利益成長の高い会社ほど、PERは低く買われる傾向にある。

【問題59】 □□□□

個々の銘柄でPERが高いか低いかは、業種の違いや成長力、収益力に対する市場の評価には影響されない。

解答

[問題51]　×　テ213

いわゆる「ガイドライン」は信用規制ではないため「ガイドライン」に指定されても、勧誘の自粛の必要はない。また、「ガイドライン」の旨、その内容についての説明義務もない。

[問題52]　○　テ213

[問題53]　○　テ216

[問題54]　○　テ216

[問題55]　○　テ216

これを権利付相場という。

[問題56]　○　テ217

[問題57]　○　テ217

$$権利落相場=\frac{権利付相場}{分割比率}=\frac{1,200円}{1.5}=\underline{800円}$$

[問題58]　×　テ218

一般的に利益成長の高い会社ほど、PER（株価収益率）は高く買われる傾向にある。

[問題59]　×　テ218

個々の銘柄でPER（株価収益率）が高いか低いかは、業種の違いや成長力、収益力に対する市場の評価で違ってくる。

問題

【問題60】 □□□□

株式益回りは、株価収益率（PER）の逆数で株価に対する税引後利益の比率（1株当たりの企業収益率）を表したものである。

【問題61】 □□□□

イールドスプレッドは、長期債利回りから株式益回りを控除して求められる。

【問題62】 □□□□

PCFR（株価キャッシュ・フロー倍率）で用いられるキャッシュ・フローには、税引後利益から減価償却費を差し引いた金額を用いる。

【問題63】 □□□□

株価純資産倍率（PBR）は、株価を1株当たり純資産で除して求めることができる。

【問題64】 □□□□

自己資本利益率（ROE）は、1株当たり利益に対して株価がどの程度に買われているかをみる指標である。

【問題65】 □□□□

EV/EBITDA倍率は国際的な同業他社との比較に用いられ、この倍率が高ければ株価は割高で低ければ株価は割安である。

【問題66】 □□□□

EV／EBITDA倍率におけるEVとは、金利水準や税率、減価償却方法などの会計基準の違いを最小限に抑えた利益であり、EBITDAは企業価値である。

【問題67】 □□□□

東証株価指数（TOPIX）は、指数算出時点の時価総額合計と基準時価総額を比較した指数で算出しているが、浮動株指数の導入が行われている。

解答

［問題60］ ○ テ219

［問題61］ ○ テ219

［問題62］ × テ220

キャッシュ・フローは、税引後利益に減価償却費を加算した金額を用いる。

［問題63］ ○ テ221

［問題64］ × テ222、337

自己資本利益率（ROE）は、株主の立場からみて、会社に投下した資金がどのように運用され、成果をあげているかを示すものである。問題文は、株価収益率（PER）の記述である。

［問題65］ ○ テ223

［問題66］ × テ223

EV／EBITDA倍率におけるEVとは企業価値であり、EBITDAとは、国によって異なる金利水準や税率、減価償却方法などの会計基準の違いを最小限に抑えた利益である。

［問題67］ ○ テ224

なお、東証株価指数は、東証株価指数構成銘柄の時価総額が、基準時の時価総額に比較してどのくらい増減したかを通じて、市場全体の株価の動きを表すものである。

問題

選択問題

[問題68] □ □ □ □

次の文章のうち、「上場銘柄の制度信用取引」に関する記述として正しいものの番号を１つマークしなさい。

1. 顧客が金融商品取引業者に信用取引の委託保証金を差し入れる期限は、新規の売買成立日の翌営業日の正午までとされている。
2. 信用取引における金利は、金融商品取引業者と顧客との合意によって自由に設定できることとされている。
3. 顧客による委託保証金の引出しは、制度信用取引に係る有価証券の相場の変動により生じた計算上の利益相当額に限られている。
4. 信用取引において金融商品取引業者が顧客に貸し付けるのは、顧客の差し入れた保証金と約定代金との差額である。
5. 証券金融会社が、貸株超過銘柄の不足する株数を他から調達したときの品貸料を一般に日歩といい、金融商品取引業者は、売顧客から徴収し、買顧客に支払う。

[問題69] □ □ □ □

制度信用取引において、時価1,000円の上場銘柄A社株式を10,000株買い建て、代用有価証券として時価800万円分の上場株式を差入れた。その後、代用有価証券が550万円となった場合、買い建てたA社株式が値下がりによりいくらを下回ると、維持率を下回って追加保証金（追証）が発生するか、正しいものの番号を１つマークしなさい。

（注） 委託保証金率は30%、上場株式の現金換算率（代用掛目）は70%とし、立替金は考慮しない。

※本設問は外国株式信用取引を除く、国内における信用取引を対象とする。

1. A社株式が915円を下回った場合
2. A社株式が850円を下回った場合
3. A社株式が815円を下回った場合
4. A社株式が800円を下回った場合
5. A社株式が750円を下回った場合

解答

[問題68] 2 テ198、203、206、209～211

1．× 顧客が金融商品取引業者に委託保証金を差し入れる期限は、新規の売買成立日から起算して3営業日目の日の正午までの金融商品取引業者が指定する日時までとされている。

2．○

3．× 顧客による委託保証金の引出しについては厳重に制限されており、制度信用取引に係る有価証券の相場の変動により生じた計算上の利益相当額についての引出し等は禁じられている。

4．× 金融商品取引業者が顧客に貸付けするのは、顧客の差し入れた保証金と約定代金との差額ではなく、その約定代金の金額又は当該売付証券である。

5．× 証券金融会社が、貸株超過銘柄の不足する株数を他から調達したときの品貸料を一般に逆日歩といい、金融商品取引業者は、売方から徴収し、買方に支払う。

[問題69] 3 テ205～208

買い建てたA社株式の約定代金
　1,000円×10,000株＝10,000,000円
委託保証金　→　代用有価証券　550万円
現金換算すると、
　550万円×70％＝3,850,000円……①
委託保証金の残額＝委託保証金－評価損
委託保証金の維持率
　10,000,000円×20％＝2,000,000円……②
　（委託保証金の残額が200万円より下回ったら追加委託保証金が必要）
①－②＝3,850,000円－2,000,000円＝1,850,000円
評価損が1,850,000円を上回ると追証（追加保証金）が発生する。
追証が発生する1株当たり評価損
　1,850,000円÷10,000株＝185円
追証が発生する株価
　1,000円－185円＝815円
A社株式が815円を下回った場合、追証が発生する。

問題

［問題70］ □□□□

ある顧客が、時価900円の上場銘柄A社株式2,000株を制度信用取引で新たに買い建て、委託保証金代用有価証券として時価1,000円の上場銘柄B社株式1,000株を差入れた。その後、ある日の終値で、A社株式が650円に、B社株式が800円になった場合の委託保証金に関する記述として正しいものを１つマークしなさい。

（注）委託保証金率は30%、上場株式の現金換算率（代用掛目）は80%とし、立替金は考慮しないものとする。

※本設問は外国株式信用取引を除く、国内における信用取引を対象とする。

1．追加差入れは必要ない。
2．12万円以上の追加差入れが必要である。
3．15万円以上の追加差入れが必要である。
4．22万円以上の追加差入れが必要である。
5．24万円以上の追加差入れが必要である。

解答

[問題70]　4　テ205〜208

委託保証金の維持率　→　約定代金×20%

(900円×2,000株)×20%＝360,000円

「(受入委託保証金－建玉評価損)<360,000円」となると、追加委託保証金が必要。

A社株式評価損

(650円－900円)×2,000株＝▲500,000円

代用有価証券の現金換算

(800円×1,000株)×80%＝640,000円

640,000円－500,000円＝140,000円

140,000円<360,000円

∴追加委託保証金は必要

追加差入れ金額＝360,000円－140,000円＝220,000円

22万円以上の追加差入れが必要である。

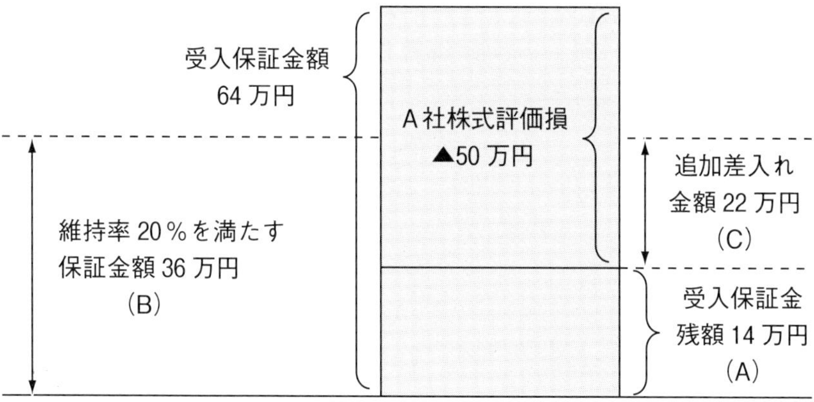

8・株式業務

問題

[問題71] □□□□

「上場銘柄の制度信用取引」に関する次の文章のうち、正しいものの番号を2つ選びなさい。

1. 信用取引における金利は株券を借りた顧客から徴収し、品貸料は買付代金を借りた顧客から徴収する。
2. 信用取引貸株料は、株券の借入れに伴う費用として、売方が金融商品取引業者に支払う。
3. 制度信用取引における金利は、新規売買成立の日より3営業日目の受渡日から弁済売買成立の日より3営業日目までの両端入れで計算される。
4. 制度信用取引で代用有価証券として受入れた有価証券は、顧客の書面による同意なしに他人に貸し付けることができる。
5. 委託保証金の全額を有価証券で代用することはできず、必ず一定額は現金で収めなければならない。

[問題72] □□□□

時価1,750円の株式について、1：1.4の株式分割を行うこととなった場合の予想権利落相場として正しいものの番号を1つマークしなさい

1. 625円
2. 1,250円
3. 1,750円
4. 2,450円
5. 4,900円

解答

[問題71]　2、3　　テ27、201、204、209～211

1．×　信用取引における金利は買付代金を借りた顧客から徴収し、品貸料は株券を借りた顧客から徴収する。

2．○　なお、品貸料と違って買方には支払われない。

3．○

4．×　金融商品取引業者が受け入れた代用有価証券を再担保に供するか、又は他人に貸し付けるときは、当該顧客より書面による同意書を受けなければならない。なお、書面による同意は、所定の電磁的方法で行うことができる。

5．×　委託保証金の全額を有価証券で代用することができる。

[問題72]　2　　テ217

$$\text{権利落相場} = \frac{\text{権利付相場}}{\text{分割比率}} = \frac{1{,}750\text{円}}{1.4} = \underline{1{,}250\text{円}}$$

問題

[問題73] □□□□

1：1.5の株式分割を行う上場銘柄A社株式の権利付相場は1,800円であった。次の文章のうち、この場合における権利落後の値段と権利付相場について誤っているものの番号を２つマークしなさい。

1．権利落後の値段が1,000円になった場合、権利付相場の1,800円に対し250円値下がりしたことになる。
2．権利落後の値段が1,300円になった場合、権利付相場の1,800円に対し150円値上がりしたことになる。
3．権利落後の値段が900円になった場合、権利付相場の1,800円に対し450円値下がりしたことになる。
4．権利落後の値段が1,500円になった場合、権利付相場の1,800円に対し650円値上がりしたことになる。
5．権利落後の値段が1,700円になった場合、権利付相場の1,800円に対し750円値上がりしたことになる。

[問題74] □□□□

以下の会社（年１回決算）の株価収益率（PER）及び株価純資産倍率（PBR）の組み合わせとして正しいものの番号を１つマークしなさい。

（注）答えは、小数第２位以下を切り捨ててある。また、発行済株式総数及び貸借対照表上の数値は、前期末と今期末において変化はないものとする。

総資産	110億円
総負債	35億円
発行済株式総数	800万株
当期純利益	７億円
株価（時価）	1,200円

1．（PER）8.1倍　（PBR）0.8倍
2．（PER）8.1倍　（PBR）1.2倍
3．（PER）13.7倍　（PBR）0.8倍
4．（PER）13.7倍　（PBR）1.2倍
5．（PER）13.7倍　（PBR）2.7倍

解答

[問題73]　1、4　テ217～218

$$権利落相場=\frac{権利付相場}{分割割合}$$

権利付相場＝権利落相場×分割割合

1．1,000円×1.5＝1,500円
　　1,500円－1,800円＝<u>▲300円</u>

2．1,300円×1.5＝1,950円
　　1,950円－1,800円＝150円

3．　900円×1.5＝1,350円
　　1,350円－1,800円＝▲450円

4．1,500円×1.5＝2,250円
　　2,250円－1,800円＝<u>450円</u>

5．1,700円×1.5＝2,550円
　　2,550円－1,800円＝750円

[問題74]　4　テ218～219、221

株価収益率（PER）：

$$1株当たり当期純利益=\frac{当期純利益}{発行済株式総数}=\frac{7億円}{800万株}=87.5円$$

$$株価収益率=\frac{株価}{1株当たり当期純利益}=\frac{1,200円}{87.5円}\fallingdotseq \underline{13.7倍}$$

株価純資産倍率（PBR）：

$$1株当たり純資産=\frac{（総資産－総負債）}{発行済株式総数}=\frac{（110億－35億円）}{800万株}=937.5円$$

$$株価純資産倍率=\frac{株価}{1株当たり純資産}=\frac{1,200円}{937.5円}\fallingdotseq \underline{1.2倍}$$

問題

[問題75] □□□□

資本金900億円、時価総額8, 500億円、利益剰余金400億円、保有現預金（短期有価証券含む）500億円、有利子負債6, 500億円、EBITDA1, 700億円である会社（年１回決算）のEV／EBITDA倍率として正しいものの番号を１つマークしなさい。

（注） 答えは、小数点第２位以下を切り捨ててある。

１． 1. 4倍
２． 8. 5倍
３． 9. 1倍
４． 9. 5倍
５． 9. 8倍

[問題76] □□□□

ある個人（居住者）が、取引所取引で現物取引により上場銘柄A社株式7, 000株を成行注文で買い委託したところ、同一日に1, 900円で2, 000株、また、2, 000円で5, 000株約定した。

問題この場合の受渡代金はいくらになるか、正しいものの番号を１つマークしなさい。

（注） 株式委託手数料は、下表に基づき計算すること。

約定代金	委託手数料額
100万円超　500万円以下	約定代金×0. 900％＋ 2, 500円
500万円超1, 000万円以下	約定代金×0. 700％＋12, 500円
1, 000万円超3, 000万円以下	約定代金×0. 575％＋25, 000円
※上式による算出額に消費税額が加算される。 ※円未満は切り捨ててある。	

１． 13, 668, 880円
２． 13, 685, 215円
３． 13, 904, 350円
４． 13, 914, 785円
５． 13, 931, 120円

解答

[問題75]　2　テ223

EV＝時価総額＋有利子負債－(現金預金＋短期有価証券)

＝8, 500億円＋6, 500億円－500億円＝14, 500億円

$$\text{EV／EBITDA倍率} = \frac{\text{EV}}{\text{EBITDA}} = \frac{14,500\text{億円}}{1,700\text{億円}} \fallingdotseq \underline{8.5\text{倍}}$$

[問題76]　4　テ224

約定代金：1, 900円×2, 000株＋2, 000円×5, 000株＝13, 800, 000円

委託手数料：13, 800, 000円×0. 575%＋25, 000円＋消費税

＝104, 350円＋(104, 350円×10%)＝114, 785円

受渡代金：13, 800, 000円＋114, 785円＝13, 914, 785円

9 債券業務

○×問題 以下について、正しければ○を、正しくなければ×をつけなさい。

［問題1］ □□□□

債券とは、国をはじめ、地方公共団体、政府関係機関、事業会社及び金融機関などが、広く一般の投資者から一時に大量の資金を調達し、その見返りとして、元本の返済や利子の支払いなどの条件を明確にするために発行する証書である。

［問題2］ □□□□

債券の発行を日常の貸借関係に例えれば、その発行者は債務者であり、債券を保有する投資者は債権者、債券は預金証書に該当する。

［問題3］ □□□□

長期国債は、主に価格競争入札による公募入札方式により発行される。

［問題4］ □□□□

物価連動国債は、物価の動向に連動して金利が増減する国債である。

［問題5］ □□□□

原則として、物価連動国債は、償還時に額面を下回って償還されることはない。

［問題6］ □□□□

GX経済移行債は、GX投資を官民協調で実現していくために創設された国債で、カーボンプライシング導入の結果として得られる将来の財源を裏付けとして発行されている。

［問題7］ □□□□

個人向け国債は、原則として個人が購入するが、いわゆる非課税法人と呼ばれる公益法人も購入することができる。

［問題8］ □□□□

個人向け国債は、原則として発行から２年間は中途換金できない。

解答

［問題1］ ○ テ228

［問題2］ × テ228

債券は、借用証書に相当する。

［問題3］ ○ テ229、239

なお、長期国債は、主に価格競争入札による公募入札方式により発行されるが非競争入札、非価格競争入札も行われる。

［問題4］ × テ230

物価連動国債は、元金額が物価の動向に連動して増減する。利率が年２回の利払日ごとに市場実勢に応じて変化する国債は、変動利付国債である。

［問題5］ ○ テ230

物価連動国債には、償還時の元本保証（フロア）が設定されているため、償還時の連動係数が１を下回る場合、額面金額で償還される。

［問題6］ ○ テ230

なお、GX経済移行債は、脱炭素成長型経済構造移行債のことである。

［問題7］ × テ231

個人向け国債は、その名称のとおり購入者を個人に限定する国債である。

［問題8］ × テ231

個人向け国債は、原則として発行から１年間は中途換金できない。

問題

[問題9] □□□□

個人向け国債の「固定３年」は毎月発行であるが、「変動10年」及び「固定５年」は年４回の発行である。

[問題10] □□□□

特例国債は、国の行う公共事業費、出資金及び貸付金の財源に充てるため、財政法に基づき発行される。

[問題11] □□□□

借換国債とは、特例公債法により発行される、いわゆる赤字国債である。

[問題12] □□□□

全国型市場公募地方債を発行できる団体は、すべての都道府県と一部の政令指定都市である。

[問題13] □□□□

財投機関債は、元利払いにつき政府の保証が付いて発行される。

[問題14] □□□□

資産担保証券は、資金調達者にとって、自己の資産の信用力やキャッシュ・フローを裏付けとした資金調達となるが、直接の負債になるという点では従来のファイナンスと同様である。

[問題15] □□□□

「ユーロ円債」とは、発行をヨーロッパに限定する円建債である。

[問題16] □□□□

地方公共団体が設立した公社が発行する債券は、「事業債」に分類される。

[問題17] □□□□

国内で発行されるコマーシャルペーパー（国内CP）とは、優良企業が無担保で短期の資金調達を行うため、割引方式で発行する有価証券であり、約束手形の性格も有している。

[問題18] □□□□

国内で発行される譲渡性預金証書（国内CD）は、金融機関が発行する譲渡可能な預金証書のことで、金融商品取引法上の有価証券に含まれる。

解答

[問題9] × テ231

個人向け国債は、いずれも毎月発行である。

[問題10] × テ231

特例国債は、経常経費の歳入不足を補填するため、単年度立法の特例公債法により発行され、赤字国債ともいう。問題文は、建設国債の記述である。

[問題11] × テ231

借換国債は、各年度の国債の整理又は償還のための借換えに必要な資金を確保するため、特別会計に関する法律に基づき発行される。問題文は、特例国債の記述である。

[問題12] × テ232

全国型市場公募地方債を発行できる団体は、一部の都道府県とすべての政令指定都市である。

[問題13] × テ232

政府の保証が付いて発行されるのは、政府保証債である。

[問題14] × テ233

資産担保証券は、自己の資産の信用力やキャッシュ・フローを裏付けとした資金調達となり、直接の負債にはならないという特徴がある。

[問題15] × テ233

自国市場以外で取引される通貨の金融市場を「ユーロ市場」といい、ここを発行市場として円建で発行される債券をユーロ円債という。

[問題16] × テ234

地方公共団体が設立した公社が発行する債券は、「地方公社債」に分類される。

[問題17] ○ テ234

[問題18] × テ234

国内CDは、金融商品取引法上の有価証券ではない。

問題

[問題19] □□□□

利回りとは、額面金額に対する１年当たりの利子の割合をいう。

[問題20] □□□□

発行者利回りは、発行者が負担する利子や償還差益、元利払い手数料などの１年当たりの総経費が、債券発行により調達した手取り資金総額に対してどれだけになるかという比率のことである。

[問題21] □□□□

アンダーパーで購入した債券を償還まで保有していた場合、最終利回りは表面利率より低くなる。

[問題22] □□□□

債券は、最終償還のほか、期中償還があり、期中償還には、定時償還、任意償還及び抽選償還がある。

[問題23] □□□□

社債管理者となることができる者は、金融商品取引業者に限られている。

[問題24] □□□□

社債発行会社は原則として社債管理者を設置しなければならないが、各社債の金額が１億円以上である場合は、社債管理者を置く必要はない。

[問題25] □□□□

国債市場特別参加者とは、国債管理政策の策定及び遂行に協力する者であって、財務大臣が指定する国債市場に関する特別な責任及び資格を有する者である。

[問題26] □□□□

「スプレッド・プライシング方式」とは、格付の高い社債を中心に採用され、投資家の需要状況を調査する際に、国債等の金利に対する上乗せ分（スプレッド）を提示することで、金利変化に対応すると同時に、きめ細かく投資家の需要を探ろうとするものである。

[問題27] □□□□

格付とは、発行会社が負う金融債務についての総合的な債務履行能力や個々の債務等が約定どおりに履行される確実性（信用力）に対する格付機関の意見を簡単な記号で示したものである。

解答

[問題19] × テ236

利回りとは、投資元本に対する1年当たりの収益の割合をいう。

[問題20] ○ テ236

[問題21] × テ236

アンダーパーで購入した債券を償還まで保有すると、償還差益（キャピタル・ゲイン）が発生する。最終利回りはその償還差益を期間按分し利子（インカム・ゲイン）に加算するので、表面利率を上回ることとなる。

[問題22] ○ テ237

最終償還は、一般に額面金額で償還され、期中償還は、発行者の償還負担を平準化するために行われる。

[問題23] × テ238

社債管理者には、銀行、信託会社や担保付社債信託法による免許を受けた会社等がなり得るが、金融商品取引業者は含まれない。

[問題24] ○ テ238

なお、社債管理者は、社債権者のために弁済を受ける等の業務を行うのに必要な一切の権限を有する会社である。

[問題25] ○ テ239

なお、国債市場特別参加者をプライマリーディーラーという。

[問題26] ○ テ239

[問題27] ○ テ239

なお、公正な格付を付与するための体制整備等の要件を満たした格付機関が、「信用格付業者」として登録できる「登録制」を採用している。

問題

[問題28] □□□□

債券ブローカーとは、主として金融商品取引業者（証券会社）やディーリング業務を行う登録金融機関であり、流通市場における中心的な担い手である。

[問題29] □□□□

債券の店頭取引に当たっては、合理的な方法で算出された時価（社内時価）を基準として、適正な価格により取引を行い、その取引の公正性を確保しなければならない。

[問題30] □□□□

債券貸借取引は、担保の有無により無担保債券貸借取引、代用有価証券担保付債券貸借取引及び現金担保付債券貸借取引（貸借レポ取引）の３種類の取引がある。

[問題31] □□□□

コール市場、手形市場、CD（譲渡性預金）市場などの短期金利が低下すると、一般に債券の利回りは低下し、債券価格は下落する。

[問題32] □□□□

円高は、一般に国内債券市況にとってプラス要因である。

[問題33] □□□□

債券相場にとってデフレ（物価下落）はマイナス要因で、インフレ（物価上昇）はプラス要因である。

[問題34] □□□□

一般に日本銀行が、いわゆる買いオペを実施すると、金利は上昇する。

[問題35] □□□□

クレジット・スプレッドとは、ある国債と残存年数が等しいその他の社債等との利回り格差をいう。

解答

[問題28]　×　　テ240

債券ブローカーとは、債券ディーラー間の売買だけを専門に取り扱う金融商品取引業者（証券会社）のことである。問題文は、債券ディーラーの記述である。

[問題29]　○　　テ146、240

[問題30]　○　　テ241

[問題31]　×　　テ242

コール市場、手形市場、CD（譲渡性預金）市場などの短期金利が低下すると、一般に債券の利回りは低下し、債券価格は上昇する。

[問題32]　○　　テ242

なお、一般に円高は、金利（債券利回り）の下落、債券価格の上昇につながるので、債券市況にとってプラス要因である。

[問題33]　×　　テ242

インフレ（物価上昇）は、金利の上昇をまねき、債券相場が下落するため債券相場のマイナス（下落）要因となる。デフレ（物価下落）はプラス（上昇）要因である。

[問題34]　×　　テ243

買いオペとは、日本銀行の公開市場操作（略称「オペ」）のうち、市場で債券などを買い入れて資金供給すること等の金融緩和策である。金融緩和により、金利は低下し、債券価格は上昇する。

[問題35]　○　　テ243

問題

[問題36] □□□□

債券の入替売買とは、売買に際し、同種・同量の債券等を、一定期間後に一定価格で反対売買することをあらかじめ取り決めて行う取引のことをいう。

[問題37] □□□□

ラダー型ポートフォリオとは、流動性確保のための短期債と収益性追求のための長期債のみを保有するポートフォリオをいう。

[問題38] □□□□

ダンベル型ポートフォリオとは、短期から長期までの債券を年度ごとに均等に保有し、毎期、同じ満期構成を維持するポートフォリオをいう。

[問題39] □□□□

債券の現先取引は、売買に際し同種・同量の債券等を、所定の期日に、所定の価額で反対売買することを、あらかじめ取り決めて行う債券の売買をいう。

[問題40] □□□□

現先取引の対象顧客は、上場会社又はこれに準ずる法人と経済的、社会的に信用のある個人に限られる。

[問題41] □□□□

現先取引の対象となる債券には、国債、地方債、社債、外貨建債券等のほか、新株予約権付社債も含まれる。

[問題42] □□□□

着地取引とは、将来の一定の時期に、一定の条件で債券を受渡しすることをあらかじめ取り決めて行う取引で、約定日から３ヵ月以上先に受渡しする場合をいう。

[問題43] □□□□

債券の裁定取引の１つであるベーシス取引とは、現物価格と先物価格の価格差拡大を利用して利鞘を得る取引のことをいう。

解答

[問題36]　×　テ244

債券の入替売買とは、同一の投資者がある銘柄を売るとともに別の銘柄を買うというように、同時に売り買いを約定する売買手法である。問題文は、現先取引の記述である。

[問題37]　×　テ244

ラダー型ポートフォリオとは、短期から長期までの債券を年度ごとに均等に保有し、毎期、同じ満期構成を維持するポートフォリオである。問題文は、ダンベル型ポートフォリオの記述である。

[問題38]　×　テ244

ダンベル型（バーベル型）ポートフォリオとは、流動性確保のための短期債と、収益性追求のための長期債のみを保有するポートフォリオをいう。問題文は、ラダー型ポートフォリオの記述である。

[問題39]　○　テ244

[問題40]　×　テ245

現先取引の対象顧客は、上場会社又はこれに準ずる法人で、経済的、社会的に信用のあるものに限られ、個人は対象外である。

[問題41]　×　テ245

現先取引の対象となる債券には、国債、地方債、社債、外貨建債券等は含まれるが、新株予約権付社債は対象外である。

[問題42]　×　テ245

約定日から１ヵ月以上先に受渡しする場合をいう。ただし、６ヵ月を超えてはならない。

[問題43]　○　テ245、382

先物と現物との価格差が理論的な価格差より拡大した場合、割高な方を売り、割安な方を買う。価格差が縮小したときに反対売買を行うことにより、利益を上げることができる。

問題

[問題44] □□□□

選択権付債券売買取引（債券店頭オプション取引）は、「オーダーメイドでオプションが作れる」、「現物の受渡しが伴う」というの２つの特徴がある。

[問題45] □□□□

選択権付債券売買取引において取引の最低売買額面金額は、売買対象証券である債券の額面１億円、外貨建債券の場合は１億ドルである。

[問題46] □□□□

選択権付債券売買取引（債券店頭オプション取引）の権利行使の方法は、オプションの付与者（売方）が、保有者（買方）に対して対象となっている債券の受渡日を通知することで行う。

[問題47] □□□□

選択権付債券売買取引（債券店頭オプション取引）では転売することができるため、売建て及び買建てでの２つのオプション契約のプレミアムの授受は、差金決済によって行われる。

[問題48] □□□□

新株予約権とは、その所有者が一定期間内に請求を行えば、あらかじめ定められた転換価額で、その会社の株式を一定数量買い付けることができる権利をいう。

[問題49] □□□□

転換社債型新株予約権付社債は、新株予約権を付した社債のことで、新株予約権の分離譲渡はできないものである。

[問題50] □□□□

転換社債型新株予約権付社債には、新株予約権が付いている代わりに、一般的に、同時期に発行される普通社債よりも利率が高く設定されている。

[問題51] □□□□

パリティ価格とは、株価と転換価額から転換社債型新株予約権付社債の額面100円に対する理論上の価格を求めるためのものである。

解答

[問題44]　○　テ246

[問題45]　×　テ246

選択権付債券売買取引において取引の最低売買額面金額は、外貨建債券の場合は、１億円相当額である。

[問題46]　×　テ246

選択権付債券売買取引（債券店頭オプション取引）の権利行使の方法は、オプションの保有者（買方）が、付与者（売方）に対して対象となっている債券の受渡日を通知することで行う。

[問題47]　×　テ246

選択権付債券売買取引（債券店頭オプション取引）では転売が許されないため、相殺に関する売建て及び買建てでの２つのオプション契約におけるプレミアムの授受は個別に行われ、差金決済は禁止されている。

[問題48]　○　テ247

[問題49]　○　テ247、324

[問題50]　×　テ247

転換社債型新株予約権付社債は、株式に転換できるというメリットがあるため、一般的に同時期に発行される普通社債よりも利率が低く設定されている。

[問題51]　○　テ249

問題

【問題52】 □□□□

転換社債型新株予約権付社債のパリティ価格は、$\frac{\text{転換価額}}{\text{株価}}$×100で求められる。

【問題53】 □□□□

転換社債型新株予約権付社債の時価とパリティ価格との間に生ずる差を乖離というが、転換社債型新株予約権付社債の時価の方がパリティ価格より割安な状態を逆乖離という。

【問題54】 □□□□

既発行の債券を購入した後、最終償還日まで所有することを前提とした場合の利回りを、応募者利回りという。

【問題55】 □□□□

直接利回りは、債券の投資元本に対する年間の利子収入の割合を表わす収益率の指標である。

【問題56】 □□□□

既発の利付債を売買する場合には、直前利払日の翌日から受渡日までの期間に応じて、買方から売方に経過利子が支払われる。

【問題57】 □□□□

以下の取引の経過利子を計算する際の経過日数は、10日である。

売買有価証券：長期国債（償還日：○○年９月20日）
直前利払日：○○年３月20日
約　定　日：○○年３月27日
受　渡　日：○○年３月29日

解答

[問題52]　×　テ249

転換社債型新株予約権付社債のパリティ価格は、$\frac{\text{株価}}{\text{転換価額}}$×100で求められる。

[問題53]　○　テ249

なお、逆乖離は、マイナス乖離ともいう。

[問題54]　×　テ252

応募者利回りとは、新規に発行された債券を購入し、償還まで所有した場合の利回りのことである。問題文は、最終利回りの記述である。

[問題55]　○　テ254

なお、直接利回りは、$\frac{\text{利率}}{\text{購入価格}}$×100（%）で求められる。

[問題56]　○　テ256

[問題57]　×　テ256〜257

経過日数は、直前の利払日の翌日から受渡日まで数える（いわゆる片端入れ）。本問の場合、３月21日から３月29日までの９日である。

問題

選択問題

[問題58] □□□□

転換社債型新株予約権付社債の価格変動要因の組合せとして、正しいものの番号を1つマークしなさい。

		(金利)	(クレジットスプレッド)	(株価)	(ボラティリティ)
1.	価格上昇	低下	縮小	上昇	上昇
2.	価格上昇	低下	縮小	上昇	下落
3.	価格上昇	上昇	拡大	下落	下落
4.	価格下落	上昇	拡大	上昇	下落
5.	価格下落	上昇	拡大	下落	上昇

[問題59] □□□□

次の条件の転換社債型新株予約権付社債の乖離率として、正しいものの番号を1つマークしなさい。

(注) 答えは、小数第2位以下を切り捨ててある。

転換価額	1,000円
転換社債型新株予約権付社債の時価	108円
転換の対象となる株式の時価	1,250円

1. ▲35.00%　2. ▲15.74%　3. ▲13.60%
4. 13.60%　5. 35.00%

[問題60] □□□□

利率年1.8%、残存期間5年、購入価格104.00円の利付債券の最終利回りとして正しいものの番号を1つマークしなさい。

(注) 答えは、小数第4位以下を切り捨ててある。

1. 0.942%　2. 0.961%　3. 1.101%
4. 1.205%　5. 1.556%

解答

[問題58]　1　テ248

転換社債型新株予約権付社債（転換社債）の価格変動要因は、次のとおりである。

一般に、金利が低下、クレジットスプレッドが縮小、株価が上昇、ボラティリティが上昇のとき、転換社債価格の上昇要因となる。反対に、金利が上昇、クレジットスプレッドが拡大、株価が下落、ボラティリティが下落するときは、転換社債価格の下落要因となる。

[問題59]　3　テ249～250

$$\text{パリティ価格}=\frac{\text{株価}}{\text{転換価額}}\times100=\frac{1,250\text{円}}{1,000\text{円}}\times100=125\text{円}$$

$$\text{乖離率}=\frac{\text{転換社債の時価}-\text{パリティ価格}}{\text{パリティ価格}}\times100=\frac{108\text{円}-125\text{円}}{125\text{円}}\times100$$

$$=▲13.60\%$$

[問題60]　2　テ252

$$\text{最終利回り}=\frac{\text{利率}+\dfrac{\text{償還価格}-\text{購入価格}}{\text{残存期間（年）}}}{\text{購入価格}}\times100\ (\%)$$

$$=\frac{1.8+\dfrac{100.00-104.00}{5}}{104.00}\times100\fallingdotseq0.961\%$$

問題

[問題61] □□□□

利率年2.0%、償還期限10年、発行価格101円の利付債券の応募者利回りとして正しいものの番号を1つマークしなさい。

（注）答えは、小数第4位以下を切り捨ててある。

1．1.881%　2．1.941%　3．2.000%
4．2.233%　5．2.300%

[問題62] □□□□

発行価格99.50円、利率年1.5%、購入価格98.00円の10年満期の利付債券を3年間所有して101.00円に値上がりしたので売却した。この場合の所有期間利回りとして正しいものの番号を1つマークしなさい。

（注）答えは、小数第4位以下を切り捨ててある。

1．1.833%　2．2.010%　3．2.040%
4．2.221%　5．2.551%

[問題63] □□□□

発行価格102円、利率年1.6%、残存期間4年、購入価格104.00円の10年満期の利付債券の直接利回りとして正しいものの番号を1つマークしなさい。

（注）答えは、小数第4位以下を切り捨ててある。

1．0.576%　2．1.078%　3．1.538%
4．2.019%　5．2.058%

[問題64] □□□□

残存年数5年、利率年3.0%の利付国債を最終利回り2.0%になるように買うとすると購入価格として正しいものの番号を1つマークしなさい。なお、答えは、小数第4位以下を切り捨ててある。

1．100.980円　2．101.652円　3．102.532円
4．103.765円　5．104.545円

解答

[問題61]　1 テ252～253

$$応募者利回り=\frac{利率+\frac{償還価格-発行価格}{償還期限（年）}}{発行価格}\times 100（\%）$$

$$=\frac{2.0+\frac{100-101}{10}}{101}\times 100\fallingdotseq \underline{1.881\%}$$

[問題62]　5 テ253

$$所有期間利回り=\frac{利率+\frac{売却価格-購入価格}{所有期間（年）}}{購入価格}\times 100（\%）$$

$$=\frac{1.5+\frac{101.00-98.00}{3}}{98.00}\times 100\fallingdotseq \underline{2.551\%}$$

[問題63]　3 テ254

$$直接利回り=\frac{利率}{購入価格}\times 100（\%）=\frac{1.6}{104.00}\times 100\fallingdotseq \underline{1.538\%}$$

[問題64]　5 テ255

$$購入価格=\frac{100+利率\times 残存期間}{100+利回り\times 残存期間}\times 100$$

$$=\frac{100+3.0\times 5}{100+2.0\times 5}\times 100\fallingdotseq \underline{104.545円}$$

問題

［問題65］ □□□□

利率年3.0%、額面100万円の上場国債を取引所取引により売付けた場合で、経過日数が73日であるときの経過利子として正しいものの番号を１つマークしなさい。

（注） 経過利息を計算するに当たり、円未満は切り捨てること。

１．4,000円　２．5,000円　３．6,000円
４．8,000円　５．12,000円

［問題66］ □□□□

次の式は、債券購入時の受渡代金を算出する算式である。算式の（　）に当てはまる記号の組合せとして正しいものの番号を１つマークしなさい。

受渡代金＝約定代金（①）経過利子（②）｛手数料（③）消費税｝

１．①は＋　②は＋　③は＋
２．①は＋　②は＋　③は－
３．①は＋　②は－　③は－
４．①は－　②は－　③は＋
５．①は－　②は－　③は－

［問題67］ □□□□

額面100万円の長期利付国債を、取引所取引により単価100.50円で売却したときの受渡代金として正しいものの番号を１つマークしなさい。

（注） 経過利子は4,000円、委託手数料は額面100万円当たり4,000円（消費税相当額は考慮しない）で計算すること。

１．1,004,680円
２．1,005,000円
３．1,012,200円
４．1,013,000円
５．1,013,320円

解答

[問題65]　3 テ256～257

$$経過利子＝額面（100円）当たり年利子×\frac{経過日数}{365}×\frac{売買額面総額}{100}$$

$$＝3円×\frac{73}{365}×\frac{1,000,000円}{100円}＝\underline{6,000円}$$

売却なので、経過利子6,000円を受け取ることができる。

[問題66]　1 テ258

受渡代金＝約定代金＋経過利子＋(手数料＋消費税)

[問題67]　2 テ258

$$約定代金＝100.50円×\frac{1,000,000円}{100円}＝1,005,000円$$

委託手数料＝4,000円

経過利子＝4,000円

債券売却時の受渡代金＝約定代金－手数料＋経過利子

＝1,005,000円－4,000円＋4,000円＝<u>1,005,000円</u>

10 投資信託及び投資法人に関する業務

○×問題 以下について、正しければ○を、正しくなければ×をつけなさい。

【問題1】 □□□□
投資信託は、複数の投資家から資金を募ってファンド（基金）を組成するため、少額の資金で分散投資の効果を享受することが可能である。

【問題2】 □□□□
投資信託は、いわゆる市場型間接金融における中核商品であり、市場参加者の厚みを増し、リスク配分の効率化とリスク負担能力の向上を図るという国民経済的な課題に対して重要な役割を果たしている。

【問題3】 □□□□
信託報酬は、所定の率を日割計算し、日々、投資信託財産から運用管理費用として控除される。

【問題4】 □□□□
信託報酬とは、信託財産の運用管理を行うことに対して支払われる報酬であり、投資信託委託会社と受託会社が、投資信託財産の中から受け取る。

【問題5】 □□□□
公募投資信託とは、特定かつ少数の投資家を対象に設定される投資信託である。

【問題6】 □□□□
私募投資信託は、オーダーメイド的な性格が強いことから、運用やディスクロージャーに関する規制は、公募投資信託より厳しいものとなっている。

【問題7】 □□□□
会社型投資信託にはファンド自体に法人格はないが、契約型投資信託は、ファンド自体に法人格がある。

【問題8】 □□□□
預金と投資信託の利益を計るには、利子（率）と分配金（率）で比較することができる。

解答

[問題1]　○　テ262

[問題2]　○　テ262

[問題3]　○　テ262

なお、運用管理費用（信託報酬）は、投資信託委託会社と受託会社が、投資信託財産の中から受け取る。

[問題4]　○　テ262

なお、投資信託委託会社は、自らの報酬の一部を、代理事務手数料として販売会社に支払う。

[問題5]　×　テ263

公募投資信託とは、不特定かつ多数の投資家を対象に設定される投資信託である。問題文は、私募投資信託の記述である。

[問題6]　×　テ263

私募投資信託は、公募投資信託より、規制は緩やかなものとなっている。

[問題7]　×　テ264

契約型投資信託にはファンド自体に法人格はないが、会社型投資信託は、ファンド自体に法人格がある。

[問題8]　×　テ264

預金の元本は一定であるので、預金者の得られる利益はその利子率のみで計算できるが、投資信託の基準価額は、常に変動しているため、投資家が得られる利益を計るには、分配金の額と基準価額の変動の両者を併せて考える必要がある。

問題

[問題9] □□□□

委託者非指図型投資信託は、一個の信託約款に基づき、受託者が複数の委託者との間で信託契約を締結し、委託者の指図に基づかずに受託者自らが運用を行う。

[問題10] □□□□

証券投資信託は、有価証券関連デリバティブ取引に係る権利を投資対象として運用することができない。

[問題11] □□□□

証券投資信託（証券投資法人）とは、投資信託財産総額の３分の１を超える額を、主として有価証券等に対する投資として運用することを目的とした投資信託をいう。

[問題12] □□□□

不動産投資法人（J-REIT）の投資対象は不動産そのものであり、不動産の賃借権は対象とはならない。

[問題13] □□□□

全く株式を組み入れずに運用するとしても、投資信託約款の投資対象の中に株式が入っていれば、株式投資信託である。

[問題14] □□□□

MRFは、追加型株式投資信託に分類される。

[問題15] □□□□

ETFは、日経平均などの株価指数に連動することを目的とした投資信託で、株式以外の指標に基づくものは取引されていない。

[問題16] □□□□

ETF（上場投資信託）は、ほかの証券投資信託と同様に、基準価額に基づく価格で購入・換金することができる。

[問題17] □□□□

株価指数に連動する現物拠出型のETF（上場投資信託）の場合、機関投資家などの大口投資家は、対象株価指数に連動するように選定された現物株式のポートフォリオをファンドに拠出して、受益権を取得することができる。

解答

【問題9】 ○ 〒265

【問題10】 × 〒266

証券投資信託は、主として有価証券及び有価証券関連デリバティブ取引に係る権利に対する投資として運用することを目的としている。

【問題11】 × 〒266

投資信託財産総額の２分の１を超える額を、主として有価証券及び有価証券関連デリバティブ取引に係る権利等への投資として運用することを目的とする投資信託をいう。

【問題12】 × 〒266、299

不動産投資法人（J-REIT）の投資対象として、不動産の賃借権は含まれる。

【問題13】 ○ 〒267

なお、「○○債券ファンド」という名称であっても、株式投資信託に分類されるものもある。

【問題14】 × 〒267、289

MRFは、追加型公社債投資信託に分類される。

【問題15】 × 〒268

金や為替などの価格に連動するETFもあり、取引所に上場されている。そのためETFは「株価指数連動型上場投資信託」から「上場投資信託」と呼ばれるようになった。なお、連動対象となる指標が存在しない「アクティブ運用型ETF」も認められている。

【問題16】 × 〒268

ほかの証券投資信託と異なり、基準価額に基づく価格で購入・換金するのではなく、市場価格で売買される。

【問題17】 ○ 〒268

これを「設定」という。

問題

【問題18】 □ □ □ □

ETF（上場投資信託）の取引単位は、すべて同一である。

【問題19】 □ □ □ □

ETF（上場投資信託）は、取引所に上場されており、売買注文においては、指値注文、成行注文が可能であるが、信用取引を行うことはできない。

【問題20】 □ □ □ □

オープンエンド型は、解約できるファンドで、クローズドエンド型は換金するためには市場で売却するしかない。

【問題21】 □ □ □ □

オープンエンド型は、解約又は買戻しとこれによる基金の減少が原則として行われないため、基金の資金量が安定しており、運用者はこの点の心配なく運用に専念できる。

【問題22】 □ □ □ □

オープンエンド型とクローズドエンド型では、投資対象資産の流動性が低い場合には、クローズドエンド型が向いている。

【問題23】 □ □ □ □

外国投資信託は、外国において外国の法令に基づいて設定・運用されるもので、基準価額は通常、外貨で表示される。

【問題24】 □ □ □ □

外国投資信託を日本で販売する場合には、当該外国投資信託の設定に基づいた法律に係る規制法が適用され、日本で設定された投資信託と異なるルールの下で販売が行われる。

【問題25】 □ □ □ □

外国投資信託を販売する場合は、日本証券業協会の選別基準を満たす必要がある。

【問題26】 □ □ □ □

毎月分配型投資信託は、ファンドが得た収益の範囲内で分配金が支払われる。

解答

[問題18]　×　テ268

ETFの取引単位は、ファンドごとに設定されており、商品ごとに異なる。

[問題19]　×　テ268

信用取引を行うこともできる。

[問題20]　○　テ269

[問題21]　×　テ269

オープンエンド型は、解約できるので、基金の減少が絶えず行われる。したがって資金量が安定していない。問題文は、クローズドエンド型の記述である。

[問題22]　○　テ269

[問題23]　○　テ269

[問題24]　×　テ269

外国投資信託を日本で販売する場合には、金融商品取引法と投資信託及び投資法人に関する法律が適用され、日本で設定された投資信託と同じルールの下で販売が行われる。

[問題25]　○　テ269

[問題26]　×　テ270

毎月分配型投資信託の収益分配金は、運用の収益を超えて分配されることもある。また、分配金が支払われないこともある。

問題

[問題27] □□□□

通貨選択型投資信託は、投資対象の為替リスクに加え、換算する通貨の為替リスクを被ること、為替取引における収益も必ずしも短期金利差に一致するものではないことに注意する必要がある。

[問題28] □□□□

レバレッジ投信とは、基準価額の変動率を特定の指標又は価格の変動率にあらかじめ定めた倍率（2倍以上又はマイナス2倍以下に限る）を乗じて得た数値に一致させるよう運用される投資信託であって、上場投資信託以外のものをいう。

[問題29] □□□□

基準となる指数が上昇すると一定の倍率で連動して上昇するように設計されたものをベア型ファンドという。

[問題30] □□□□

協会員は、ベア型のレバレッジ投資信託の勧誘を行う際、株価の上昇によるリスクの説明をしなければならない。

[問題31] □□□□

「委託者指図型投資信託」に関して、投資信託委託会社（委託者）は、受託者と投資信託契約を締結しようとするときは、あらかじめ、当該投資信託契約に係る投資信託約款の内容を内閣総理大臣に届け出なければならない。

[問題32] □□□□

委託者指図型投資信託の投資信託約款に、元本の償還や収益の分配に関する事項は記載されるが、受託者及び委託者の受ける信託報酬その他の手数料の計算方法について記載する必要はない。

[問題33] □□□□

投資信託委託会社は、投資信託を取得しようとする者に対して、投資信託約款の内容を記載した書面を交付しなければならないが、投資信託説明書（目論見書）に投資信託約款の内容が記載されている場合は、当該書面を交付しなくてよい。

解答

[問題27]　○　テ270

[問題28]　○　テ271

[問題29]　×　テ271

指数が上昇すると一定の倍率で上昇するように設計されたものは、ブル型ファンドである。なお、ベア型ファンドは、一定の倍率で下落するように設計されたものである。

[問題30]　○　テ271

なお、ベア型のレバレッジ投資信託は、株価が上昇すると一定の倍率で下落するように設計されている。

[問題31]　○　テ272

[問題32]　×　テ272

委託者指図型投資信託の投資信託約款には、元本の償還や収益の分配に関する事項の他、受託者及び委託者の受ける信託報酬その他の手数料の計算方法についても記載する必要がある。

[問題33]　○　テ272、294

なお、公募投資信託の場合には、通常、目論見書に投資信託約款の内容を記載し、書面の交付を省略している。

問題

【問題34】 □□□□

投資信託委託会社は、ファンドを償還し投資信託契約を解約する場合は、解約後速やかに内閣総理大臣に届け出る必要がある。

【問題35】 □□□□

金融商品取引業者のうち投資信託委託業など投資運用業を行う者は、内閣総理大臣の認可を受けなければならない。

【問題36】 □□□□

委託者指図型投資信託における投資信託財産の設定は、投資信託委託会社の業務である。

【問題37】 □□□□

委託者指図型投資信託における、投資信託財産の管理は、投資信託委託会社の業務である。

【問題38】 □□□□

委託者指図型投資信託における投資信託財産の運用の指図は、受託会社の業務である。

【問題39】 □□□□

委託者指図型投資信託のファンドの基準価額の計算及び公表は、受託会社の業務である。

【問題40】 □□□□

委託者指図型投資信託における、目論見書及び運用報告書などのディスクロージャー作成は、販売会社の業務である。

【問題41】 □□□□

委託者指図型投資信託の受託者は、信託会社又は信託業務を営む認可金融機関でなければならない。

【問題42】 □□□□

委託者指図型投資信託の受託会社は、投資信託財産を分別保管し、委託会社の名で管理する。

解答

[問題34]　×　テ273

投資信託委託会社は、ファンドを償還し投資信託契約を解約する場合は、あらかじめ内閣総理大臣に届け出る必要がある。

[問題35]　×　テ273

認可ではなく、登録である。

[問題36]　○　テ273

[問題37]　×　テ273～274

受託会社の業務である。

[問題38]　×　テ273～274

投資信託財産の運用指図は、投資信託委託会社の業務である。

[問題39]　×　テ273～274

ファンドの基準価額の計算及び公表は、投資信託委託会社の業務である。

[問題40]　×　テ273、275

目論見書、運用報告書の作成は、投資信託委託会社の業務である。なお、顧客への交付は販売会社が行う。

[問題41]　○　テ274

[問題42]　×　テ274

受託会社は投資信託財産の名義人となって、自己の名で管理する。

問題

[問題43] □□□□

委託者指図型投資信託における、受益者から買い取ったファンドの投資信託委託会社への解約請求及び受益者からの解約請求の取次ぎは、受託者の業務である。

[問題44] □□□□

委託者指図型投資信託の受益者は、投資金額に応じて、均等の権利を持っている。

[問題45] □□□□

受益者に対する分配金、償還金の支払の取扱いは、販売会社である証券会社等が行う。

[問題46] □□□□

アクティブ運用とは、東証株価指数や日経平均株価などの指数をベンチマークとし、ベンチマークにできるだけ近い運用成果を目指す投資手法である。

[問題47] □□□□

証券投資信託の運用手法であるアクティブ運用のうち、ボトムアップ・アプローチとは、ベンチマークを上回る収益の源泉をマクロ経済に対する調査・分析結果に求め、ポートフォリオを組成していく方法である。

[問題48] □□□□

投資信託委託会社は、運用している投資信託財産合計で、同一の法人の発行する株式を50%超保有することとなる場合は、投資信託財産で取得することを受託会社に指図してはならない。

[問題49] □□□□

委託者指図型投資信託において、投資信託財産の議決権は受託会社が持っているが、受託会社は受益者の指図に従って議決権を行使する。

[問題50] □□□□

金融商品取引業者は、投資家に投資信託を販売するときは、販売後遅滞なく、当該投資家に投資信託説明書（交付目論見書）を交付しなければならない。

解答

[問題43]　×　テ274～275

販売会社の業務である。

[問題44]　×　テ274

受益者は、受益権の口数に応じて、均等の権利を持っている。

[問題45]　○　テ275

分配金や償還金の支払は、投資信託委託会社の業務であるが、支払の取扱いは、販売会社の業務である。

[問題46]　×　テ276

アクティブ運用とは、ベンチマークとは異なるリスクを取りにいき、ベンチマークを上回る運用成果を目指す投資手法である。問題文は、パッシブ運用（インデックス運用）の記述である。

[問題47]　×　テ277

ボトムアップ・アプローチとは、個別企業に対する調査・分析結果の積み重ねでポートフォリオを組成し、ベンチマークを上回る収益を目指していく手法である。問題文は、トップダウン・アプローチの記述である。

[問題48]　○　テ278

[問題49]　×　テ278

株主権等の権利行使については、投資信託委託会社が受益者に代わって受託会社に指図する。

[問題50]　×　テ279

金融商品取引業者及び登録金融機関は、投資家に投資信託を販売するときは、あらかじめ又は同時に、当該投資家に投資信託説明書（交付目論見書）を交付しなければならない。

問題

[問題51] □□□□

金融商品取引業者は、顧客に勧誘を行う投資信託の販売手数料の料率について説明する必要はあるが、販売手数料の金額までは説明する必要はない。

[問題52] □□□□

NISA口座を利用した投資信託の販売に当たっては、追加型株式投資信託の分配金のうち元本払戻金（特別分配金）は、NISAの制度上の非課税のメリットを享受できない旨を顧客に説明する必要がある。

[問題53] □□□□

協会員である投資信託の販売会社は、顧客に対し投資信託に係るトータルリターン（損益）を年1回以上通知しなければならない。

[問題54] □□□□

金融商品取引業者等が、個人の顧客に対し、レバレッジ投信の販売の勧誘を行うに当たっては、契約前締結書面を交付して、十分説明すればよいとされている。

[問題55] □□□□

単位型投資信託の募集手数料は、同じファンドであれば販売会社により異なることはない。

[問題56] □□□□

追加型株式投資信託は、申込時点で、基準価額がわからないようになっている。これをブラインド方式という。

[問題57] □□□□

投資信託には、投資信託約款によりあらかじめ解約請求することができない期間を定める場合があり、この期間を無分配期間という。

[問題58] □□□□

単位型投資信託は、信託期間の終了とともに償還となり、追加型投資信託でも一定の信託期間を設けているものが多いが、これらは期限が到来すれば、例外なく償還が行われる。

[問題59] □□□□

MRFの募集単位は、1万口（1口1円）である。

解答

[問題51]　×　テ280

勧誘を行う投資信託の販売手数料の料率だけでなく、購入代金に応じた販売手数料の金額についても説明しなければならない。

[問題52]　○　テ35、281

元本払戻金（特別分配金）は、各受益者の個別元本の払い戻しとみて非課税となるためである。

[問題53]　○　テ281

[問題54]　×　テ108、282

個人の顧客に対し、レバレッジ投信の販売の勧誘を行うに当たっては、勧誘開始基準を定め、当該基準に適合した者でなければ、当該販売の勧誘を行ってはならない。

[問題55]　×　テ283

手数料は、販売会社が定めるので、販売会社が異なると同じファンドでも募集手数料が異なることがある。追加型株式投資信託も同様である。

[問題56]　○　テ285

[問題57]　×　テ287

投資信託約款において解約請求することができない期間を、クローズド期間という。

[問題58]　×　テ288

投資信託委託会社の判断による信託期間の更新（償還延長）や、投資信託約款の定めによる信託期間中の償還（繰上償還）がある。

[問題59]　×　テ289

募集単位は、１口（１口１円）である。

問題

【問題60】 □□□□

MRF（証券総合口座専用ファンド）の決算は毎日行われ、分配金は毎日再投資される。

【問題61】 □□□□

MRF（証券総合口座専用ファンド）の換金代金の支払いとして、キャッシングの制度はない。

【問題62】 □□□□

個別元本とは、投資家ごとの平均取得基準価額のことで、その投資家がそのファンドを取得する都度、取得口数により加重平均され、分配が行われる都度調整される。

【問題63】 □□□□

元本払戻金（特別分配金）の支払いを受けた投資家については、個別元本から元本払戻金（特別分配金）を控除した額が、当該受益者のその後の個別元本となる。

【問題64】 □□□□

追加型株式投資信託の元本払戻金（特別分配金）は、配当所得として所得税等が源泉徴収される。

【問題65】 □□□□

投資信託委託会社は、1年に1回、運用報告書を作成し、受益者に交付しなければならない。

【問題66】 □□□□

投資法人は、資産の運用以外の行為も営業としてすることができる。

【問題67】 □□□□

投資法人は、資産運用業務を自ら行わなければならず、外部に委託することはできない。

【問題68】 □□□□

投資法人は、資産運用業務の内容が明示されていれば、その商号中に必ずしも「投資法人」という文字を用いる必要はない。

解答

[問題60]　×　テ289

MRF（証券総合口座専用ファンド）の決算は毎日（日々）行われ、分配金は月末に再投資される。

[問題61]　×　テ289

MRF（証券総合口座専用ファンド）の換金代金の支払いとして、キャッシングの制度がある。キャッシング制度により翌営業日に行われる換金代金の支払いまでの間、限度額500万円まで借入れが可能である。

[問題62]　○　テ290

[問題63]　○　テ290

[問題64]　×　テ290、359、361

元本払戻金（特別分配金）は、各受益者の個別元本の払い戻しとみて非課税となる。問題文は、普通分配金の記述である。

[問題65]　×　テ294

投資信託委託会社は、各投資信託財産の決算期末ごとに遅滞なく運用報告書を作成し、受益者に交付しなければならない。

[問題66]　×　テ296

投資法人は、資産運用以外の行為を営業することはできない。

[問題67]　×　テ296、299

投資法人は、投資運用業の登録を受けた金融商品取引業者（運用会社）に資産運用業務を委託しなければならない。

[問題68]　×　テ296

投資法人は、その商号中に「投資法人」という文字を用いなければならない。

問題

[問題69] □□□□

投資法人の規約には、投資主の請求により投資口の払戻しをする旨、又はしない旨が記載されている。

[問題70] □□□□

投資法人の規約には、投資法人が常時保持する最低限度の純資産額が記載されており、その額は1億円以上とされている。

[問題71] □□□□

投資法人の成立時の出資総額は、設立の際に発行する投資口の払込金額の総額であるが、その金額には特段の定めはない。

[問題72] □□□□

投資法人の執行役員は投資主総会で選任されるが、その人数に制限はなく、従って1人でもよい。

[問題73] □□□□

不動産投資法人の投資口の売買注文においては、指値注文、成行注文が可能であるが、信用取引はできない。

[問題74] □□□□

投資法人制度において、一般事務受託者は、投資法人に委託され、その資産の運用及び保管に係る業務以外の業務に係る事務を行う者である。

[問題75] □□□□

投資法人は、すべての業務を一般事務受託者に委託している。

[問題76] □□□□

上場不動産投資法人が税制上、法人段階で収益が非課税とされるためには、原則として配当可能利益の50%超を分配する必要がある。

[問題77] □□□□

上場不動産投資法人は、利益額を超えた分配を行うことができる。

解答

[問題69]　○　テ297

[問題70]　×　テ297

最低純資産額は、5,000万円以上と定められている。

[問題71]　×　テ297

投資法人の設立時の出資総額は、1億円以上と定められている。

[問題72]　×　テ298

執行役員の数は、1人又は2人以上と定められており（投信法第95条）、1人でもよいが、「その数に制限がない」わけではない。

[問題73]　×　テ299

上場株式と同様に、指値注文、成行注文のほか、信用取引も可能である。

[問題74]　○　テ300

[問題75]　×　テ300

投資法人は、資産の運用は資産運用会社に、資産の保管は資産保管会社に委託しており、それ以外の業務は一般事務受託者に委託している。

[問題76]　×　テ300

上場不動産投資法人が税制上、法人段階で収益が非課税とされるためには、原則として配当可能利益の90%超を分配する必要がある。

[問題77]　○　テ300

不動産投資法人は、当期中に得た利益額の全額を分配できる。これとは別に、利益を超えて金銭の分配をすることができる（利益超過分配金）。ただし、貸借対照表上の純資産額から基準純資産額を控除して得た額を超えることはできない。

問題

選択問題

[問題78] □□□□

次の文中の（　　）に当てはまる語句を下の語群から選んでいる選択肢の番号を１つマークしなさい。

（ イ ）は、投資家が解約できるファンドであり、基金の資金量は安定していない。換金は、純資産価格（基準価額）に基づいて行われる。一方、（ ロ ）は、投資家が解約できないファンドであり、基金の資金量は安定している。換金するためには、市場で売却するしかない。

わが国の投資信託は、単位型であっても（ ハ ）の範疇に入る。

不動産を主な投資対象とする投資信託は、通常、投資主に対し投資口の払戻しを行わない（ ニ ）の会社型（投資法人）として組成され、その発行する投資証券は取引所金融商品市場に上場され売買されている。

〈語群〉

ａ．オープンエンド型

ｂ．クローズドエンド型

1．イ－ａ、ロ－ｂ、ハ－ａ、ニ－ａ
2．イ－ａ、ロ－ｂ、ハ－ａ、ニ－ｂ
3．イ－ａ、ロ－ｂ、ハ－ｂ、ニ－ｂ
4．イ－ｂ、ロ－ａ、ハ－ａ、ニ－ｂ
5．イ－ｂ、ロ－ａ、ハ－ｂ、ニ－ａ

[問題79] □□□□

次の文章のうち、「証券総合口座用ファンド（MRF）」に関する記述として正しいものの番号を１つマークしなさい。

1．買付日から30日未満の解約は、信託財産留保額が控除される。
2．募集（申込）の単位は、1,000万円（口）以上１万円（口）単位である。
3．換金代金の支払日は、通常、換金請求日から起算して４営業日目の日とされている。
4．キャッシング（即日引出）が可能である。
5．決算は毎月行われ、分配金は毎月末に再投資される。

解答

[問題78]　2　　テ269

なお、正しい文章は次のとおりとなる。

（イ　a. オープンエンド型）は、投資家が解約できるファンドであり、基金の資金量は安定していない。換金は、純資産価格（基準価額）に基づいて行われる。一方、（ロ　b. クローズドエンド型）は、投資家が解約できないファンドであり、基金の資金量は安定している。換金するためには、市場で売却するしかない。

わが国の投資信託は、単位型であっても（ハ　a. オープンエンド型）の範疇に入る。

不動産を主な投資対象とする投資信託は、通常、投資主に対し投資口の払戻しを行わない（ニ　b. クローズドエンド型）の会社型（投資法人）として組成され、その発行する投資証券は取引所金融商品市場に上場され売買されている。

[問題79]　4　　テ289

1．×　常時可能で、信託財産留保額は控除されない。

2．×　募集単位は1口（円）以上1口（円）単位である。

3．×　換金代金の支払日は、翌営業日である。ただし、午前中に解約を受け付け、かつ投資家が当日支払を希望した場合のみ当日から支払われる。

4．○　なお、キャッシングの限度額は、500万円である。

5．×　毎日決算を行い、分配金は毎月末に再投資される。

問題

[問題80] □□□□

ある個人が、以下の追加型株式投資信託の分配金を受け取る場合の普通分配金と元本払戻金（特別分配金）の組合せとして正しいものの番号を１つマークしなさい。

分配落ち前の基準価額	9,500円
個別元本	9,200円
１万口当たりの収益分配金	400円

1．普通分配金　0円、元本払戻金（特別分配金）400円
2．普通分配金100円、元本払戻金（特別分配金）300円
3．普通分配金200円、元本払戻金（特別分配金）200円
4．普通分配金300円、元本払戻金（特別分配金）100円
5．普通分配金400円、元本払戻金（特別分配金）　0円

[問題81] □□□□

ある個人が、以下の追加型株式投資信託の分配金を受け取る場合の100万口（１口当たり１円）の手取金額として正しいものの番号を１つマークしなさい。なお、円未満の税額は切り捨てること。

分配落前の基準価格	：12,000円
個別元本	：11,200円
１万口当たりの収益分配金	：1,500円

1．122,558円
2．132,775円
3．133,466円
4．133,748円
5．151,774円

解答

[問題80]　4　テ290～291

分配落後の基準価額＝9, 500円－400円＝9, 100円

元本払戻金（特別分配金）＝9, 200円－9, 100円＝100円

普通分配金＝400円－100円＝300円

[問題81]　4　テ290～292

分配落後の基準価額＝分配落前基準価額－分配金

＝12, 000円－1, 500円＝10, 500円

「個別元本＞分配落後の基準価額」なので「個別元本－分配落後の基準価額」が元本払戻金（特別分配金）となる。

元本払戻金（特別分配金）＝11, 200円－10, 500円＝700円

普通分配金＝1, 500円－700円＝800円

普通分配金に係る源泉徴収税額は所得税15%、復興特別所得税0. 315%及び住民税５%の合計20. 315%である。

$$\text{源泉徴収税額}=\frac{100\text{万口}}{10,000\text{口}}\times 800\text{円}\times 20.315\%=16,252\text{円}$$

$$\text{手取額}=\frac{100\text{万口}}{10,000\text{口}}\times 1,500\text{円}-16,252\text{円}=\underline{133,748\text{円}}$$

11 付随業務

○×問題 以下について、正しければ○を、正しくなければ×をつけなさい。

【問題1】 □□□□
付随業務とは、金融商品取引業に付随する業務として内閣総理大臣への登録を受けて行うことができる業務である。

【問題2】 □□□□
投資運用業者は、金融商品取引業に付随する業務を行うことができない。

【問題3】 □□□□
他の事業者の経営に関する相談は、付随業務に該当する。

【問題4】 □□□□
信用取引に付随する金銭の貸付けは、金融商品取引業の付随業務に該当しない。

【問題5】 □□□□
累積投資契約の締結は、付随業務に該当しない。

【問題6】 □□□□
有価証券の売買の媒介、取次ぎ又は代理は、付随業務に含まれる。

【問題7】 □□□□
私設取引システム運営業務（PTS）は、付随業務に該当する。

【問題8】 □□□□
有価証券の貸借又はその媒介若しくは代理は、金融商品取引業者の本来の業務である。

【問題9】 □□□□
株券等貸借取引等は、付随業務に含まれる。

【問題10】 □□□□
キャッシング業務におけるMRFの貸付限度額は、MRFの残高に基づき計算した返還可能金額又は100万円のいずれか少ない額とされている。

解答

【問題1】 ×　　テ20、304

付随業務とは、金融商品取引業に付随する業務として内閣総理大臣への届出や承認を受けることなく行うことができる業務である。

【問題2】 ×　　テ20、304

投資運用業者は、付随業務を行うことができる。

【問題3】 ○　　テ304

【問題4】 ×　　テ20、304

信用取引に付随する金銭の貸付けは、金融商品取引業の付随業務である。

【問題5】 ×　　テ20、304、306

累積投資契約の締結は、付随業務に該当する。

【問題6】 ×　　テ18、304

有価証券の売買の媒介、取次ぎ又は代理は、付随業務ではなく金融商品取引業者の本来の業務である。

【問題7】 ×　　テ21、304

私設取引システム運営業務（PTS）は、付随業務に該当しない。

【問題8】 ×　　テ304〜305

有価証券の貸借又はその媒介若しくは代理は、金融商品取引業者の付随業務である。

【問題9】 ○　　テ304〜305

【問題10】 ×　　テ289、305

100万円ではなく、500万円である。

問題

[問題11] □□□□

金融商品取引業者が顧客からキャッシングを受け付ける場合には、書面による申込みは不要だが、当該顧客の意思を確認したうえで申込みを受け付けなければならない。

[問題12] □□□□

累積投資契約の対象有価証券には、非上場株券は含まれない。

[問題13] □□□□

株式累積投資は、単元未満株を任意の時に買付けができ、任意の時に単元未満株のまま売り付けることができる。

[問題14] □□□□

株式ミニ投資とは、投資者から資金を預かり、当該金銭を対価として、毎月一定日に特定の銘柄の株式等を買い付ける制度のことをいう。

[問題15] □□□□

ドル・コスト平均法は、株価の値動きやタイミングに関係なく、株式を定期的に継続して一定金額ずつ購入していく方法である。

[問題16] □□□□

株式累積投資を通じた株式の買付けについて、定時定額の払込金をもって機械的にその株式を買い付けている場合には、インサイダー取引規制の適用が除外される。

[問題17] □□□□

有価証券の買付けの申込みの受入れは、累積投資業務に係る代理業務に含まれる。

[問題18] □□□□

有価証券の買付けの代理は、累積投資業務に係る代理業務に含まれる。

解答

[問題11]　○　テ305

[問題12]　○　テ306

累積投資契約の対象有価証券には、上場株券は含まれるが、非上場株券は含まれない。

[問題13]　×　テ194〜195、306

株式累積投資は、毎月一定日に、特定の銘柄を株価水準に関係なく一定の金額で買い付ける。なお、売付けは任意の時に行うことができる。問題文は、株式ミニ投資の記述である。

[問題14]　×　テ194〜195、306

株式ミニ投資とは、1売買単位に満たない株式を、定型的な方法で行う売買である。問題文は、株式累積投資の記述である。

[問題15]　○　テ194、307

[問題16]　○　テ307

[問題17]　○　テ307

[問題18]　×　テ20、307

有価証券の買付けの代理は、金融商品取引業者の本来の業務である。

問題

選択問題

[問題19] □□□□

次の文章のうち、正しいものの番号を２つマークしなさい。

1. 信用取引に付随する金銭の貸付けは、付随業務に含まれない。
2. 顧客から保護預りをしている有価証券を担保とする金銭の貸付けは、付随業務に含まれる。
3. 有価証券の貸借又はその媒介若しくは代理は、付随業務に含まれない。
4. 他の事業者の経営に関する相談に応じることは、付随業務に含まれる。
5. 有価証券に関する顧客の代理は、付随業務に含まれない。

[問題20] □□□□

次のうち、「金融商品取引業者の付随業務」に該当しないものの番号を２つマークしなさい。

1. 元引受け業務
2. 累積投資契約の締結
3. 信用取引に付随する金銭の貸付け
4. 顧客から保護預りをしている有価証券を担保とする金銭の貸付け
5. 有価証券の保護預り

[問題21] □□□□

次の文章のうち、正しいものの番号を２つマークしなさい。

1. 株式累積投資は、任意の時に単元未満株のまま機動的に任意の銘柄の買い付けを行い、また買い付けた単元未満株を単元未満株のまま売り付けることができる。
2. 株式累積投資は、特定の銘柄を株価の値動きに関係なく、一定の金額で買い付ける方法であり、ドル・コスト平均法と呼ばれる。
3. 第一種金融商品取引業者が付随業務を行うには、金融商品取引所に届け出なければならない。
4. 累積投資契約の対象有価証券には、非上場株式は含まれない。
5. 投資運用業者は、付随業務を行うことができない。

解答

[問題19]　2、4　テ20、304～305

1．×　信用取引に付随する金銭の貸付けは、付随業務に含まれる。
2．○
3．×　有価証券の貸借又はその媒介若しくは代理は、付随業務に含まれる。
4．○
5．×　有価証券に関する顧客の代理は、付随業務に含まれる。

[問題20]　1、5　テ19～20、304、306

1．×　元引受け業務は、金融商品取引業者の本来の業務である。
2．○
3．○
4．○
5．×　有価証券の保護預りは、金融商品取引業者の本来の業務である。

[問題21]　2、4　テ20、194～195、304、306～307

1．×　株式累積投資は、毎月一定日に、特定の銘柄を株価水準に関係なく一定の金額で買い付ける。問題文は、株式ミニ投資の記述である。
2．○
3．×　付随業務は、内閣総理大臣の届出や承認を受けることなく行うことができる業務である。
4．○
5．×　投資運用業者は、付随業務を行うことができる。

12 株式会社法概論

○×問題 以下について、正しければ○を、正しくなければ×をつけなさい。

【問題1】 □□□□

会社法では、会社の形態として、株式会社、有限会社、合名会社の３種類を規定している。

【問題2】 □□□□

株式会社の株主は会社の債務について何の責任も負わないが、合名会社における無限責任社員は、会社の債務につき、債権者に対して直接・連帯・無限の責任を負う。

【問題3】 □□□□

合資会社の社員は、会社の債務につき、債権者に対して直接・連帯・無限の責任を負う。

【問題4】 □□□□

株式会社の最低資本金は、300万円とされている。

【問題5】 □□□□

会社法において、大会社とは、資本金の額が10億円以上又は負債総額が100億円以上の株式会社をいう。

【問題6】 □□□□

株式会社を設立するための発起人は自然人に限られるので、法人は発起人になることはできない。

【問題7】 □□□□

株式会社の設立に際し、発行する株式の全部を発起人だけで引き受けて設立することを発起設立という。

【問題8】 □□□□

会社の設立の無効を主張できるのは、株主に限られる。

解答

［問題1］ ×　テ310

会社法では、会社の形態として、株式会社、合名会社、合資会社、合同会社の４種類を規定している。このうち、合名会社、合資会社、合同会社をまとめて「持分会社」と呼ぶ。なお、有限会社は、会社法上の会社ではない。

［問題2］ ○　テ310

［問題3］ ×　テ310

合資会社の社員は無限責任社員と有限責任社員がおり、無限責任社員は、債権者に対して直接・連帯・無限の責任を負うが、有限責任社員は、登記した金額を限度として責任を負う。

［問題4］ ×　テ311

会社法では、資本金の額に関する規定はない。したがって、資本金１円の株式会社も設立できる。

［問題5］ ×　テ311

大会社とは、資本金の額が５億円以上又は負債総額が200億円以上の株式会社をいう。

［問題6］ ×　テ312

株式会社の発起人は、自然人（個人）に限らず、法人も発起人になれる。

［問題7］ ○　テ312

なお、発起人が発行する株式の一部を引き受け、残りについて株主を募集することを募集設立という。

［問題8］ ×　テ312

株主と取締役（会社によっては監査役・執行役・清算人も）に限られる。

問題

【問題9】 □ □ □ □

株式を分割すれば発行済株式は増え、１株当たりの実質的価値も大きくなる。

【問題10】 □ □ □ □

株式の分割は、取締役会（取締役会のない会社は株主総会）の決議で決める。

【問題11】 □ □ □ □

新たな払込みなしで株主に株式を割当てることを、株式無償割当てという。

【問題12】 □ □ □ □

どの種類の株式を何株消却するかは、取締役会の決議で定め、取締役会のない会社は取締役が決める。

【問題13】 □ □ □ □

単元株制度とは、一定の単位数の株式を持つ株主にだけ議決権を認める制度であり、単元株式数は100以下かつ発行済株式総数の200分の１以下と定められている。

【問題14】 □ □ □ □

２種類以上の株式が併存する会社を、種類株式発行会社という。

【問題15】 □ □ □ □

ある種類の株式に、まず一定率の配当を支払い、残った剰余金から他の株式に配当するような場合、その種類の株式を（配当）優先株という。

【問題16】 □ □ □ □

株式会社は、発行する株式の全部又は一部について、譲渡には会社の承認が必要であると定めることができる。

【問題17】 □ □ □ □

１株しか持たない株主でも行使できる権利を少数株主権といい、一定割合以上の議決権を持った株主だけが行使できるものを単独株主権という。

【問題18】 □ □ □ □

帳簿閲覧権は、株主であれば誰にでも認められている。

解答

［問題9］　×　　テ313

株式を分割すれば発行済株式は増えるが、資産は増えず、1株当たりの実質的価値は小さくなる。

［問題10］　○　　テ313、319

［問題11］　○　　テ313

［問題12］　○　　テ313、319

なお、消却とは、発行されている株式をなくしてしまうことである。

［問題13］　×　　テ313

単元株制度とは、一定の単位数の株式を持つ株主にだけ議決権を認める制度であり、単元株式数は1,000以下かつ発行済株式総数の200分の1以下と定められている。なお、証券取引所の売買単位は、100株に統一されている。

［問題14］　○　　テ314

［問題15］　○　　テ314

［問題16］　○　　テ314

なお、譲渡に会社の承認が必要な株式を譲渡制限株式といい、株式会社は、譲渡制限株式を発行することができる。

［問題17］　×　　テ315

1株しか持たない株主でも行使できる権利を単独株主権といい、一定割合以上の議決権を持った株主だけが行使できるものを少数株主権という。

［問題18］　×　　テ315、322

帳簿閲覧権は、議決権又は発行済株式の3％以上を持つ少数株主だけに認められている。

問題

【問題19】 □□□□

株式会社が自己株式を取得することは、出資の払い戻しと同じであるため全面的に禁止されてる。

【問題20】 □□□□

株式会社が取得した自己株式についても、議決権や剰余金の配当を受ける権利がある。

【問題21】 □□□□

新株発行の効力発生前のように、株式が発行されていない段階で株主となる権利（権利株）を譲渡した場合、当事者間でも、また会社との間でも、その効力は共に無効である。

【問題22】 □□□□

株式会社は、定款に記載がなければ株券を発行することはできない。

【問題23】 □□□□

株主総会の定時総会とは、毎決算期に１回、その年度の会社の成果を検討するために開催されるものをいう。

【問題24】 □□□□

議決権総数の３％以上の株式を引続き６ヵ月以上保有している公開会社の少数株主は、取締役に株主総会の招集を請求することができる。

【問題25】 □□□□

公開会社の場合、議決権総数の１％以上又は300個以上の議決権を引続き６ヵ月以上持つ株主は、提案権を行使できる。

【問題26】 □□□□

株主総会では、株主１人につき１個の議決権が与えられる。

【問題27】 □□□□

株主が、同一の株主総会で提案できる議案の数は、５個までである。

解答

[問題19]　×　テ315

自己株式の取得は、禁止されているわけではない。会社が自社の発行する株式を取得すると、出資の払戻しと同じ結果になる。その価格によっては株主間に不平等をもたらすため、自己株式の取得や処分については、手続き、財源、買付け方法や取締役の責任などが定められている。

[問題20]　×　テ316

会社が取得した自己株式には、議決権や剰余金の配当を受ける権利はない。

[問題21]　×　テ316

新株発行の効力発生前のように、株式が発行されていない段階で株主となる権利（権利株）を譲渡した場合、当事者間では有効であるが、会社には対抗することができない。

[問題22]　○　テ316

なお、会社法は、株券のない会社を原則としている。また、株券の発行を定款で定めている会社を「株券発行会社」という。

[問題23]　○　テ317

なお、定時総会以外に、必要に応じて開催される株主総会を臨時総会という。

[問題24]　○　テ317

[問題25]　○　テ317

[問題26]　×　テ317

株主総会では、株主の頭数によらず、投下した資本の額に比例して議決権が与えられる（1株1議決権の原則。単元株制度をとる場合は1単元1議決権）。

[問題27]　×　テ317

株主が、同一の株主総会で提案できる議案の数は、10個までである。

問題

[問題28] □□□□

株主総会では、その招集通知に議題として掲げられていない事項について決議することは認められていない。

[問題29] □□□□

株主総会の普通決議は、議決権の過半数に当たる株式を持つ株主が出席し、出席株主の議決権の過半数が賛成することが必要であるが、この決議要件は一部を除き、定款に定めることにより変更することができる。

[問題30] □□□□

株主総会の特別決議においては、原則として議決権の過半数に当たる株式を持つ株主が出席し、出席株主の議決権の４分の３以上の賛成を得ることが求められる。

[問題31] □□□□

株主総会の議事録は、10年間本店（写しを５年間支店）に備え置かれ、誰でも自由に閲覧することができる。

[問題32] □□□□

取締役会設置会社は３人以上の取締役が必要であるが、取締役会を設置しない会社はゼロでも構わない。

[問題33] □□□□

取締役の選任と解任は、株主総会の特別決議事項である。

[問題34] □□□□

不正行為をした取締役の解任が否決されたとき、議決権又は発行済株式の３％以上を持つ少数株主は、裁判所にその取締役の解任を請求できる。

[問題35] □□□□

取締役に欠員が出た場合、新取締役が就任するまでの間、監査役に取締役を兼任させることができる。

[問題36] □□□□

公開会社かつ大会社で、有価証券報告書を提出しなければならない監査役会設置会社は、社外取締役の設置が義務付けられている。

解答

【問題28】 ○ テ318

【問題29】 ○ テ318

【問題30】 × テ318

株主総会の特別決議においては、議決権の過半数（定款で３分の１までは引き下げられる）に当たる株式を持つ株主が出席し、出席株主の議決権の３分の２以上の賛成を得ることが求められる。

【問題31】 × テ318

株主総会の議事録の閲覧は、株主及び会社債権者に限られる。

【問題32】 × テ318

取締役会設置会社は３人以上の取締役が必要であるが、取締役会を設置しない会社は１人でも構わない。

【問題33】 × テ318

取締役の選任と解任は、株主総会の普通決議事項である。

【問題34】 ○ テ318

【問題35】 × テ318

取締役に欠員が出た場合、新取締役の就任までの間、退任取締役が職務を続ける。

【問題36】 ○ テ319

問題

[問題37] □□□□

取締役が自社と取引するには、監査役会（監査役会を設置しない会社では株主総会）の承認が必要である。

[問題38] □□□□

取締役の報酬は、定款か監査役会で定められるものとされている。

[問題39] □□□□

取締役会設置会社は、社債の発行、株式の分割、自己株式の消却について、取締役会の決議で定めなければならない。

[問題40] □□□□

取締役会設置会社には、原則として代表取締役が１名以上必要である。

[問題41] □□□□

監査役の選任・解任は、取締役会で決議する。

[問題42] □□□□

監査役は、会社又は子会社の取締役・会計参与・執行役や使用人を兼ねることはできない。

[問題43] □□□□

監査役は、取締役や会計参与の職務の執行を監査する職責を負う。

[問題44] □□□□

監査役会を置く会社の監査役は３名以上必要とされ、その過半数が社外監査役でなければならない。

[問題45] □□□□

監査役会設置会社は、会計監査人は不要である。

[問題46] □□□□

会計監査人になることができるのは、公認会計士か監査法人に限られ、会社と利害関係が密な者は除かれる。

解答

[問題37]　×　　テ319

取締役が自社と取引するには、取締役会（取締役会を設置しない会社では株主総会）の承認が必要である。

[問題38]　×　　テ319

取締役の報酬は、定款か株主総会決議で決めるものとされている。

[問題39]　○　　テ313、319

[問題40]　○　　テ320

[問題41]　×　　テ318、320

監査役の選任・解任は、株主総会で決議する。なお、監査役の解任は、特別決議事項である。

[問題42]　○　　テ320

[問題43]　○　　テ320

[問題44]　×　　テ320

監査役会を置く会社の監査役は３名以上必要とされ、その半数以上（過半数ではない）が社外監査役でなければならない。

[問題45]　×　　テ321

監査役会設置会社は、大会社に該当し、大会社は会計監査人が必要である。

[問題46]　○　　テ321

問題

[問題47] □□□□

会計監査人及び会計参与の選任・解任は、原則として株主総会で決議する。

[問題48] □□□□

会計監査人の任期は２年であり、再任するには株主総会の決議が必要である。

[問題49] □□□□

会計参与になることができるのは、公認会計士・監査法人・税理士・税理士法人に限られる。

[問題50] □□□□

指名委員会等設置会社の委員会のメンバーは取締役会が選ぶ３名以上の取締役であり、半数以上は社外取締役でなければならない。

[問題51] □□□□

指名委員会等設置会社には、代表取締役を置かなければならない。

[問題52] □□□□

指名委員会等設置会社には、監査役を置かなければならない。

[問題53] □□□□

監査等委員会設置会社には取締役会と代表取締役を置き、取締役会内部の監査等委員会が監査の職務を行うので、監査役を置かない。

[問題54] □□□□

監査等委員会設置会社の監査等委員会は、３名以上で半数以上が社外取締役でなければならない。

[問題55] □□□□

大会社が定時総会後公告しなければならないのは、貸借対照表のみである。

解答

[問題47]　○　テ321

[問題48]　×　テ321

会計監査人の任期は1年であるが、定時総会が不再任を決議しない限り自動的に更新される。

[問題49]　○　テ321

なお、会計参与の任期は２年であり、選任・解任は株主総会の決議で行う。

[問題50]　×　テ321

指名委員会等設置会社の委員会のメンバーは取締役会が選ぶ３名以上の取締役であり、過半数（半数以上ではない）は社外取締役でなければならない。

[問題51]　×　テ321

指名委員会等設置会社は、（代表）執行役が代表取締役の役割を担うので、代表取締役を置かない。

[問題52]　×　テ320～321

指名委員会等設置会社には監査委員会があるので、監査役を置くことはできない。

[問題53]　○　テ321

[問題54]　×　テ321

３名以上の取締役の過半数が社外取締役でなければならない。

[問題55]　×　テ322

大会社は、貸借対照表のほか、損益計算書も公告しなければならない。

問題

【問題56】 □□□□

分配可能額がないのに行われた配当は無効であり、会社債権者は、株主に対してそれを会社へ返還するよう要求ができ、取締役も違法配当に対して弁済責任を負う。

【問題57】 □□□□

配当は、金銭で支給しなければならない。

【問題58】 □□□□

配当は株主総会で決議するが、定時総会である必要はなく、要件を満たせば、取締役会で承認すると、それに基づいて年に何度でも配当をすることができる。

【問題59】 □□□□

会社を設立する時は、定款に定めた発行可能株式総数の４分の１以上を発行すれば足りる。

【問題60】 □□□□

新株予約権付社債は、社債部分と新株予約権部分のいずれかが消滅しない限り、社債と新株予約権を分離して譲渡することはできない。

【問題61】 □□□□

吸収分割は、当事会社の１つが存続して他の会社を吸収する方法である。

【問題62】 □□□□

会社の分割は、事業譲渡と同様に、分割の対象となる部門を構成する権利義務が個別に別会社に移転されるものである。

【問題63】 □□□□

会社分割の無効は３ヵ月内に起こす訴えによらないと主張できず、分割を無効とする判決の効力は過去に溯って適用される。

【問題64】 □□□□

会社が事業の全部を譲渡した場合、当該会社は当然に解散する。

解答

[問題56]　○　テ323

[問題57]　×　テ323

剰余金の配当は、金銭以外の財産を支給する方法（現物配当）をとることができる。

[問題58]　○　テ323

[問題59]　○　テ324

問題文は、授権資本制度の記述である。

[問題60]　○　テ247、324

[問題61]　×　テ325

吸収分割は、切り離した部門を既存の別会社に承継させる方法である。問題文は、吸収合併の記述である。

[問題62]　×　テ325

会社の分割は事業譲渡と違って、その部門を構成する権利義務が個別に移転されるのではなく、部門ごとに一括して承継される。

[問題63]　×　テ325

会社分割の無効は6ヵ月内に起こす訴えによらないと主張できず、分割を無効とする判決の効力は過去に遡らない。

[問題64]　×　テ326

事業の全部を譲渡したとしても、その会社は当然には解散しない（解散するとは限らない）。

問題

[問題65] □□□□

会社は、合併や破産、定款に定めた存続期間の満了などのほか、株主総会の特別決議によっても解散する。

選択問題

[問題66] □□□□

次の文章のうち、正しいものの番号を２つマークしなさい。

1．株式会社が自己株式を取得することは、出資の払い戻しと同じであるため、いかなる場合も認められていない。
2．合名会社の社員は、無限責任社員のみで構成され、会社の債務について債権者に対して直接、連帯、無限の責任を負う。
3．株式会社を設立するには、２名以上の発起人が定款を作成して署名する。
4．株式会社における剰余金の配当は分配可能額の範囲内で行う必要があるが、１年間で行う配当の回数には制限がある。
5．会社の分割のうち、会社の事業の１部門を切り離して別会社として独立させる方法を新設分割といい、切り離した部門を既存の別会社に承継させる方法を吸収分割という。

[問題67] □□□□

次の文章のうち、正しいものの番号を２つマークしなさい。

1．少数株主権とは、１株しか持たない株主でも行使できる権利のことをいう。
2．株主総会において不正行為をした取締役の解任が否決されたとき、議決権又は発行済株式の３％以上を持つ少数株主は、裁判所にその取締役の解任を請求できる。
3．取締役の選任と解任は、株主総会の特別決議事項である。
4．指名委員会等設置会社には、監査役を置くことができる。
5．株式会社の解散の事由の１つに、株主総会の特別決議がある。

解答

[問題65]　○　テ318、326

[問題66]　**2、5**　テ310、312、315、323、325

1．×　自己株式の取得は、一定のルールのもとで認められている。
2．○
3．×　株式会社を設立するには、1名以上の発起人が定款を作成して署名する。
4．×　1年間で行う配当の回数には制限がない。
5．○

[問題67]　**2、5**　テ315、318、321、326

1．×　少数株主権とは、一定割合以上の議決権を持った株主だけが行使できるものをいう。問題文は、単独株主権の記述である。
2．○
3．×　取締役の選任と解任は、株主総会の普通決議事項である。
4．×　指名委員会等設置会社には監査委員会があるので、監査役を置くことはできない。
5．○

13 財務諸表と企業分析

○×問題 以下について、正しければ○を、正しくなければ×をつけなさい。

【問題1】 □□□□

財務諸表には、貸借対照表、損益計算書、キャッシュ・フロー計算書の３つの基本財務諸表があり、さらに包括利益計算書がある。

【問題2】 □□□□

「損益計算書」は、一定時点における企業の「財務状態」の一覧表であり、お金の出所（資金の調達源泉）とお金の運用状況（資金の使途）の２つの内容から構成されている。

【問題3】 □□□□

流動資産の棚卸資産には、販売資産となるために生産過程の途中にある資産である半製品や製品は含まれない。

【問題4】 □□□□

貸借対照表において、土地・建物・構築物、機械及び装置は、固定資産のうち有形固定資産に分類される。

【問題5】 □□□□

貸借対照表において特許権は、流動資産に分類される。

【問題6】 □□□□

棚卸資産とは、販売過程を経ることなく比較的短期間に容易に現金化する資産をいう。

【問題7】 □□□□

損益計算書において、受取配当金は営業外収益に分類される。

【問題8】 □□□□

連結財務諸表において支配力基準とは、議決権の所有割合が50%以下であっても、当該会社を事実上支配している場合には連結の範囲に含めようとするものである。

解答

【問題1】 ○ テ330

【問題2】 × テ330

「損益計算書」は、一定期間における企業の利益稼得過程を表示するものであり、これによって経営成績の評価が把握できる。問題文は、貸借対照表の記述である。

【問題3】 × テ331

半製品や製品は、棚卸資産に含まれる。

【問題4】 ○ テ331

【問題5】 × テ331

貸借対照表において特許権は、固定資産に分類される。

【問題6】 × テ331

棚卸資産とは、いわゆる「在庫」のことであり、販売資産となるために生産過程の途中にある資産（仕掛品）や原材料を含む。問題文は、当座資産の記述である。

【問題7】 ○ テ333

【問題8】 ○ テ335

問題

[問題9] □□□□

非支配株主持分とは、子会社の資本のうち親会社に帰属しない部分のことをいう。

[問題10] □□□□

親会社は、すべての子会社について連結財務諸表の作成の対象に含めなければならない。

[問題11] □□□□

連結貸借対照表を作成するのは、親会社が他の会社を支配するに至った日において行われる。

[問題12] □□□□

企業の収益性を測る指標には、資本利益率と流動比率がある。

[問題13] □□□□

自己資本利益率（%）は、$\dfrac{\text{自己資本（期首・期末平均）}}{\text{当期(純)利益}}$×100で求められる。

[問題14] □□□□

売上高(純)利益率（%）は、$\dfrac{\text{当期(純)利益}}{\text{(純)売上高}}$×100で求められる。

[問題15] □□□□

売上高営業利益率（%）は、$\dfrac{\text{(純)売上高}}{\text{営業利益}}$×100で求められる。

[問題16] □□□□

流動比率（%）は、$\dfrac{\text{流動負債}}{\text{流動負債＋固定負債}}$×100で求められる。

解答

[問題9]　○　テ335

[問題10]　×　テ335

親会社は、原則としてすべての子会社を連結の範囲に含めなければならないが、支配が一時的であると認められる会社等、連結することにより利害関係者の判断を著しく誤らせるおそれのある会社は、連結の範囲に含めてはならない。このような会社を非連結子会社という。

[問題11]　○　テ335

なお、親会社が他の会社を支配するに至った日を支配獲得日という。

[問題12]　×　テ336、340〜341

資本利益率は、収益性を測る指標であるが、流動比率は、安全性分析のうち流動性を測る指標である。他に収益性を測る指標として、売上高利益率がある。

[問題13]　×　テ337

自己資本利益率（%）は、$\dfrac{\text{当期(純)利益}}{\text{自己資本（期首・期末平均）}}$×100で求められる。

[問題14]　○　テ338

[問題15]　×　テ338

売上高営業利益率（%）は、$\dfrac{\text{営業利益}}{\text{(純)売上高}}$×100で求められる。

[問題16]　×　テ341

流動比率（%）は、$\dfrac{\text{流動資産}}{\text{流動負債}}$×100で求められる。

問題

［問題17］ □ □ □ □

流動比率は、100%以下が望ましい。

［問題18］ □ □ □ □

当座比率（%）は、$\frac{\text{当座資産}}{\text{流動負債}}$×100で求められる。

［問題19］ □ □ □ □

当座比率は、一般的に低い方が望ましいとされる。

［問題20］ □ □ □ □

固定比率は、固定資産の自己資本に対する比率であり、100%以下であることが望ましいとされている。

［問題21］ □ □ □ □

流動比率が100%の場合、固定長期適合率は100%となる。

［問題22］ □ □ □ □

負債比率は、200%以下が望ましい。

［問題23］ □ □ □ □

一般的に総資本回転率が低ければ低いほど、資本効率は高いことになる。

［問題24］ □ □ □ □

総資本回転率（回／年）は、総資本（期首・期末平均）を（年間）売上高で除して求められる。

解答

[問題17]　×　テ341

流動比率は、高い方がよいとされ、理想的には200%以上であることが望ましい。

[問題18]　○　テ341

[問題19]　×　テ341

当座比率は、高い方がよく、一般に100%以上あることが望ましいとされている。

[問題20]　○　テ341

なお、固定比率は、低い方がよく、100%以下が望ましい。

[問題21]　○　テ341～342

貸借対照表において、「流動資産＋固定資産＝自己資本＋流動負債＋固定負債」である。

$$流動比率（\%）=\frac{流動資産}{流動負債}\times 100$$

$$固定長期適合率（\%）=\frac{固定資産}{自己資本+固定負債}\times 100$$

固定長期適合率が100%であるとすれば、貸借対照表の構成において、「固定資産＝自己資本＋固定負債」が成り立つ。この場合、「流動資産＝流動負債」の関係が存在する。

つまり、流動比率が100%の場合、固定長期適合率は100%となる。

[問題22]　×　テ342

100%以下が望ましい。

[問題23]　×　テ344

一般的に総資本回転率が低ければ低いほど、資本効率は低いことになる。

[問題24]　×　テ344

総資本回転率（回／年）は、（年間）売上高を総資本（期首・期末平均）で除して求められる。

問題

【問題25】 □ □ □ □

売上高(純)利益率が一定である場合、総資本回転率を高めると総資本(純)利益率は低下する。

【問題26】 □ □ □ □

損益分岐点比率が、100%を上回れば、利益が生じる。

【問題27】 □ □ □ □

キャッシュ・フロー計算書は、キャッシュ・フローを企業活動に関連付けて、「営業活動によるキャッシュ・フロー」、「投資活動によるキャッシュ・フロー」及び「財務活動によるキャッシュ・フロー」の３つの領域に区分して表示する。

【問題28】 □ □ □ □

キャッシュ・フロー計算書における、キャッシュ概念は、現金及び現金同等物を意味する

【問題29】 □ □ □ □

売上高成長率（%）は、$\frac{\text{当期売上高}}{\text{前期売上高}}\times 100$で求められる。

【問題30】 □ □ □ □

経常利益の増益率（%）は、$\frac{\text{当期経常利益}}{\text{前期経常利益}}\times 100$で求められる。

【問題31】 □ □ □ □

配当性向が低ければ内部留保率が高いことを意味し、配当性向が高ければ内部留保率が低いことを意味する。

【問題32】 □ □ □ □

配当性向（%）は、$\frac{\text{配当金（年額）}}{\text{当期(純)利益}}\times 100$で求められる。

解答

【問題25】 ×　テ345

売上高（純）利益率が一定である場合、総資本回転率を高めると総資本（純）利益率は上昇する。

【問題26】 ×　テ346

損益分岐点比率が、100％を上回れば、損失となり、100％を下回れば利益が生じる。

【問題27】 ○　テ347

【問題28】 ○　テ347

なお、「現金」には手許現金及び要求払預金を含み、「現金同等物」には容易に換金可能であり、かつ、価値の変動について僅少なリスクしか負わない短期投資が含まれる。

【問題29】 ○　テ350

なお、成長率は、成長性の判断尺度の１つであり、前期と比べて当期の数値が伸びているが否かという対前年比のことである。

【問題30】 ×　テ350

経常利益の増益率（％）は、$\left(\frac{\text{当期経常利益}}{\text{前期経常利益}}-1\right)\times 100$で求められる。

【問題31】 ○　テ352

【問題32】 ○　テ352

問題

■ある会社の貸借対照表及び損益計算書から抜粋した金額が次のとおりであるとき、次の文章について、正しいものには○を、正しくないものには×をつけなさい。なお、答えは、小数第2位以下を切り捨ててある。

（単位：百万円）

（貸借対照表より）			（損益計算書より）	
	前　期	当　期		当　期
流動資産	2, 300	3, 800	売上高	3, 800
固定資産	1, 800	2, 000	売上原価	2, 600
流動負債	900	2, 100	販売費及び一般管理費	900
固定負債	1, 100	1, 400	営業外損益	70
純資産	2, 100	2, 300	特別損益	▲140
（自己資本）			法人税等	60

[問題33] □□□□

当期純利益は、170百万円である。

[問題34] □□□□

当期の売上高(純)利益率は、4. 4%である。

[問題35] □□□□

当期の総資本回転率は、1. 5回である。

[問題36] □□□□

当期の流動比率は、180. 9%である。

解答

[問題33]　○　　テ333～334

当期純利益＝売上高－売上原価－販売費及び一般管理費＋営業外損益＋特別損益－法人税等

＝3, 800－2, 600－900＋70－140－60＝170百万円

[問題34]　○　　テ338～339

当期純利益は、問題33より170百万円

$$\text{売上高(純)利益率(\%)}=\frac{\text{当期(純)利益}}{\text{(純)売上高}}\times 100=\frac{170}{3,800}\times 100\fallingdotseq \underline{4.4\%}$$

[問題35]　×　　テ344

総資本＝総資産＝負債（流動負債＋固定負債）＋純資産（自己資本）

前期総資本＝900＋1, 100＋2, 100＝4, 100

当期総資本＝2, 100＋1, 400＋2, 300＝5, 800

$$\text{総資本回転率(回／年)}=\frac{\text{(年間)売上高}}{\text{総資本(期首・期末平均)}}$$

$$=\frac{3,800}{(4,100+5,800)\div 2}\fallingdotseq \underline{0.7\text{回}}$$

[問題36]　○　　テ341、343

$$\text{流動比率(\%)}=\frac{\text{流動資産}}{\text{流動負債}}\times 100=\frac{3,800}{2,100}\times 100\fallingdotseq \underline{180.9\%}$$

問題

■ある会社の貸借対照表から抜粋した金額が次のとおりであるとき、次の文章について、正しいものは○を、正しくないものには×をつけなさい。なお、答えは、小数第２位を切り捨ててある。

（単位：百万円）

	前　期	当　期
流　動　資　産	48,000	49,000
固　定　資　産	81,000	79,000
流　動　負　債	40,000	55,000
固　定　負　債	59,000	39,000
純資産合計（自己資本）	30,000	34,000

【問題37】 □□□□

前期の固定比率は、290.5％である。

【問題38】 □□□□

当期の固定長期適合率は、108.2％である。

【問題39】 □□□□

前期の負債比率は、333.3％である。

【問題40】 □□□□

当期の自己資本比率は、26.5％である。

解答

[問題37]　×　　テ341

$$固定比率（\%）=\frac{固定資産}{自己資本}\times 100$$

$$=\frac{81,000}{30,000}\times 100$$

$$=\underline{270.0\%}$$

[問題38]　○　　テ341～343

$$固定長期適合率（\%）=\frac{固定資産}{自己資本+固定負債}\times 100$$

$$=\frac{79,000}{34,000+39,000}\times 100$$

$$=\underline{108.2\%}$$

[問題39]　×　　テ342～343

$$負債比率（\%）=\frac{流動負債+固定負債}{自己資本}\times 100$$

$$=\frac{40,000+59,000}{30,000}\times 100$$

$$=\underline{330.0\%}$$

[問題40]　○　　テ342～343

総資本＝総資産＝流動資産＋固定資産＝49,000＋79,000＝128,000

又は、

総資本＝負債＋自己資本＝流動負債＋固定負債＋自己資本

＝55,000＋39,000＋34,000

＝128,000

$$自己資本比率（\%）=\frac{自己資本}{総資本}\times 100$$

$$=\frac{34,000}{128,000}\times 100$$

$$\fallingdotseq\underline{26.5\%}$$

問題

■ある会社の損益計算書から抜粋した金額が次のとおりであるとき、次の文章について、正しいものは○を、正しくないものには×をつけなさい。なお、答えは、小数第2位以下を切り捨ててある。

（単位：百万円）

	前　期	当　期
売　上　高	84,000	95,000
売　上　原　価	56,000	58,000
販売費及び一般管理費	27,000	32,000
営　業　外　損　益	1,200	1,000
特　別　損　益	500	▲ 2,000
法　人　税　等	700	900

[問題41] □ □ □ □

当期の売上高総利益率は、33.3%である。

[問題42] □ □ □ □

当期の売上高(純)利益率は、3.2%である。

[問題43] □ □ □ □

当期の利益成長率は、155.0%である。

[問題44] □ □ □ □

当期の売上高成長率は、103.0%である。

[問題45] □ □ □ □

当期の増収率は、13.0%である。

[問題46] □ □ □ □

発行済株式総数が10百万株の場合、当期の１株当たり利益は300円である。

解答

[問題41]　×　　テ333～334、338～339

売上総利益＝売上高－売上原価＝95, 000－58, 000＝37, 000

$$売上高総利益率（\%）=\frac{売上総利益}{（純）売上高}\times 100=\frac{37,000}{95,000}\times 100 \fallingdotseq \underline{38.9\%}$$

[問題42]　○　　テ333～334、338～339

当期純利益＝売上高－売上原価－販売費及び一般管理費＋営業外損益
　　＋特別損益－法人税等
　＝95, 000－58, 000－32, 000＋1, 000－2, 000－900＝3, 100

$$売上高（純）利益率（\%）=\frac{当期（純）利益}{（純）売上高}\times 100=\frac{3,100}{95,000}\times 100 \fallingdotseq \underline{3.2\%}$$

[問題43]　○　　テ333～334、350～351

前期純利益＝売上高－売上原価－販売費及び一般管理費＋営業外損益
　　＋特別損益－法人税等
　＝84, 000－56, 000－27, 000＋1, 200＋500－700＝2, 000

当期純利益は、問題42より3, 100

$$利益成長率（\%）=\frac{当期純利益}{前期純利益}\times 100=\frac{3,100}{2,000}\times 100=\underline{155.0\%}$$

[問題44]　×　　テ350～351

$$売上高成長率（\%）=\frac{当期売上高}{前期売上高}\times 100=\frac{95,000}{84,000}\times 100 \fallingdotseq \underline{113.0\%}$$

[問題45]　○　　テ350～351

$$増収率（\%）=\left(\frac{当期売上高}{前期売上高}-1\right)\times 100=\left(\frac{95,000}{84,000}-1\right)\times 100 \fallingdotseq \underline{13.0\%}$$

[問題46]　×　　テ218

当期純利益は、問題42より3, 100

$$1株当たり利益=\frac{当期純利益}{発行済株式総数}=\frac{3,100百万円}{10百万株}=\underline{310円}$$

問題

選択問題

[問題47] □□□□

次の損益計算書の（　　）にあてはまる数字として、正しいものを２つマークしなさい。

（単位：百万円）

科目	金額
（経常損益の部）	
営業損益	
売上高	20,000
売上原価	11,000
売上総利益	（　ア　）
販売費及び一般管理費	8,500
営業利益	（　イ　）
営業外損益	
営業外収益	100
営業外費用	200
経常利益	（　ウ　）
（特別損益の部）	
特別利益	200
特別損失	100
税引前当期純利益	（　エ　）
法人税等	200
当期純利益	（　オ　）

1．アは31,000
2．イは 2,500
3．ウは　 400
4．エは　 700
5．オは　 300

解答

[問題47]　3、5　テ333～334

（ア）×

売上総利益＝売上高－売上原価
＝20,000－11,000＝9,000

（イ）×

営業利益＝売上総利益－販売費及び一般管理費
＝9,000－8,500＝500

（ウ）○

経常利益＝営業利益＋営業外収益－営業外費用
＝500＋100－200＝400

（エ）×

税引前当期純利益＝経常利益＋特別利益－特別損失
＝400＋200－100＝500

（オ）○

当期純利益＝税引前当期純利益－法人税等
＝500－200＝300

問題

[問題48] □□□□

損益計算書の金額（単位：百万円）が次のとおりである会社に関する記述において、正しいものの番号を１つマークしなさい。

	前　期	当　期
売上高	10,000	15,000
売上原価	7,500	12,000
販売費及び一般管理費	2,000	2,500
営業外損益	▲20	50
特別損益	▲150	380
法人税等	200	450

イ．前期の売上高総利益率は、3.6％である。
ロ．前期の売上高(純)利益率は、4.8％である。
ハ．当期の売上高経常利益率は、3.6％である。
ニ．今期は増収、増益（経常利益ベース）である。

1．イ及びロ
2．イ及びハ
3．ロ及びハ
4．ロ及びニ
5．ハ及びニ

解答

[問題48]　5　　テ333～334、338～339、350～351

売上総利益＝売上高－売上原価
経常利益＝売上総利益－販売費及び一般管理費＋営業外損益
（税引後）純利益＝経常利益＋特別損益－法人税等

〈前期〉
前期売上総利益＝10,000－7,500＝2,500
前期経常利益＝2,500－2,000－20＝480
前期純利益＝480－150－200＝130
〈当期〉
当期売上総利益＝15,000－12,000＝3,000
当期経常利益＝3,000－2,500＋50＝550
当期純利益＝550＋380－450＝480

イ．×

$$\text{前期の売上高総利益率（\%）} = \frac{\text{売上総利益}}{\text{売上高}} \times 100 = \frac{2,500}{10,000} \times 100 = \underline{25.0\%}$$

ロ．×

$$\text{前期の売上高（純）利益率（\%）} = \frac{\text{前期純利益}}{\text{売上高}} \times 100 = \frac{130}{10,000} \times 100 = \underline{1.3\%}$$

ハ．○

$$\text{当期の売上高経常利益率（\%）} = \frac{\text{経常利益}}{\text{売上高}} \times 100 = \frac{550}{15,000} \times 100 = \underline{3.6\%}$$

ニ．○
売上高は、今期15,000＞前期10,000なので、増収である。
また、経常利益は、今期550＞前期480なので、増益（経常利益ベース）である。

問題

[問題49] □□□□

ある会社の損益計算書から抜粋した金額が次のとおりであるとき、正しいものはどれか。正しい記述に該当するものをイ～ニから選んでいる選択肢の番号を１つマークしなさい。なお、答えは、小数第２位以下を切り捨ててある。

（単位：百万円）

	前期	当期
売上高	84,000	95,000
売上原価	56,000	58,000
販売費及び一般管理費	27,000	32,000
営業外損益	1,200	1,000
特別損益	500	▲2,000
法人税等	700	900

イ．当期の売上高総利益率は、33.3%である。
ロ．当期の売上高経常利益率は、6.3%である。
ハ．当期の売上高(純)利益率は、2.3%である。
ニ．この会社は、増収であり、経常利益も増益である。

1．イ及びロ
2．イ及びハ
3．イ及びニ
4．ロ及びハ
5．ロ及びニ

解答

[問題49]　5　テ333～334、338～339、350～351

イ．×

$$売上高総利益率（\%）=\frac{（純）売上高-売上原価}{（純）売上高}\times 100$$

$$=\frac{95,000-58,000}{95,000}\times 100=\underline{38.9\%}$$

ロ．○

経常利益＝売上高－売上原価－販売費及び一般管理費＋営業外損益

＝95,000－58,000－32,000＋1,000＝6,000

$$売上高経常利益率（\%）=\frac{経常利益}{（純）売上高}\times 100=\frac{6,000}{95,000}\times 100=\underline{6.3\%}$$

ハ．×

当期（純）利益＝経常利益＋特別損益－法人税等

＝6,000－2,000－900＝3,100

$$売上高（純）利益率（\%）=\frac{当期（純）利益}{（純）売上高}\times 100=\frac{3,100}{95,000}\times 100=\underline{3.2\%}$$

ニ．○

売上高は、当期95,000＞前期84,000なので、増収である。

また、経常利益は、当期6,000＞前期2,200なので、増益（経常利益ベース）である。

なお、前期経常利益＝84,000－56,000－27,000＋1,200＝2,200である。

正しい記述はロ及びニ、したがって５が正解である。

問題

[問題50] □ □ □ □

以下の会社の配当率及び配当性向の組み合わせとして正しいものの番号を1つマークしなさい。

（注）答えは小数第2位以下を切り捨ててある。なお、発行済株式総数及び資本金の数値は、前期末と当期末において変化はないものとする。

発行済株式総数	22,000,000株
中間配当／8.5円	期末配当／8.5円

（単位：百万円）

売上高	8,000
売上原価	6,000
販売費及び一般管理費	1,300
営業外損益	400
特別損益	600
法人税等	500

純資産合計	資本金	10,000
	その他	6,000

1．配当率： 3.7%、配当性向：22.6%
2．配当率： 3.7%、配当性向：31.1%
3．配当率：22.6%、配当性向： 3.7%
4．配当率：31.1%、配当性向： 3.7%
5．配当率：31.1%、配当性向：22.6%

解答

[問題50]　2　　テ333～334、352～353

配当金年額＝(中間配当＋期末配当)×発行済株式総数
＝(8.5円＋8.5円)×22,000,000株
＝374百万円

当期純利益＝売上高－売上原価－販売費及び一般管理費＋営業外損益＋特別損益－法人税等
＝8,000－6,000－1,300＋400＋600－500
＝1,200百万円

$$配当率(\%)=\frac{配当金年額}{資本金}\times 100$$

$$=\frac{374百万円}{10,000百万円}\times 100 \fallingdotseq \underline{3.7\%}$$

$$配当性向(\%)=\frac{配当金年額}{当期純利益}\times 100$$

$$=\frac{374百万円}{1,200百万円}\times 100 = 31.16 \fallingdotseq \underline{31.1\%}$$

14 証券税制

○×問題 以下について、正しければ○を、正しくなければ×をつけなさい。

【問題1】 □ □ □ □

非居住者とは、日本国籍を有しておらず、かつ、過去10年以内において国内に住所又は居所を有していた期間の合計が5年以下である個人をいう。

【問題2】 □ □ □ □

利子所得には、公社債、預貯金の利子、公社債投資信託の分配金、株式投資信託の分配金が含まれる。

【問題3】 □ □ □ □

特定公社債等の償還差益は、雑所得として総合課税の対象となる。

【問題4】 □ □ □ □

公募株式投資信託の収益分配金は、利子所得である。

【問題5】 □ □ □ □

株式等の売買による所得は、すべて譲渡所得となり、事業所得や雑所得に分類されることはない。

【問題6】 □ □ □ □

「居住者に対する国内課税」に関して、所得税の確定申告における所得金額計算上の収入金額とは、源泉徴収された所得税や復興特別所得税がある場合には、当該所得税が差し引かれた後の金額のことをいう。

【問題7】 □ □ □ □

特定公社債等の利子による所得は、確定申告不要制度を選択できない。

【問題8】 □ □ □ □

「居住者に対する国内課税」に関して、上場株式等の配当については、大口株主等を除き、確定申告不要とすることができる。

解答

[問題1] ○ 　テ356

非居住者とは、国内に住所を有せず、かつ、現在まで引き続いて1年以上居所を有しない個人をいう。問題文は、非永住者の記述である。

[問題2] × 　テ357、359～361

公社債、預貯金の利子、公社債投資信託の分配金は、利子所得とされるが、株式投資信託の分配金は配当所得となる。

[問題3] × 　テ357、359

特定公社債等の償還差益は、譲渡所得として税率20.315%（所得税15%、復興特別所得税0.315%および住民税5%）の申告分離課税の対象となる。

[問題4] × 　テ357、361

公募株式投資信託の収益分配金は、配当所得である。なお、公募公社債投資信託の収益分配金は、利子所得である。

[問題5] × 　テ357

株式等の売買による所得は、一般的には譲渡所得に分類されるが、事業的規模で行う場合や継続的に行う場合は、事業所得や雑所得に分類されることがある。

[問題6] × 　テ357

当該所得税が差し引かれる前の金額（いわゆる「税引前の金額」）のことをいう。

[問題7] × 　テ358～359

特定公社債等の利子による所得は、確定申告不要制度を選択できる。

[問題8] ○ 　テ358、361

なお、大口株主等とは、発行済株式総数の3%以上を保有する個人株主のことをいう。

問題

【問題9】 □□□□

特定口座において「源泉徴収選択口座」を選択した場合、当該口座における年間の損益を通算し、必ず確定申告をしなければならない。

【問題10】 □□□□

特定公社債等の譲渡損は、ないものとみなされ、上場株式等の譲渡益との損益通算はできない。

【問題11】 □□□□

特定口座の源泉徴収選択口座内では、上場株式等の譲渡所得のみを取扱っている。

【問題12】 □□□□

財形住宅貯蓄の非課税限度額は、財形年金貯蓄とは別に最高550万円までの利子等について非課税とされている。

【問題13】 □□□□

オープン型証券投資信託の普通分配金は、非課税所得とはならない。

【問題14】 □□□□

配当所得の金額の計算において、配当所得（源泉徴収前）から株式を借入金で購入した場合の利子（負債利子という）を控除することができる。

【問題15】 □□□□

所得税法上、配当所得は、一律源泉分離課税の対象となるため、源泉徴収が行われ、課税関係が終了する。

【問題16】 □□□□

居住者（大口株主等を除く）が上場株式等の配当等の支払いを受ける際は、上場株式等の配当金の20.315％が源泉徴収される。

【問題17】 □□□□

株式等の配当に関し配当控除の適用を受けるためには、確定申告はしなくてもよい。

解答

[問題9]　×　　テ358、369

確定申告不要制度の対象とされる。

[問題10]　×　　テ359、365

特定公社債等の譲渡損は、譲渡所得の損失として上場株式等の損益通算の対象となる。

[問題11]　×　　テ359、367～369

上場株式等の配当についても、特定口座の源泉徴収選択口座への預入れをすることができる。国債などの公募公社債や公募公社債投資信託など特定公社債等の利子所得及び譲渡所得についても特定口座に預け入れることができる。

[問題12]　×　　テ359

財形住宅貯蓄の利子所得の非課税制度の非課税最高限度額は、財形年金貯蓄額と合わせて550万円である。

[問題13]　○　　テ290、359、361

なお、オープン型証券投資信託（追加型株式投資信託）の普通分配金は、配当所得として課税の対象である。一方、元本払戻金（特別分配金）は、非課税所得となる。

[問題14]　○　　テ361

[問題15]　×　　テ361

配当所得は、原則として総合課税の対象となるため、源泉徴収された税額は、確定申告により精算される。

[問題16]　○　　テ361

なお、上場株式等の配当金の源泉徴収税率は、20.315%であるが、内訳は、所得税15%、復興特別所得税0.315%及び住民税５%となる。

[問題17]　×　　テ362

配当控除は、総合課税を選択し確定申告をした場合に適用を受けることができる。

問題

[問題18] □□□□

上場株式の配当金について申告分離課税を選択すると、配当控除の適用を受けることができる。

[問題19] □□□□

外国法人からの配当金、J－REITの分配金は、配当控除の適用を受けることができない。

[問題20] □□□□

配当控除は、所得金額等にかかわらず、所得税においては一律10%となる。

[問題21] □□□□

居住者が国内法人から支払いを受ける配当所得の金額が50万円（源泉所得税控除前）で、課税総所得金額等が1,020万円である場合の所得税の配当控除の額は50,000円である。なお、負債利子はないものとする。

[問題22] □□□□

上場株式等の配当所得を申告分離課税を選択して申告した場合、上場株式等の譲渡損失と損益通算できる。

[問題23] □□□□

上場株式の３%以上保有する個人株主（いわゆる大口株主等）は、申告分離課税を選択できない。

[問題24] □□□□

上場株式の発行済株式総数の３%以上を保有する個人株主が受け取る配当金については、上場株式等の譲渡損失と損益通算できない。

[問題25] □□□□

証券会社等を通じて譲渡した上場株式等の譲渡益は、保有期間に関係なく、20.315%（所得税15%、復興特別所得税0.315%及び住民税５%）の税率が適用される。

解答

［問題18］　×　テ362

上場株式の配当金について申告分離課税を選択すると、配当控除の適用を受けることができない。総合課税を選択すると配当控除の適用を受けることができる。

［問題19］　○　テ362

配当控除は、所得税と法人税の二重課税を調整するためにあるので、法人税を納付していない外国法人からの配当やJ－ＲＥＩＴの分配は、配当控除の対象とならない。

［問題20］　×　テ362

株式の配当所得に適用される所得税の配当控除額は、課税総所得金額等が1,000万円以下の場合、配当所得の金額（源泉所得税控除前）の10％相当額、課税総所得金額等が1,000万円超の場合、1,000万円超の部分は配当所得の金額（源泉所得税控除前）の５％相当額である。いずれも控除対象税額を限度とする。

［問題21］　×　テ362

1,000万円以下の部分の配当所得……30万円×10％＝30,000円
1,000万円超の部分の配当所得………20万円×５％＝10,000円
合計　30,000円＋10,000円＝40,000円

［問題22］　○　テ362、365

なお、大口株主等が受け取る上場株式等の配当金については申告分離課税を選択できないため、上場株式等の譲渡損失との損益通算はできない。

［問題23］　○　テ362

なお、大口株主等は、確定申告不要も選択できず、原則どおり総合課税により確定申告しなければならない。

［問題24］　○　テ362、365

なお、損益通算ができない理由は、大口株主等が受け取る上場株式の配当について、申告分離課税を選択できないためである。

［問題25］　○　テ363

問題

[問題26] □□□□

上場株式等の譲渡損益と非上場株式の譲渡損益は、損益通算できる。

[問題27] □□□□

２回以上にわたり同一銘柄を取得した場合の取得費（取得価額）の計算方法は、総平均法に準ずる方法である。

[問題28] □□□□

株式等の取得費が不明の場合は、譲渡収入金額の10%に相当する金額を取得費とすることができるが、これを概算取得費という。

[問題29] □□□□

信用取引で12月に買建てし、翌年２月に反対売買により決済した場合の所得は、その信用取引の決済日の属する年の所得として課税される。

[問題30] □□□□

総合課税を選択した上場株式等の配当所得と上場株式等の譲渡損失は、損益通算ができる。

[問題31] □□□□

上場株式等の譲渡損失と上場株式等の配当所得を損益通算する場合は、必ず確定申告をしなければならない。

[問題32] □□□□

上場株式等を譲渡したことにより生じた譲渡損失（損益通算の結果、その年の株式等の譲渡所得等の金額の計算上控除しきれなかった損失の金額をいう）は、一定の要件の下で、その年の翌年以後５年以内の株式等の譲渡所得等の金額から繰越控除できる。

[問題33] □□□□

「特定口座内保管上場株式等の上場株式等の源泉徴収の特例」に関して、特定口座は、１人につき１口座とされており、複数の金融商品取引業者に口座を設定することはできない。

解答

[問題26]　×　テ363

上場株式等の譲渡損失は、上場株式等の譲渡損益及び特定公社債等の譲渡損益の中で損益通算できるが、非上場株式などの一般株式等の譲渡所得とは損益通算できない。

[問題27]　○　テ364

[問題28]　×　テ365

概算取得費は、譲渡収入金額の５％に相当する金額である。

[問題29]　○　テ365

[問題30]　×　テ362、365

上場株式等の譲渡損失と損益通算ができるのは、申告分離課税を選択した上場株式等の配当所得である。

[問題31]　×　テ365、367、369

特定口座の源泉徴収選択口座では、確定申告不要を選択することにより、上場株式等の譲渡損失と上場株式等の配当等との損益通算に関する手続きを完了できる。

[問題32]　×　テ366

繰越控除は、３年間である。

[問題33]　×　テ368

個人１人につき「１業者・１口座」とされており、同一の証券会社等には１口座しか設定できないが、金融商品取引業者等が異なれば複数設定できる。

問題

【問題34】 □□□□

特定口座に組み入れられる上場株式等の範囲に、上場新株予約権付社債は含まれる。

【問題35】 □□□□

金融商品取引業者は、特定口座開設者ごとに「特定口座年間取引報告書」を2通作成し、1通を特定口座開設者に交付し、他の1通を自社で保管しなければならない。

【問題36】 □□□□

「特定口座内保管上場株式等の特例」において、その年に源泉徴収選択口座に選択された特定口座については、年の中途で選択の変更をすることはできない。

【問題37】 □□□□

特定口座の源泉徴収選択口座では、上場株式等の譲渡損失と上場株式等の配当等とを損益通算することができる。

【問題38】 □□□□

上場株式の配当金受取方式には3つの方法があるが、NISA（少額投資非課税制度）の非課税口座内の株式配当金は、どの方法を選択しても非課税で受け取ることができる。

【問題39】 □□□□

NISAの年間投資枠は、つみたて投資枠120万円、成長投資枠240万円であり、非課税保有限度額は1,800万円（うち成長投資枠1,200万円）である。

【問題40】 □□□□

NISA（少額投資非課税制度）の非課税口座内の株式等は、いつでも譲渡でき、同一年において非課税枠の再利用ができる。

【問題41】 □□□□

NISA（少額投資非課税制度）を利用した場合、当該非課税口座内で上場株式を譲渡したことによる譲渡損失は、「上場株式等に係る損益通算及び繰越控除」の適用を受けることができる。

解答

[問題34]　○　テ368

[問題35]　×　テ369

２通の「特定口座年間取引報告書」のうち、１通は特定口座開設者に交付し、他の１通は税務署に提出しなければならない。

[問題36]　○　テ367、369

[問題37]　○　テ367、369

なお、上場株式等の配当等を源泉徴収選択口座内に受け入れるためには、配当金の受取方法を株式数比例配分方式にしなければならない。

[問題38]　×　テ366、370

NISA口座では、上場株式の配当金の受取方法について、「株式数比例配分方式」を選択しなければ非課税とならない。

[問題39]　○　テ370、372

なお、つみたて投資枠と成長投資枠は、年間投資枠を限度として同時に利用できる。

[問題40]　×　テ35、370、372

NISA（少額投資非課税制度）の非課税口座内の株式等は、いつでも譲渡できるが、同一年においては非課税枠の再利用はできない。ただし、売却によって非課税保有額が減少するので、減少分は翌年以降に年間投資枠の範囲内で再利用することが可能である。

[問題41]　×　テ35、371

NISA（少額投資非課税制度）の非課税口座内に生じた損失については、なかったものとされるため、他の口座と損益通算や損失の繰越控除をすることはできない。

問題

[問題42] □□□□

成長投資枠の投資対象商品は、上場株式、公募株式投資信託（ETF及びJ－REITを含む）、公社債投資信託及び公社債に限られる。

[問題43] □□□□

つみたて投資枠の非課税対象商品に、上場株式は含まれない。

[問題44] □□□□

ストック・オプションにおいて、新株予約権を行使して株式を取得した場合の経済利益については、例外なく一時所得又は給与所得として所得税が課される。

[問題45] □□□□

先物取引の差金決済に対する税金については、他の所得と区分して税率20.315％（所得税15％、復興特別所得税0.315％及び住民税５％）の申告分離課税とされる。

[問題46] □□□□

市場デリバティブ取引と店頭デリバティブ取引の決済差金は、他の所得と区分して申告分離課税の雑所得となるが、損益通算できない。

[問題47] □□□□

国外転出時課税制度は、株式等の対象資産の譲渡益のみが対象となる。

選択問題

[問題48] □□□□

居住者が国内法人から支払いを受ける配当所得の金額が50万円（源泉所得税控除前）で、課税総所得金額等が1,030万円である場合の所得税の配当控除の額として正しいものの番号を１つマークしなさい。

（注）負債利子はないものとする。

１．10,000円　２．35,000円　３．50,000円
４．75,000円　５．100,000円

解答

【問題42】 ×　テ372

成長投資枠の投資対象商品は、上場株式、公募株式投資信託（ETF及びJ－REITを含む）に限られ、公社債投資信託及び公社債は対象外である。

【問題43】 ○　テ372

つみたて投資枠の非課税対象商品に、上場株式は含まれない。対象となるのは、長期の積立・分散投資に適した公募・上場株式投資信託である。

【問題44】 ×　テ374

ストック・オプション制度に係る課税の特例に関して、新株予約権を行使して株式を取得した場合の経済利益、いわゆる株価とストック・オプションによる権利行使価額との差額については、一定の要件の下で、所得税を課さないとされている。

【問題45】 ○　テ374

【問題46】 ×　テ374

市場デリバティブ取引と店頭デリバティブ取引の決済差金は、他の所得と区分して申告分離課税の雑所得となるが、当該取引間で損益通算できる。

【問題47】 ×　テ374

国外転出時課税制度の対象は、株式等の対象資産の含み益に対してである。

【問題48】 2　テ362

1,000万円超の部分の配当所得………30万円×５％＝15,000円

1,000万円以下の部分の配当所得……20万円×10％＝20,000円

合計　20,000円＋15,000円＝35,000円

問題

[問題49] □□□□

ある個人（居住者）が、上場銘柄A社株式を金融商品取引業者に委託して、現金取引により、下表のとおり、○○年1月から同年3月までの間に10,000株を新たに買付け、同年4月にすべて売却した。この売却による譲渡所得として、正しいものの番号を1つマークしなさい。

（注）○○年中には、他の有価証券の売買はなかったものとする。また、売買に伴う手数料その他の諸費用等については考慮しない。なお、取得価額の計算において、1株当たりの金額に1円未満の端数が出た場合には、その端数を切り上げるものとする。

年月	売買の別	単価	株数
○○年1月	買い	380円	2,400株
○○年2月	買い	350円	4,800株
○○年3月	買い	330円	2,800株
○○年4月	売り	430円	10,000株

1．　720,000円
2．　780,000円
3．　840,000円
4．　900,000円
5．1,200,000円

[問題50] □□□□

上場株式Aの相続税評価額について、正しいものの番号を1つマークしなさい。なお、相続発生時（課税時期）は、○○年10月30日（休日等ではない）とする。

1．10月30日の終値　1,600円
2．10月中の終値平均株価　1,630円
3．9月中の終値平均株価　1,650円
4．8月中の終値平均株価　1,670円
5．7月中の終値平均株価　1,580円

解答

[問題49]　2　テ364

1株当たりの取得価額

$$=\frac{380円\times2,400株+350円\times4,800株+330円\times2,800株}{2,400株+4,800株+2,800株}=351.6円$$

端数切り上げにより352円となる。

(430円－352円)×10,000株＝780,000円

[問題50]　1　テ375

相続した上場株式は、「相続があった日（課税時期）の最終価額」、「課税時期の属する月の毎日の終値の平均額」、「課税時期の属する月の前月の毎日の終値の平均額」、「課税時期の属する月の前々月の毎日の終値の平均額」のうち、最も低い価額によって評価される。

したがって、10月30日の終値（課税時期の終値）1,600円となる。

なお、7月中の終値平均株価は評価対象外のため、該当しない。

15 デリバティブ取引

○×問題 以下について、正しければ○を、正しくなければ×をつけなさい。

【問題1】 □□□□

先物取引とは、ある商品（原資産）を将来のある期日（満期日）までに、その時の市場価格に関係なく、あらかじめ決められた特定の価格（権利行使価格）で買う権利、又は売る権利を売買する取引のことをいう。

【問題2】 □□□□

先物取引では、期限日以外の売買はできない。

【問題3】 □□□□

先物価格が、現物価格より高い状態を「先物がディスカウント」という。

【問題4】 □□□□

有価証券を対象とした先物取引において、価格変動リスクを回避しようとする取引を裁定取引という。

【問題5】 □□□□

現物の価格変動リスクを避けたいと思う人は、その商品の先物を売ることにより、リスクを回避することはできるが、その商品の先物を買うことにより、リスクを回避することはできない。

【問題6】 □□□□

有価証券を対象とした先物取引において、先物と現物又は先物と先物との間の価格乖離をとらえて収益を狙う取引をヘッジ取引という。

【問題7】 □□□□

スプレッド取引には、カレンダー・スプレッド取引とインターマーケット・スプレッド取引がある。

【問題8】 □□□□

カレンダー・スプレッド取引とは、同一商品の先物の２つの異なる限月間の取引の価格差が一定水準近辺で動くことを利用した取引である。

解答

[問題1] × ㆐378、386

先物取引とは、特定の商品（原資産）を将来のあらかじめ定められた期日（期限日）に現時点で定めた価格（約定価格）で売買することを契約する取引である。問題文は、オプション取引の記述である。

[問題2] × ㆐378

期限日まで待たずに反対売買を行うことで、先物の建玉（ポジション）を相殺して契約を解消できる。

[問題3] × ㆐379

先物価格が、現物価格より高い状態を「先物がプレミアム」という。「先物がディスカウント」とは、先物価格が、現物価格より低い状態をいう。

[問題4] × ㆐381～382

有価証券を対象とした先物取引において、価格変動リスクを回避しようとする取引をヘッジ取引という。

[問題5] × ㆐382

将来取得する予定の資産について相場の上昇が予想される場合に、あらかじめ先物を買い建てておき、相場上昇時に転売して利益を得ることにより、現物の値上りリスクを回避することができる。

[問題6] × ㆐381～382

有価証券を対象とした先物取引において、先物と現物又は先物と先物との間の価格乖離をとらえて収益を狙う取引を裁定取引（アービトラージ取引）という。

[問題7] ○ ㆐382～383

[問題8] ○ ㆐383

なお、カレンダー・スプレッド取引は、限月間スプレッド取引ともいう。

問題

［問題9］ □ □ □ □

インターマーケット・スプレッド取引とは、TOPIX先物と日経225先物のように異なる商品間の先物価格差を利用した取引である。

［問題10］ □ □ □ □

指数先物取引のカレンダー・スプレッド取引において、スプレッドの買いとは、期近限月の買いと期先限月の売りをいう。

［問題11］ □ □ □ □

先物取引において、スペキュレーション取引とは、リスクを覚悟のうえで単純に先物価格の値上がり、値下がりを予想して利益を得ようとする取引である。

［問題12］ □ □ □ □

景気動向、金融・財政政策、国際収支、物価動向等の要素を分析して、相場の行方を判断するのがテクニカル分析である。

［問題13］ □ □ □ □

先物取引は、商品の種類、取引単位、満期、決済方法等の条件を、すべて売買の当事者間で任意に定めることができる相対取引である。

［問題14］ □ □ □ □

有価証券関連デリバティブ取引のうち、先渡取引の決済方法は、差金決済のみである。

［問題15］ □ □ □ □

オプション取引とは、特定の商品（原資産）を将来のあらかじめ定められた期日（期限日）に現時点で定めた価格（約定価格）で売買することを契約する取引である。

［問題16］ □ □ □ □

オプション取引において、「買う権利」のことをコール・オプションという。

［問題17］ □ □ □ □

オプション取引において、コール・オプション、プット・オプションの権利に付けられる価格のことをプレミアムという。

解答

［問題9］ ○ 　テ383

［問題10］ × 　テ383

指数先物取引のカレンダー・スプレッド取引において、スプレッドの買いとは、期近限月の売りと期先限月の買いをいう。債券先物取引とは逆になるので注意。

［問題11］ ○ 　テ384

先物取引は、少額の証拠金を預けるだけで多額の取引ができるという、現物取引にはない特色がある。これをレバレッジ効果という。

［問題12］ × 　テ384

テクニカル分析とは、価格や出来高等の過去の相場データを様々な方法で分析し、それによって将来の相場を予測することである。問題文は、ファンダメンタル分析の記述である。

［問題13］ × 　テ385、420、426

先物取引は、商品の種類、取引単位、満期、決済方法等の条件がすべて標準化された取引所取引である。問題文は、先渡取引の記述である。

［問題14］ × 　テ385

先渡取引の決済方法は、期限日の現物受渡しが原則である。

［問題15］ × 　テ378、386

オプション取引とは、ある商品（原資産）を将来のある期日（満期日）までに、その時の市場価格に関係なく、あらかじめ決められた特定の価格（権利行使価格）で買う権利、又は売る権利を売買する取引のことをいう。問題文は、先物取引の記述である。

［問題16］ ○ 　テ386

なお、オプション取引で「売る権利」のことをプット・オプションという。

［問題17］ ○ 　テ386

問題

[問題18] □ □ □ □

オプションの買方は、プレミアムを受取り、権利行使に応じる義務がある。

[問題19] □ □ □ □

オプション取引において、満期日にのみ権利行使できるものをヨーロピアン・タイプという。

[問題20] □ □ □ □

オプション取引の原資産価格と権利行使価格との関係において、「イン・ザ・マネー」とは、原資産価格と権利行使価格が等しい状態をいう。

[問題21] □ □ □ □

オプション取引の原資産価格と権利行使価格との関係において、「アウト・オブ・ザ・マネー」とは、権利行使しても何も手に入らない状態をいう。

[問題22] □ □ □ □

権利行使日におけるオプション取引の決済は、権利行使価格を受け取り、原資産を受け渡す現物決済の方法によるもののみである。

[問題23] □ □ □ □

オプション取引を行った場合、オプションの買方の利益は、最大でもプレミアムに限定される。

[問題24] □ □ □ □

オプションの売方は、当初プレミアムを手に入れる代わりに、将来、権利行使があった場合に応じる義務があり、ペイオフの支払い義務を、プレミアムを対価として引き受けていることになる。

[問題25] □ □ □ □

オプション取引を行うことで、少ない資金で大きなリターンを目指すことができる。このことをプレミアム効果という。

解答

[問題18]　×　テ386

オプションの買方は、プレミアムを売方に支払い権利を取得するが、権利行使する義務はない。問題文は、オプションの売方の記述である。

[問題19]　○　テ387

なお、満期日以前にいつでも権利行使できるものをアメリカン・タイプという。

[問題20]　×　テ387

「イン・ザ・マネー」とは、権利行使したとき、手に入る金額がプラスである状態をいう。問題文は、「アット・ザ・マネー」の記述である

[問題21]　○　テ387

[問題22]　×　テ388

権利行使日におけるオプション取引の決済には、権利行使価格を受け取り、原資産を受け渡す現物決済と、指数等受け渡す原資産がない場合に、差額分の資金のみを授受する差金決済がある。

[問題23]　×　テ388

コール、プットを問わず、オプションの買方の利益は無限定で、損失は最大でもプレミアム分に限定される。一方、オプションの売方は、利益が限定、損失は無限定となる。

[問題24]　○　テ388

[問題25]　×　テ388

少ない資金で大きなリターンを目指すことができることを、レバレッジ効果という。

問題

[問題26] □□□□

オプション取引においては、先物取引によるヘッジ効果と同様、リスク・ヘッジとリターン追求を同時に行うことができない。

[問題27] □□□□

オプションのプレミアムは、イントリンシック・バリューとタイム・バリューの２つの部分で成り立つ。

[問題28] □□□□

タイム・バリューとは、本質的価値ともいい、原資産価格と権利行使価格の差額分の価値のことである。

[問題29] □□□□

アット・ザ・マネーやアウト・オブ・ザ・マネーの状態では、イントリンシック・バリュー（本質的価値）はゼロである。

[問題30] □□□□

原資産価格が上昇すれば、コール・オプションの場合は、権利行使価格を超える可能性が高くなるためプレミアムは上昇する。反対にプット・オプションの場合は、権利行使価格を下回る可能性が小さくなるのでプレミアムは下落する。

[問題31] □□□□

コール・オプションでは権利行使価格が高いものほどプレミアムは低くなり、プット・オプションでは権利行使価格が高いものほどプレミアムは高くなる。

[問題32] □□□□

コール・オプション及びプット・オプション双方とも、残存期間が短くなるほどプレミアムは高くなる。

[問題33] □□□□

ボラティリティが上昇すれば、コール・オプションのプレミアムは上昇し、プット・オプションのプレミアムは下落する。

解答

[問題26]　×　テ388

オプション取引と先物取引によるヘッジ効果の大きな違いは、オプション取引は、オプションを使うことでリスク・ヘッジとリターン追求が同時に行えるという点があげられる。

[問題27]　○　テ389

なお、イントリンシック・バリューとは本質的価値、タイム・バリューとは時間価値のことで、「オプション・プレミアム＝本質的価値＋時間価値」が成り立つ。

[問題28]　×　テ389

タイム・バリューとは、時間価値ともいい、プレミアム全体とイントリンシック・バリューとの差をいう。問題文は、イントリンシック・バリューの記述である。

[問題29]　○　テ389

[問題30]　○　テ390

[問題31]　○　テ390

なお、権利行使価格が低いほど、コール・オプションではプレミアムは高くなり、プット・オプションではプレミアムは低くなる。

[問題32]　×　テ390

コール、プットを問わず、残存期間が短くなるほどプレミアムは低くなる。なお、残存期間が長いことは権利行使機会の拡大を意味し、プレミアムは高くなる。

[問題33]　×　テ391

コール・オプション及びプット・オプション双方とも、ボラティリティが上昇すればプレミアムは上昇する。

問題

[問題34] □□□□

短期金利が上昇すれば（先物オプション取引の場合を除く）、コール・オプションのプレミアムは下落し、プット・オプションのプレミアムは上昇する。

[問題35] □□□□

オプションのデルタとは、原資産価格の微小変化に対するプレミアムの変化の比のことを指し、プレミアムの変化幅を原資産価格の変化幅で除して求められる。

[問題36] □□□□

コールのデルタは「0～1」、プットのデルタは「－1～0」の範囲で動く。

[問題37] □□□□

オプションのガンマとは、ボラティリティの微小変化に対するプレミアムの変化の比を表すものである。

[問題38] □□□□

オプションのセータとは、残存期間の微小変化に対するプレミアムの変化の比のことである。

[問題39] □□□□

オプションのローとは、短期金利の微小変化に対するプレミアムの変化の比のことである。

[問題40] □□□□

オプションのオメガとは、原資産価格の変化率に対するボラティリティの変化率の比のことである。

[問題41] □□□□

オプションの取引において、コールの買いは、市場価格が上昇すると予想する戦略で、市場価格が上昇すれば上昇するほど、大きな利益が発生し、逆に市場価格が下落しても、損失は当初のプレミアム分に限定される。

解答

［問題34］ ×　　テ391

短期金利が上昇すれば、コール・オプションのプレミアムは高くなり、プット・オプションのプレミアムは低くなる。なお、先物オプションの場合は先物に資金調達コストがかからないため、短期金利が上昇するとコール・オプションのプレミアムは低くなる。

［問題35］ ○　　テ391

［問題36］ ○　　テ391、393

［問題37］ ×　　テ392

オプションのガンマとは、原資産価格の微小変化に対するデルタの変化の比を表す。問題文はベガの記述である。

［問題38］ ○　　テ392

［問題39］ ○　　テ392

［問題40］ ×　　テ392

オプションのオメガとは、原資産価格の変化率に対するプレミアムの変化率の比のことである。なお、「変化」ではなく、「変化率」であることに注意。

［問題41］ ○　　テ394、404

問題

[問題42] □□□□

オプション取引において、プットの売りは、市場価格が下落すると予想する戦略で、見込みが外れて市場価格が上昇すれば上昇するほど、大きな損失が発生する。

[問題43] □□□□

ストラドルの買いは、同じ権利行使価格のコールとプットを組み合わせて同じ量だけ買うポジションで、市場価格がどちらに動くかわからないが、大きく変動すると予想するときにとる戦略である。

[問題44] □□□□

オプション取引の投資戦略のうちストラドルの売りの場合、損益分岐点が2つある。

[問題45] □□□□

オプションの取引において、ストラングルの買いは、市場価格が大きく変動すると予想する戦略で、異なった権利行使価格のコールとプットを組み合わせて同じ量だけ買うポジションである。

[問題46] □□□□

バーティカル・ブル・コール・スプレッドは、利益も損失も限定されるポジションである。

[問題47] □□□□

バーティカル・ブル・コール・スプレッドは、損益分岐点が2つある。

[問題48] □□□□

バーティカル・ベア・コール・スプレッドは、権利行使価格の高いコールを売り、低いコールを同量買う戦略である。

[問題49] □□□□

オプション取引において、合成先物の買いとは、先行き強気の予想をする戦略で、同じ権利行使価格、同じ限月で、同量のコールの買いとプットの売りを合わせて合成先物を作り、あたかも先物の買いポジションを持ったかのようになる。

解答

[問題42]　×　　テ395、404

オプション取引において、プットの売りは、市場価格が緩やかに上昇すると予想する戦略で、見込みが外れて市場価格が下落すれば下落するほど、大きな損失が発生する。

[問題43]　○　　テ396、404

[問題44]　○　　テ396、404

[問題45]　○　　テ397、404

[問題46]　○　　テ398、404

なお、バーティカル・ブル・コール・スプレッドは、権利行使価格の高いコールを売り、権利行使価格の低いコールを同量買う戦略である。

[問題47]　×　　テ398、404

バーティカル・ブル・コール・スプレッドは、損益分岐点が１つである。

[問題48]　×　　テ400

バーティカル・ベア・コール・スプレッドは、権利行使価格の高いコールを買い、低いコールを同量売る戦略である。

[問題49]　○　　テ402

同じ限月物で組み合わせればよいので、先物取引にない限月物の先物と同様のものをオプションを用いて作ることが可能となる。

問題

[問題50] □□□□

カバード・コールは、「原資産買い持ち＋コールの買い」で作るポジションで、原資産が値下がりしても、プレミアム分を得て利回りアップを望む投資者に用いられる。

[問題51] □□□□

プロテクティブ・プットは、「原資産買い持ち＋プットの買い」で作るポジションで、目先市場は調整局面になりそうだという予想に基づき、コストを支払ってもよいからダウンサイド・リスクをヘッジしたい投資者に用いられる。

[問題52] □□□□

スワップ取引とは、契約の当事者である二者間で、スタート日付から満期までの一定間隔の支払日にキャッシュ・フローを交換する取引のことである。

[問題53] □□□□

デリバティブ取引において、その取引の相手方の信用リスクをオペレーショナル・リスクという。

[問題54] □□□□

限月とは、ある先物・オプション取引の期限が満了となる月のことである。

[問題55] □□□□

サーキット・ブレーカー制度とは、先物価格が取引所の定める変動幅（値幅制限）に達した場合実施される、取引の一時中断措置のことである。

[問題56] □□□□

ギブアップ制度とは、注文の執行業務とポジション・証拠金の管理といった清算業務を異なった取引参加者に依頼することができる制度をいう。

[問題57] □□□□

マーケットメイカー制度とは、取引所が指定するマーケットメイカーが、特定の銘柄に対して一定の条件で継続的に売呼値及び買呼値を提示することにより、投資者がいつでも取引できる環境を整える制度である。

解答

[問題50]　×　テ403

カバード・コールは、「原資産買い持ち＋コールの売り」で作るポジションである。

[問題51]　○　テ403

[問題52]　○　テ405

なお、支払日をペイメント日ともいう。

[問題53]　×　テ407～408

取引の相手方の信用リスクをカウンターパーティ・リスクという。なお、オペレーショナル・リスクは、犯罪、システム・トラブル、トレーディング・ミスなどのリスクをいう。

[問題54]　○　テ415

[問題55]　○　テ415

[問題56]　○　テ415

[問題57]　○　テ416

大阪取引所（OSE）では、一部の商品を除き、マーケットメイカー制度が導入されている。

問題

[問題58] □ □ □ □

先物取引においては、決済履行を保証し取引の安全性を確保するため、証拠金制度が採用されている。

[問題59] □ □ □ □

顧客が先物取引を行った場合には、当該顧客は直接取引所に証拠金を差し入れなければならない。

[問題60] □ □ □ □

証拠金所要額とは、ポートフォリオ全体の建玉について必要とされる証拠金額である。

[問題61] □ □ □ □

先物取引の建玉の計算上の評価損（評価不足）により生じた証拠金の不足については、全額現金で差し入れなければならない。

[問題62] □ □ □ □

市場デリバティブ取引における緊急取引証拠金は、必ず現金で差し入れなければならない。

[問題63] □ □ □ □

国債先物取引における標準物とは、利率と償還期限を常に一定とする架空の債券である。

[問題64] □ □ □ □

国債先物取引における決済の方法は、現渡し・現引きによる受渡決済のみである。

[問題65] □ □ □ □

国債先物取引の受渡決済において、買方が銘柄の選択権を持つ。

[問題66] □ □ □ □

国債先物取引において、実際に現渡し・現引きを行う場合の、標準物と受渡適格銘柄の価値を同一にするための調整を行う比率を、コンバージョン・ファクター（交換比率）という。

解答

[問題58]　○　テ416

なお、先物取引やオプション取引などの市場デリバティブ取引において証拠金制度が採用されている。

[問題59]　×　テ417

顧客が先物取引を行った場合には、翌営業日までの金融商品取引業者が指定する日時までに清算参加者である金融商品取引業者に証拠金を差し入れる。差し入れられた証拠金は、清算参加者によって清算機関である日本証券クリアリング機構に差し入れられる。

[問題60]　○　テ417

[問題61]　○　テ417～418

なお、先物取引の建玉の評価損による証拠金不足を、「現金不足額」という。

[問題62]　×　テ418

市場デリバティブ取引における緊急取引証拠金及び日中取引証拠金は、有価証券による代用が可能である。

[問題63]　○　テ419～420

例えば、長期国債先物は、利率年６％、償還期限10年、中期国債先物は、利率年３％、償還期限５年である。

[問題64]　×　テ419

国債先物取引の決済方法は、差金決済と受渡決済の２つの方法がある。

[問題65]　×　テ420

売方が銘柄の選択権を持つ。買方は銘柄を指定できない。

[問題66]　○　テ420

問題

[問題67] □□□□

長期国債先物の標準物は、償還期限10年、利率年６％、取引単位が１億円の架空の国債である。

[問題68] □□□□

国債先物取引の限月は３月、６月、９月、12月になっており、４限月取引を行っている。

[問題69] □□□□

国債先物取引における呼値の刻みは、額面100円当たり１銭とされている。

[問題70] □□□□

国債先物取引における注文方法は、指値注文だけで、成行注文はできない。

[問題71] □□□□

10年長期国債（現物）を額面10億円保有している顧客が、今後の金利上昇を懸念して、同額面の長期国債先物を売り建てることにした。現在の先物価格は141.20円である。その後、先物価格が138.50円になったところで買い戻した場合の利益は270万円である（手数料、税金等は考慮しない)。

[問題72] □□□□

指数先物取引の決済方法において、反対売買とは、期限日までに買建ての場合は転売、売建ての場合は買戻しによる反対の売買を行うことにより先物契約を解消することである。

[問題73] □□□□

指数先物取引の決済方法である最終決済は、新規取引を行った後、期限日までに反対売買を行わなかった場合に、約定価格と特別清算数値（SQ値）との差金で決済を行う。

[問題74] □□□□

TOPIX先物を1,600ポイントで20単位売り建て、その後1,520ポイントですべて買戻した場合における、利益は16,302,400円となる。なお、売建て時及び買い戻し時にそれぞれ140,000円の委託手数料がかかるものとする。

（注） 委託手数料には別途消費税（10%）が加算される。譲渡損益に係る税金は考慮しない。

解答

[問題67]　○　テ420

なお、中期国債先物の標準物は、償還期限５年、利率年３％、取引単位が１億円の架空の国債である。

[問題68]　×　テ420

国債先物取引の限月は３月、６月、９月、12月になっており、3限月取引を行っている。

[問題69]　○　テ414、420

[問題70]　×　テ420

注文方法は、指値注文、成行注文ともに可能である。

[問題71]　×　テ422

$$(141.20\text{円}-138.50\text{円})\times\frac{1\text{億円}}{100\text{円}}\times10\text{単位}=\underline{2,700\text{万円}}$$

[問題72]　○　テ425

[問題73]　○　テ425

[問題74]　×　テ425

TOPIX先物の取引単位は、TOPIX×10,000円

(1,600ポイント－1,520ポイント)×10,000円×20単位＝16,000,000円

手数料と消費税（10％）の合計

140,000円×２（売建て、買戻しそれぞれかかる）×1.1＝308,000円

損益＝16,000,000円－308,000円＝15,692,000円

問題

[問題75] □□□□

日経225先物の限月は19限月取引制、取引単位は日経平均株価（日経225）に10,000円を乗じて得た額、呼値の刻みは10円となっている。

[問題76] □□□□

TOPIX先物の限月は５限月取引制、取引単位は東証株価指数（TOPIX）×10,000円、呼値の刻みは１ポイントとなっている。

[問題77] □□□□

日経225先物の最終決済は、現渡し・現引きにより行われる。

[問題78] □□□□

TOPIX先物、日経225先物ともに、最終決済における差金の授受は、取引最終日から起算して４営業日目の日である。

[問題79] □□□□

金標準先物の原資産は金地金であり、限月は６限月制となっている。

[問題80] □□□□

長期国債先物オプションは、取引開始日から取引最終日までいつでも権利行使を行うことができるアメリカン・タイプである。

[問題81] □□□□

長期国債先物オプションにおいて、イン・ザ・マネー銘柄が定められた期間までに権利行使されなかった場合には、オプションは失効（権利は消滅）する。

[問題82] □□□□

有価証券オプションの最終決済は、差金決済により行われ、指数オプションの最終決済は、権利行使価格でオプション対象証券（株券）の受渡が行われる。

[問題83] □□□□

有価証券オプションでは、株式分割等が行われた場合には、権利行使価格、建玉及び受渡単位の調整が行われる。

解答

[問題75]　×　テ426

日経225先物の限月は19限月取引制、取引単位は日経平均株価（日経225）に1,000円を乗じて得た額、呼値の刻みは10円となっている。

[問題76]　×　テ426

TOPIX先物の限月は５限月取引制、取引単位はTOPIX×10,000円、呼値の刻みは0.5ポイントとなっている。

[問題77]　×　テ425～426

日経225先物の最終決済は、約定価格とSQ値との差金で決済を行う。

[問題78]　×　テ425～426

TOPIX先物、日経225先物ともに、最終決済における差金の授受は、取引最終日から起算して３営業日目の日である。

[問題79]　○　テ428

[問題80]　○　テ387、429

[問題81]　×　テ429

長期国債先物オプションにおいて、イン・ザ・マネー銘柄が定められた期間までに権利行使されなかった場合には、取引最終日に権利行使があったものとして自動的に権利行使される。なお、最後まで権利行使を行わない旨を申告することもできる。

[問題82]　×　テ430、432

有価証券オプションの最終決済は権利行使価格で対象証券（株券）の受渡が行われ、指数オプションの最終決済は差金決済で行われる。

[問題83]　○　テ430、432

問題

[問題84] □□□□

日経225オプションの取引単位（売買単位）は、オプション価格に10,000円を乗じて得た額である。

[問題85] □□□□

TOPIXオプション取引は、３限月取引である。

[問題86] □□□□

TOPIXオプションの取引単位（売買単位）は、オプション価格に10,000円を乗じて得た額である。

[問題87] □□□□

有価証券オプションは、すべての有価証券がその対象となる。

[問題88] □□□□

有価証券オプションの取引対象である限月は、直近の２限月、及びそれ以外の３月、６月、９月及び12月のうち直近２限月の４限月取引である。

[問題89] □□□□

有価証券オプションの権利行使価格は、取引開始前日のオプション対象株券の最終値段に最も近い権利行使価格を中心に上下２種類ずつ、合計５種類が存在するように追加設定する。

[問題90] □□□□

金先物オプションは、満期日のみ権利行使を行うことができるヨーロピアン・タイプである。

[問題91] □□□□

エクイティ・デリバティブとは、個別株式の株価の変動リスクを内包したデリバティブを総称したものをいい、株価指数は含まない。

[問題92] □□□□

エクイティ・デリバティブの決済方法は、原資産が株価指数である場合には、現物決済（フィジカル・セトル）となる。

解答

[問題84]　×　　テ414、432

日経225オプションの取引単位（売買単位）は、オプション価格に1,000円を乗じて得た額である。

[問題85]　×　　テ432

6、12月限の直近10限月、3、9月限の直近3限月、それ以外の直近6限月の合計19限月制である。

[問題86]　○　　テ414、432

[問題87]　×　　テ432

対象は全国証券取引所の上場有価証券のうち、大阪取引所（OSE）が選定する銘柄である。

[問題88]　○　　テ432

[問題89]　○　　テ432

[問題90]　○　　テ434

[問題91]　×　　テ435

エクイティ・デリバティブとは、個別株式の株価や株価指数の変動リスクを内包したデリバティブを総称したものをいう。

[問題92]　×　　テ435

エクイティ・デリバティブの決済方法は、原資産が株価指数である場合には、現金決済（キャッシュ・セトル）となる。なお、個別株式の場合は、現物決済（フィジカル・セトル）となる。

問題

【問題93】 □ □ □ □

バリアンス・スワップとは、投資家と証券会社等が、株価指数の価格変動性の実現値と固定価格を交換するスワップ取引である。

【問題94】 □ □ □ □

「金利スワップ」とは、取引者Aと取引者Bが同一通貨間で変動金利と固定金利、変動金利と異種の変動金利、固定金利若しくは変動金利と一定のインデックス（参照指標）を交換する取引であり、その場合、元本の交換は行われない。

【問題95】 □ □ □ □

キャップの買手は、プレミアム（オプション料）を支払うことで、LIBOR等の参照指標が一定水準を上回った場合は、その差額を売手から受け取ることができ、これにより金利上昇リスクのヘッジが可能となる。

【問題96】 □ □ □ □

将来の市場金利上昇による支払金利のコスト増をヘッジしたい場合には、金利デリバティブ取引の一種である「フロア」を行うことにより可能となる。

【問題97】 □ □ □ □

「フロア」は、各々の期間に対応したヨーロピアン・プット（フロアレット）の集合である。

【問題98】 □ □ □ □

スワップションとは、将来スタートするスワップを行う権利を売買するオプション取引のことである。

【問題99】 □ □ □ □

ベーシス・スワップには、同一通貨間の期間が異なる変動金利の受け払いのテナー・スワップがある。

【問題100】 □ □ □ □

通貨スワップとは、取引者Aと取引者Bが、異なる通貨のキャッシュ・フロー（元本及び金利）をあらかじめ合意した為替レートで交換する取引である。

解答

[問題93]　○　テ436

[問題94]　○　テ437

なお、同一通貨では固定金利同士を交換する金利スワップは存在しない。

[問題95]　○　テ438

なお、LIBORは2021年12月末をもって公表が停止されたが、未だ統一された金利指標がないため、日本証券業協会の外務員必携においてもLIBOR等と記述されている。

[問題96]　×　テ438

将来の市場金利上昇による利払い負担増加リスク等をヘッジしたい場合には、金利デリバティブ取引の一種である「キャップ」を行うことにより可能となる。

[問題97]　○　テ438

[問題98]　○　テ439

[問題99]　○　テ439

[問題100]　○　テ440

なお、元本交換のない、金利の交換のみを行う場合では、クーポン・スワップと呼ばれている。

問題

[問題101] □□□□

トータル・リターン・スワップは、プロテクションの買手が、取引期間中、プロテクションの売手に社債等の参照資産から生ずるクーポン及び値上がり益を支払い、代わりに値下がり分及び想定元本に対して計算される短期金利を受け取るスワップ取引である。

[問題102] □□□□

トータル・リターン・スワップのプロテクション・バイヤーには、社債等を保有したまま売却した場合と同様の経済効果が得られる。

[問題103] □□□□

クレジット・デフォルト・スワップ（CDS）は、契約期間中に参照企業にクレジット・イベント（信用事由）が発生した場合に、損失に相当する金額を買手（プロテクション・バイヤー、リスクをヘッジする側）が売手（プロテクション・セラー、リスクを取る側）から受け取る取引である。

[問題104] □□□□

参照組織が企業であるクレジット・デフォルト・スワップ（CDS）のプロテクション・バイヤーは、定期的にプレミアムを支払うことになるが、代わりに参照企業の信用リスクを補償してもらえるメリットがある。

[問題105] □□□□

クレジット・デフォルト・スワップ（CDS）において、信用事由が発生しなかった場合は、そのまま取引が終了し、支払われたプレミアムは掛け捨てとなる。

[問題106] □□□□

CDOは、証券化商品の一種であり、ローン債権や債券、あるいはCDSを多数集めてプールしたポートフォリオを裏付けにした担保資産として発行される証券のことである。

[問題107] □□□□

天候デリバティブとは、オプションの買手から見て、異常気象や天候不順などを原因とする営業利益の減少リスクをヘッジするための商品であり、決済においては、実際に発生した損失額が支払われる。

解答

[問題101]　○　テ441

なお、プロテクションの買手をプロテクション・バイヤー（保証を受ける側）、プロテクションの売手をプロテクション・セラー（保証する側）という。

[問題102]　○　テ441

なお、プロテクション・セラーは、資金の受け払いはネットで行われるので、少ない資金負担で社債等を保有した場合と同様の経済効果が得られる。

[問題103]　○　テ442

なお、クレジット・イベントとは、端的にいえば、デフォルトのことである。

[問題104]　○　テ442～443

なお、プレミアムは参照組織のクレジットにより決定するが、そのカウンターパーティ・リスクを考慮する必要がある。

[問題105]　○　テ442

なお、CDSは、経済的にいえば、プレミアム（保険料）の見返りをして、損失が発生した場合にそれに相当する金額を受け取る「参照組織の生命保険」といえる。

[問題106]　○　テ443

[問題107]　×　テ444

実損填補を目的としていないため、実際に発生した損失額が支払われるわけではなく、契約内容に沿った決済金が支払われる。

問題

[問題108] □□□□

天候デリバティブは、異常気象と損害の因果関係の調査は不要である。

[問題109] □□□□

地震オプションは、実損塡補を目的としていないため、損害が発生していなくても決済金が支払われる。

[問題110] □□□□

地震オプションの買手のリスクは、「決済金では実際の損害金額をカバーできないリスク」のみである。

[問題111] □□□□

CATボンドは、高めのクーポンを投資家に支払う代わりに、元本毀損リスクを背負ってもらう仕組債である。

選択問題

[問題112] □□□□

TOPIXの価格が1,400ポイントで、短期金利が0.9%である時の、6ヵ月後のTOPIX先物の理論価格として正しいものの番号を1つマークしなさい。なお、配当利回りは考慮しない。また、金利の計算は月単位で行うこと。

（注） 小数点以下は切り捨てている。

1. 1,406ポイント
2. 1,407ポイント
3. 1,408ポイント
4. 1,409ポイント
5. 1,410ポイント

解答

[問題108]　○　テ444

また、損害金額に関する調査も不要である。

[問題109]　○　テ446

[問題110]　×　テ446

「決済金では実際の損害金額をカバーできないリスク」のほか「取引相手である損害保険会社の信用リスク」が存在する。

[問題111]　○　テ446

なお、CATとは、大規模災害のことである。

[問題112]　1　テ380

先物理論価格

＝現物価格×{1＋（短期金利－配当利回り）×期間}

＝1, 400×（1＋0. 009×6/12）

＝1, 400×1. 0045≒1, 406ポイント

問題

[問題113] □□□□

次の文章は、先物取引に関する記述である。それぞれの（　　）に当てはまる語句の組み合わせとして正しいものの番号を１つマークしなさい。

先物取引の持つ価格変動リスクの移転機能は、市場での取引を通じて、相互に逆方向のリスクを持つ（①）の間でリスクが移転されあったり、（①）から（②）にリスクが転嫁されることにより果たされる。

先物市場は、（①）に対してはリスク回避の手段を、（②）に対しては投機利益の獲得機会を、（③）に対しては裁定利益の獲得機会を提供する。

1．	①アービトラージャー	②ヘッジャー	③スペキュレーター
2．	①アービトラージャー	②スペキュレーター	③ヘッジャー
3．	①スペキュレーター	②アービトラージャー	③ヘッジャー
4．	①スペキュレーター	②ヘッジャー	③アービトラージャー
5．	①ヘッジャー	②スペキュレーター	③アービトラージャー

[問題114] □□□□

次の文章のうち、誤っているものの番号を２つマークしなさい。

1．ヘッジ取引とは、先物と現物の価格差を利用してサヤを取る取引である。
2．カレンダー・スプレッド取引とは、同一商品の先物の異なる２つの限月の取引の価格差が一定の水準近辺で動くことを利用した取引である。
3．裁定取引とは、先物市場において現物ポジションと逆のポジションを設定することにより、現物の価格変動リスクを回避しようとする取引である。
4．スペキュレーション取引とは、先物の価格変動をとらえて利益を獲得することのみに着目する取引である。
5．インターマーケット・スプレッド取引とは、異なる商品間の先物価格差を利用した取引である。

解答

［問題113］　5　テ381

正しい文章は、次のとおりとなる。

先物取引の持つ価格変動リスクの移転機能は、市場での取引を通じて、相互に逆方向のリスクを持つ（①ヘッジャー）の間でリスクが移転されあったり、（①ヘッジャー）から（②スペキュレーター）にリスクが転嫁されることにより果たされる。

先物市場は、（①ヘッジャー）に対してはリスク回避の手段を、（②スペキュレーター）に対しては投機利益の獲得機会を、（③アービトラージャー）に対しては裁定利益の獲得機会を提供する。

［問題114］　1、3　テ381～384

1．× ヘッジ取引とは、先物市場において現物と反対のポジションを設定することによって、現物の価格変動リスクを回避しようとする取引である。問題文は、裁定取引の１つであるベーシス取引の記述である。

2．○

3．× 裁定取引とは、先物と現物又は先物と先物の間の価格乖離をとらえて利益を得る取引である。問題文は、ヘッジ取引の記述である。

4．○

5．○

問題

[問題115]　□□□□

コール・オプションにおいて、下記の（A）～（C）の状態のとき、①～③に当てはまる記号の組み合わせとして正しいものの番号を１つマークしなさい。

（A）アット・ザ・マネー　　　　　原資産価格　①　権利行使価格
（B）イン・ザ・マネー　　　　　　原資産価格　②　権利行使価格
（C）アウト・オブ・ザ・マネー　原資産価格　③　権利行使価格

1．①＜　②＞　③＝
2．①＝　②＜　③＞
3．①＞　②＝　③＞
4．①＝　②＞　③＜
5．①＜　②＝　③＜

[問題116]　□□□□

次のうち、「コール・オプション、プット・オプションのプレミアムの特性」の記載項目として正しいものをイ～ニから選んでいる選択肢の番号を１つマークしなさい。

イ．原資産価格が上昇すれば、コール・オプション、プット・オプション共にプレミアムは高くなる。
ロ．原資産価格に対して、高い権利行使価格のコール・オプションのプレミアムは低くなり、反対にプット・オプションのプレミアムは高くなる。
ハ．残存期間が短くなるほど、コール・オプション、プット・オプション共にプレミアムは低くなる。
ニ．ボラティリティが上昇すれば、コール・オプションのプレミアムは高くなり、プット・オプションのプレミアムは低くなる。

1．イ及びロが正しい。
2．ロ及びハが正しい。
3．ロ及びニが正しい。
4．ハ及びニが正しい。
5．すべて正しい。

解答

[問題115]　4　　テ387

コール・オプションにおいて、

（A）アット・ザ・マネーとは、原資産価格と権利行使価格が等しい状態をいう。

（B）イン・ザ・マネーとは、原資産価格が権利行使価格を上回る状態で、権利行使したとき、手に入る金額がプラス（権利行使する）の状態をいう。

（C）アウト・オブ・ザ・マネーとは、原資産価格が権利行使価格を下回る状態で権利行使しても何も手に入らない（権利放棄する）状態をいう。

[問題116]　2　　テ390〜391

イ．×　原資産価格が上昇すれば、コール・プレミアムは高くなるが、プット・プレミアムは低くなる。

ロ．○

ハ．○

ニ．×　ボラティリティが上昇すれば、コール・オプション、プット・オプション共にプレミアムは高くなる。

問題

[問題117] □□□□

オプション・プレミアムの各要因に対する感応度について述べた次の文章のうち、誤っているものの番号を2つマークしなさい。

1．オプションのデルタとは、ボラティリティの微小変化に対するプレミアムの変化の比を表す指標である。
2．オプションのガンマとは、原資産価格の微小変化に対するデルタの変化の比のことを指す。
3．オプションのベガとは、原資産価格の微小変化に対するプレミアムの変化の比のことを指す。
4．オプションのセータとは、満期までの残存期間の微小変化に対するプレミアムの変化の比のことを指す。
5．オプションのローとは、短期金利の微小変化に対するプレミアムの変化の比のことを指す。

[問題118] □□□□

ある顧客が、権利行使価格1,650ポイントのTOPIXプット・オプションをプレミアム10ポイントで30単位買い建てるとともに、権利行使価格1,700ポイントのTOPIXプット・オプションをプレミアム20ポイントで30単位売り建てた。

その後、転売は行わず最終決済日を迎え、SQ（特別清算数値）が1,600ポイントとなった場合及び1,750ポイントとなった場合のそれぞれの場合における損益の組合せとして正しいものの番号を1つマークしなさい。

（注） 委託手数料、税金は考慮しないものとする。

1．（1,600ポイントの場合）12,000,000円の利益
（1,750ポイントの場合） 3,000,000円の損失
2．（1,600ポイントの場合）12,000,000円の損失
（1,750ポイントの場合） 3,000,000円の利益
3．（1,600ポイントの場合） 3,000,000円の利益
（1,750ポイントの場合）12,000,000円の損失
4．（1,600ポイントの場合） 3,000,000円の損失
（1,750ポイントの場合）12,000,000円の利益
5．（1,600ポイントの場合） 6,000,000円の利益
（1,750ポイントの場合） 6,000,000円の損失

解答

[問題117]　1、3　テ391～392

1．× オプションのデルタとは、原資産価格の微小変化に対するプレミアムの変化の比のことを指す。問題文は、ベガの記述である。

2．○

3．× オプションのベガとは、ボラティリティの微小変化に対するプレミアムの変化の比を表す指標である。問題文は、デルタの記述である。

4．○

5．○

[問題118]　2　テ395、399

〈1,600ポイントになった場合〉

▲40ポイント×10,000円×30単位＝▲12,000,000円

よって、12,000,000円の損失

〈1,750ポイントになった場合〉

10ポイント×10,000円×30単位＝3,000,000円

よって、3,000,000円の利益

このポジションはバーティカル・ブル・プット・スプレッドである。

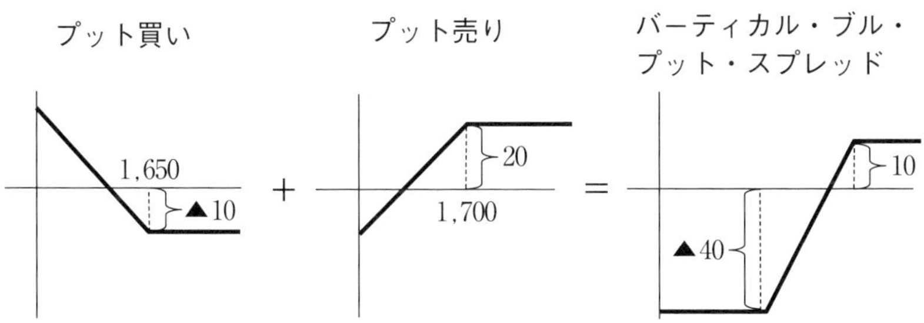

	1,600	1,650	1,700	1,750
プット買い	40	▲10	▲10	▲10
プット売り	▲80	▲30	20	20
損　益	▲40	▲40	10	10

問題

[問題119] □□□□

次の文章のうち、正しいものの番号を２つマークしなさい。

1．バーティカル・ベア・コール・スプレッドは、権利行使価格の高いコールを売り、権利行使価格の低いコールを同量買う戦略である。
2．プロテクティブ・プットは、原資産の買い持ちとプットの買いで作るポジションである。
3．バーティカル・ブル・スプレッドは、損益分岐点が２つある。
4．ストラドルの売りは、市場価格が小動きになると予想する場合のポジションである。
5．ストラングルの買いは、利益と損失はともに無限定である。

[問題120] □□□□

ある顧客が、権利行使価格18,500円の日経225プット・オプションをプレミアム200円で10単位売り建てるとともに、権利行使価格19,000円の同プット・オプションを400円で10単位買い建てた。

日経平均株価のSQ値が、18,000円になった場合における取引全体での損益として正しいものの番号を１つマークしなさい。

（注）委託手数料、税金は考慮しないものとする。

1．6,000,000円の利益
2．3,000,000円の利益
3．2,000,000円の利益
4．3,000,000円の損失
5．6,000,000円の損失

解答

[問題119]　2、4　　テ396〜400、403〜404

1．×　バーティカル・ベア・コール・スプレッドは、権利行使価格の高いコールを買い、権利行使価格の低いコールを同量売る戦略である。
2．○
3．×　バーティカル・ブル・スプレッドは、損益分岐点が1つである。
4．○
5．×　ストラングルの買いは、利益は無限定であるが、損失はプレミアム分に限定されている。

[問題120]　2　　テ395、401

300円×1,000円×10単位＝3,000,000円の利益

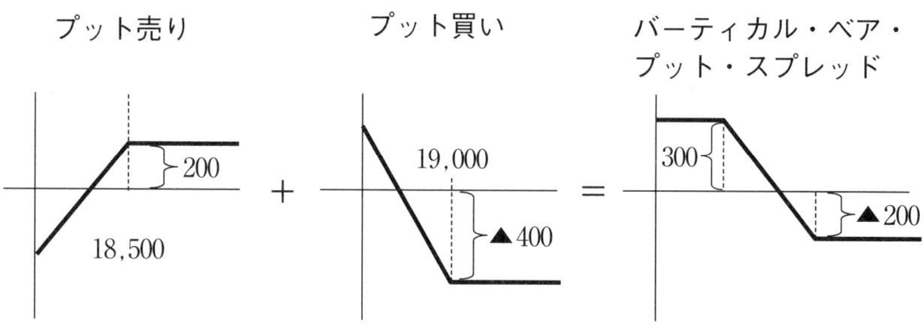

	17,500	18,000	18,500	19,000	19,500
プット売り	▲800	▲300	200	200	200
プット買い	1,100	600	100	▲400	▲400
損　益	300	300	300	▲200	▲200

問題

[問題121] □□□□

ある顧客が、権利行使価格1,120ポイントのTOPIXコール・オプションをプレミアム40ポイントで10単位買い建てるとともに、権利行使価格1,120ポイントのTOPIXプット・オプションをプレミアム20ポイントで10単位売り建てた。その後、転売は行わず最終決済期日を迎え、SQ値（特別清算数値）が1,140ポイントになった場合における取引全体での損益として、正しいものの番号を1つマークしなさい。

（注）委託手数料、税金は考慮しないものとする。

1．100万円の利益
2．200万円の利益
3．損益なし
4．100万円の損失
5．200万円の損失

[問題122] □□□□

次の文章について、正しい組み合わせの番号を1つマークしなさい。

店頭デリバティブで特に重要視されるリスクには、（①）、（②）、（③）の3つがある。（①）とはポジションを解消する際、十分な出来高がなく取引ができないリスクをいう。（②）とは、市場価格や金利や為替レートなどが予見不能な、あるいは、確率的に変動するリスクをいう。（③）とは、信用力の予期しない変化に関連して、価格が確率的に変化するリスクをいう。

1．①市場リスク　②流動性リスク　③信用リスク
2．①市場リスク　②信用リスク　③流動性リスク
3．①流動性リスク　②市場リスク　③信用リスク
4．①流動性リスク　②信用リスク　③市場リスク
5．①信用リスク　②市場リスク　③流動性リスク

解答

[問題121]　3　テ394～395、402

1, 140ポイントのとき、「コールの買い」と「プットの売り」の損益の合計は0であるため、「損益なし」が正解となる。

この投資戦略を合成先物の買いという。

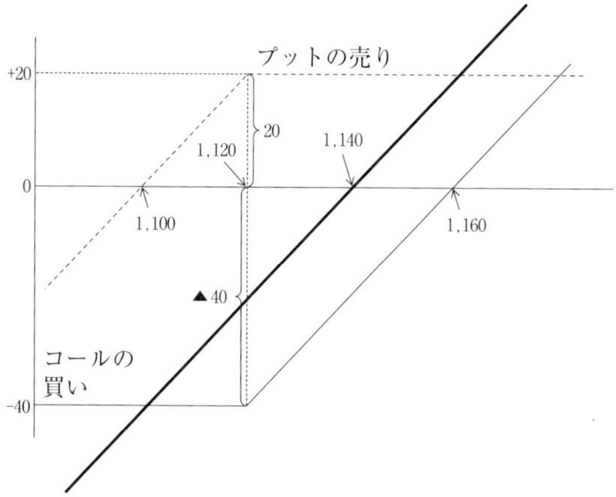

	1, 100	1, 110	1, 120	1, 130	1, 140	1, 150
コールの買い	▲40	▲40	▲40	▲30	▲20	▲10
プットの売り	0	10	20	20	20	20
損　益	▲40	▲30	▲20	▲10	0	10

[問題122]　3　テ407

正しい文章は、次のとおりとなる。

店頭デリバティブで特に重要視されるリスクには、（①流動性リスク）、（②市場リスク）、（③信用リスク）の３つがある。（①流動性リスク）とはポジションを解消する際、十分な出来高がなく取引ができないリスクをいう。（②市場リスク）とは、市場価格や金利や為替レートなどが予見不能な、あるいは、確率的に変動するリスクをいう。（③信用リスク）とは、信用力の予期しない変化に関連して、価格が確率的に変化するリスクをいう。

問題

[問題123] □□□□

長期国債先物を100円で額面10億円買い建てた。対応する証拠金所要額は1,000万円と計算され、全額代用有価証券で差し入れたとする。翌日、長期国債先物の清算値段が99円00銭に下落し、代用有価証券に150万円の評価損が出た場合、差し入れる証拠金について述べた次の文章のうち、正しいものの番号を1つマークしなさい。なお、建玉残10単位に対する証拠金所要額は1,000万円で変わらなかったものとする。

1. 証拠金を差し入れる必要はない。
2. 証拠金を差し入れる必要があり、先物建玉の評価損は全額現金で差し入れる必要があるが、代用有価証券の値下がり分は全額有価証券で代用できる。
3. 証拠金を差し入れる必要があり、先物建玉の評価損及び代用有価証券の値下がり分については、全額現金で差し入れる必要がある。
4. 証拠金を差し入れる必要があり、代用有価証券の値下がり分は全額現金で差し入れる必要があるが、先物建玉の評価損は、全額有価証券で代用できる。
5. 証拠金を差し入れる必要があり、先物建玉の評価損及び代用有価証券の値下がり分については、全額有価証券で代用できる。

解答

[問題123]　2　　テ416～418、423

先物建玉の評価損による証拠金不足は「現金不足額」として全額現金で差し入れる必要がある。代用有価証券の値下がりによる証拠金不足は、「証拠金不足額」として全額有価証券で代用できる。

本問の場合、1,000万円は現金で差し入れが必要であるが、150万円は有価証券で代用できる。

計算は下記の通り。

値洗後の差入証拠金＝現金＋代用有価証券
＝０＋(1,000万円－150万円)＝850万円

計算上の損益額＝(99円00銭－100円)×$\frac{1億円}{100円}$×10単位＝▲1,000万円

先物決済損益等＝０万円

受入証拠金＝値洗後の差入証拠金＋計算上の損益額＋先物決済損益等
＝850万円－1,000万円＋０＝▲150万円

証拠金所要額＝1,000万円

証拠金余剰・不足額＝受入証拠金－証拠金所要額
＝▲150万円－1,000万円＝▲1,150万円

証拠金不足の発生により1,150万円を差し入れる必要がある。

なお、現金余剰・不足額
＝差入証拠金の現金＋計算上の損益額＋先物決済損益等
＝０－1,000万円＋０＝▲1,000万円

1,000万円は現金で差し入れる必要がある。

また、150万円（1,150万円－1,000万円）は有価証券で代用できる。

問題

[問題124] □□□□

次の文章のうち、正しいものの番号を２つマークしなさい。

1．「長期国債先物」の取引最終日は、受渡決済日の９営業日前に終了する取引日である。
2．「中期国債先物」の対象商品は、利率年３％、償還期限５年の中期国債標準物である。
3．「国債先物取引」は、東京証券取引所及び大阪取引所において取引が行われている。
4．「長期国債先物」及び「中期国債先物」は、いずれも取引単位は額面１億円である。
5．「長期国債先物」の限月は、３月、６月、９月、12月で、常時２限月が取引されている。

[問題125] □□□□

次の文章のうち、正しいものの番号を２つマークしなさい。

1．中期国債先物の標準物の償還期限は、３年である。
2．長期国債先物の呼値の刻みは、額面100円当り10銭である。
3．長期国債先物の取引単位は、額面1,000万円である。
4．長期国債先物の限月は、３、６、９、12月のうち直近の３限月である。
5．長期国債先物の標準物の利率は、６％である。

解答

[問題124]　2、4　　テ414、420

1．×　「長期国債先物」の取引最終日は、受渡決済日の5営業日前である。
2．○
3．×　「国債先物取引」は、大阪取引所においてのみ取引が行われている。
4．○
5．×　「長期国債先物」の限月は、3月、6月、9月、12月で、常時3限月が取引されている。

[問題125]　4、5　　テ414、420

1．×　中期国債先物の標準物の償還期限は、5年である。
2．×　長期国債先物の呼値の刻みは、額面100円当り1銭である。
3．×　長期国債先物の取引単位は、額面1億円である。
4．○
5．○

問題

[問題126] □□□□

現在、Aさんは長期国債現物を額面10億円保有している。長期国債現物の価格は現在108.00円、長期国債先物の価格は142.00円であるが、先行き金利が上昇し債券相場が値下がりすることが懸念される。1ヵ月後には、懸念したとおり長期国債現物は値下がりして104.50円、長期国債先物は138.00円になった。しかし、2ヵ月後には、長期国債現物は108.30円、長期国債先物は142.50円になった。

この場合、Aさんが下記の投資を行ったとすると、最も収益を獲得できる投資を記述しているものの番号を1つマークしなさい。

（注）手数料、税金等は考慮しない。

1．1ヵ月後に長期国債現物と同額面の長期国債先物を買い、2ヵ月後に長期国債先物を全額売却し長期国債現物も全額売却した。
2．1ヵ月後に長期国債現物と同額面の長期国債先物を売り、2ヵ月後に長期国債先物を全額買戻し長期国債現物も全額売却した。
3．そのまま長期国債10億円を保有し、2ヵ月後に売却した。
4．直ちに保有する長期国債現物と同額面の長期国債先物を売り、1ヵ月後に長期国債先物を全額買戻し長期国債現物も全額売却した。
5．直ちに保有する長期国債現物と同額面の長期国債先物を売り、2ヵ月後に長期国債先物を全額買戻し長期国債現物も全額売却した。

[問題127] □□□□

日経225先物を18,500円で10単位売建て、その後、18,200円ですべて買戻した場合における損益として正しいものの番号を1つマークしなさい。

なお、売建て時に90,000円、買戻し時に86,000円の委託手数料がかかるとする。委託手数料に対する消費税は10%として計算する。その他の税金等は考慮しない。

1．3,000,000円の利益
2．2,806,400円の損失
3．2,806,400円の利益
4．3,193,600円の損失
5．3,193,600円の利益

解答

[問題126]　1　テ421

	長期国債現物	長期国債先物
現在の価格	108.00円	142.00円
1ヵ月後の価格	104.50円	138.00円
2ヵ月後の価格	108.30円	142.50円

①長期国債現物は、最も高い2ヵ月後の108.30円で売却すると、最も収益を獲得できる。

②長期国債先物は、最も安い1ヵ月後の138.00円で買い建て、最も高い2ヵ月後の142.50円で転売すると、最も収益を獲得できる。

③上記①及び②を組み合わせた投資を行っているのは、選択肢1である。

[問題127]　3　テ422

日経225先物の取引単位は、日経225×1,000円

(18,500円－18,200円)×1,000円×10単位＝3,000,000円

手数料と消費税（10%）の合計

(90,000円＋86,000円) ×1.1＝193,600円

損益＝3,000,000円－193,600円＝2,806,400円

問題

[問題128] □□□□

次の文章のうち、正しいものの番号を2つマークしなさい。

1.「日経225先物」及び「TOPIX先物」の最終決済方法は、SQ値との差金決済である。
2.「日経225先物」の呼値の単位は、1円である。
3.「日経225先物」の取引単位は、日経平均株価に10,000円を乗じて得た額である。
4.「TOPIX先物」の呼値の単位は、1ポイントである。
5.「TOPIX先物」の取引最終日は、各限月の第2金曜日の前営業日である。

[問題129] □□□□

次の文章のうち、正しいものの番号を2つマークしなさい。

1. 長期国債先物オプション取引は、満期日のみ権利行使できるヨーロピアン・タイプのオプションである。
2. 長期国債先物オプション取引の原資産は、長期国債先物である。
3. 長期国債先物オプション取引の限月は、3、6、9、12月のうち直近の2限月と、その他の限月で最大で直近の2限月である。
4. 長期国債先物オプション取引の呼値の単位は、長期国債先物取引の額面100円につき10銭である。
5. 長期国債先物オプション取引の取引単位は、1契約当たり長期国債先物取引の額面1,000万円分である。

[問題130] □□□□

次の文章のうち、正しいものの番号を2つマークしなさい。

1. 有価証券オプション取引は、すべての有価証券がその対象となる。
2. 有価証券オプション取引は、権利行使による最終決済では現物の受渡しが発生する。
3. 有価証券オプション取引では、株式分割等が行われた場合には、権利行使価格、建玉及び受渡単位の調整が行われる。
4. 有価証券オプション取引の権利行使価格は、オプション対象証券の最終値段に最も近い権利行使価格を中心に上下5種類、合計11種類を設定する。
5. 有価証券オプション取引の限月は、直近の4限月で、常時4限月制である。

解答

[問題128]　1、5　　テ414、426

1．○
2．×　「日経225先物」の呼値の単位は、10円である。
3．×　「日経225先物」の取引単位は、日経平均株価（日経225）に1,000円を乗じて得た額である。
4．×　「TOPIX先物」の呼値の単位は、0.5ポイントである。
5．○

[問題129]　2、3　　テ387、414、429

1．×　長期国債先物オプション取引は、取引最終日までいつでも権利行使できるアメリカン・タイプのオプションである。
2．○
3．○
4．×　長期国債先物オプション取引の呼値の単位は、長期国債先物取引の額面100円につき1銭である。
5．×　長期国債先物オプション取引の取引単位は、1契約当たり長期国債先物取引の額面1億円分である。

[問題130]　2、3　　テ430、432

1．×　対象は全国証券取引所の上場有価証券のうち、大阪取引所（OSE）が選定する銘柄である。
2．○
3．○
4．×　オプション対象証券の最終値段に最も近い権利行使価格を中心に上下2種類、合計5種類を設定する。
5．×　有価証券オプション取引の限月は、直近の2限月、それ以外で3、6、9、12月のうち直近の2限月の4限月制である。

問題

[問題131] □□□□

次の文章のうち、正しいものの番号を２つマークしなさい。

1．トータル・リターン・スワップとは、プロテクション・セラーが、プロテクション・バイヤーが保有する社債等から生ずるクーポン等を受け取るスワップで、少ない資金負担で社債等を保有したのと同様の経済効果が得られる。
2．クレジット・デフォルト・スワップのプレミアムは、参照企業のクレジット（信用力）のみにより決定するため、カウンターパーティー・リスクを考慮する必要はない。
3．クレジット・デフォルト・スワップとは、プロテクション・バイヤーが社債等から生ずるクーポン及び値上がりしていれば値上り益をプロテクション・セラーに支払い、代わりに値下がりしていれば値下がり分と想定元本に対して計算される短期金利を受け取るスワップである。
4．クレジット・デフォルト・スワップで、デフォフトが発生した場合は、プロテクション・セラーが損失を補償するが、これをプレミアム・レグという。
5．CDOとは、ローン債権や債券、あるいはCDSを多数集めてプールしたポートフォリオを裏付けの担保資産として発行される証券である。

解答

[問題131]　1、5　　テ441～443

1．○

2．×　クレジット・デフォルト・スワップ（CDS）のプレミアムは、参照企業のクレジット（信用力）により決定するが、カウンターパーティー・リスクを考慮する必要がある。

3．×　CDSとは、プロテクション・バイヤーがプロテクション・セラーに定期的に固定金利を支払い、代わりに契約期間中に参照企業にクレジット・イベントが発生した場合に、損失に相当する金額をプロテクション・セラーから受け取る取引である。問題文は、トータル・リターン・スワップ（TRS）の記述である。

4．×　CDSで、デフォフトが発生した場合は、プロテクション・セラーが損失を補償するが、これをプロテクション・レグという。プレミアム・レグとは、一種の保険料のようにCDSプレミアムを支払い続けることをいう。

5．○

問題

［問題132］ □□□□

次の文章について、①降雪量が5cm以上だった日数が3日の場合、②降雪量が5cm以上だった日数が16日の場合の、それぞれの補償金受取総額が正しいものの組み合わせの番号を1つマークしなさい。

降雪によって来客数が減少するおそれのある百貨店が、以下のような条件の契約を締結した。

「契約内容」

契約目的：降雪日数が平年に比べ多い場合の売上減少リスクのヘッジ
観測期間：12月1日～2月28日（3ヵ月）
観測対象日：観測期間中の土曜日、日曜日、祝日（合計33日）
観測指標：降雪量（対象日のうち、5cm以上の降雪があった日数）
ストライク値：5日
補償金額：1日当たり100万円
補償金受取総額上限：1,000万円
ペイオフ：降雪日数がストライク値を上回る場合に、「(降雪日数－ストライク値)×補償金」を、補償金受取総額上限を限度に支払う。降雪日数がストライク値に等しいか、それを下回る場合には支払金額は0である。

1．① 0円 ②2,600万円
2．① 0円 ②1,000万円
3．①300万円 ②1,100万円
4．① 0円 ②1,100万円
5．①300万円 ②1,000万円

解答

[問題132]　2　テ445

①降雪日数が３日の場合

降雪日数３日＜ストライク値５日

降雪日数がストライク値未満のため、補償金受取総額は０円となる。

②降雪日数が16日の場合

（降雪日数－ストライク値）×補償金額＝（16日－５日）×100万円

＝1,100万円

上限が1,000万円のため、補償金受取総額は1,000万円となる。

◆MEMO

模擬想定問題　1

本試験と同一レベル・同一配分で作成した模擬想定問題を掲載しています。学習の総括として、ぜひチャレンジしてください。

また、専用の解答用紙を設けましたので、ご利用ください。

【試験の形式について】

・実際の試験は、PCによる入力方式となります。

・電卓はPCの電卓を用います。

・問題数は計100問（○×方式70問、五肢選択方式30問）です。

・解答時間は２時間40分です。

・合否は440点満点のうち、７割（308点以上）の得点で合格となります。

模擬想定問題 1　解答用紙

【この解答用紙の使い方】
・この解答用紙は、コピーしたり、本書から切り取るなどしてご利用ください。
　また、本書から切り取る際は、ハサミやカッターなどで手を傷つけないよう十分にご注意ください。
・解答と解説は、問題の後部に掲載しています。

問	○ 1	× 2	3	4	5	問	○ 1	× 2	3	4	5	問	○ 1	× 2	3	4	5
1	□	□				35	□	□	□	□	□	69	□	□	□	□	□
2	□	□				36	□	□	□	□	□	70	□	□			
3	□	□				37	□	□	□	□	□	71	□	□			
4	□	□				38	□	□				72	□	□			
5	□	□				39	□	□				73	□	□			
6	□	□				40	□	□				74	□	□			
7	□	□	□	□	□	41	□	□				75	□	□			
8	□	□	□	□	□	42	□	□				76	□	□	□	□	□
9	□	□				43	□	□	□	□	□	77	□	□			
10	□	□				44	□	□	□	□	□	78	□	□	□	□	□
11	□	□				45	□	□	□	□	□	79	□	□			
12	□	□				46	□	□				80	□	□			
13	□	□				47	□	□				81	□	□			
14	□	□				48	□	□				82	□	□			
15	□	□				49	□	□				83	□	□			
16	□	□				50	□	□				84	□	□			
17	□	□				51	□	□				85	□	□			
18	□	□				52	□	□				86	□	□			
19	□	□	□	□	□	53	□	□	□	□	□	87	□	□			
20	□	□	□	□	□	54	□	□	□	□	□	88	□	□			
21	□	□	□	□	□	55	□	□	□	□	□	89	□	□			
22	□	□				56	□	□				90	□	□			
23	□	□				57	□	□				91	□	□			
24	□	□				58	□	□				92	□	□	□	□	□
25	□	□				59	□	□				93	□	□	□	□	□
26	□	□				60	□	□				94	□	□	□	□	□
27	□	□				61	□	□	□	□	□	95	□	□	□	□	□
28	□	□				62	□	□	□	□	□	96	□	□	□	□	□
29	□	□				63	□	□	□	□	□	97	□	□	□	□	□
30	□	□				64	□	□				98	□	□	□	□	□
31	□	□				65	□	□				99	□	□	□	□	□
32	□	□				66	□	□				100	□	□	□	□	□
33	□	□				67	□	□									
34	□	□	□	□	□	68	□	□									

【配点】○×方式：１問２点
五肢選択方式：１問10点（五肢択二は各５点）

計　　　　点（　　月　　日実施）

模擬想定問題　1

【金融商品取引法】

次の文章について、正しい場合は○へ、正しくない場合は×の方へマークしなさい。

問1．金融商品取引業者が、有価証券の売買その他の取引等について、顧客に損失が生ずることとなった場合にはこれを補填する旨を、当該顧客等に対し、あらかじめ約束しても、実際に補填を行わなければ、違反行為とはならない。

問2．金融商品取引業者と親子関係にある法人との取引において、顧客の利益が不当に害されることのないように必要な措置を講じなければならない。

問3．「内部者取引規制」において、資本金の額の減少は重要事項に該当する。

問4．金融商品取引業者は、契約締結前交付書面において、契約締結前交付書面の内容を十分に読むべき旨を記載しなければならい。

問5．重要事実の情報を容易に入手できる立場にある者が、その立場を利用して入手した情報を利用して、それが公表される前に当該会社が発行する有価証券に係る取引を行うことは禁止されているが、会社関係者でなくなってから6ヵ月以内の者は会社関係者に含まれる。

問6．金融商品取引業者は、勧誘の要請をしていない個人の顧客に対し、訪問し又は電話をかけて、店頭デリバティブ取引の締結を勧誘してはならない。

【金融商品取引法】

問7． 次の文章のうち、誤っているものの番号を２つマークしなさい。

1．何人も相場操縦を行ってはならないが、利益の獲得を目的としていなければ罰則の対象とならない。
2．何人も、有価証券の売買その他の取引又はデリバティブ取引等を誘引する目的をもって、虚偽の相場を利用してはならない。
3．仮装取引とは、自己が行う売付け若しくは買付けと同時期に、それと同じ価格で他人がその金融商品の買付け若しくは売付けを行うことをあらかじめその者と通謀して、その売付け若しくは買付けを行うことをいう。
4．何人も、上場有価証券等の売買等の取引を誘引する目的をもって、有価証券売買等が繁盛であると誤解させ、又は取引所金融市場における上場金融商品等の相場を変動させるべき一連の有価証券売買等又はその申込み、委託等若しくは受託等をすることは禁止されている。
5．何人も取引を誘引する目的をもって、取引所金融商品市場における上場金融商品等の相場が自己又は他人の操作によって変動するべき旨を流布することは禁止されている。

【金融商品取引法】

問8． 次の文章のうち、誤っているものの番号を２つマークしなさい。

1．公開買付者は、公開買付け後の株券等所有割合が３分の２以上となる場合には、応募株式の全部を買付けなければならない。
2．有価証券報告書提出会社等は、同報告書の記載内容が金融商品取引法令に基づき適正であることを経営者が確認した旨を記載した確認書を内閣総理大臣（金融庁長官）に提出しなければならない。
3．有価証券報告書等について内閣総理大臣（金融庁長官）に提出して電子開示を行う場合は、TDnetを利用することが義務付けられている。
4．有価証券報告書提出義務のある会社等は、事業年度ごとに内部統制報告書を内閣総理大臣（金融庁長官）に提出しなければならない。
5．「企業内容等開示制度」に関して、有価証券報告書において記載される財務諸表は、その発行会社の監査役の監査を受けていれば、公認会計士又は監査法人の監査証明を受けなくてもよい。

【金融商品の勧誘・販売に関係する法律】

次の文章について、正しい場合は○へ、正しくない場合は×の方へマークしなさい。

問９． 消費者に対して重要事項について事実と異なることを告げたことにより、告げられた内容が事実であると消費者が誤認した場合、消費者は契約を取り消すことができる。

問10． 個人情報の保護に関する法律において、法人の代表者個人や取引担当者個人を識別することができる情報は、個人情報に該当しない。

問11． 協会員は、疑わしい取引の疑いがある場合には、速やかに行政庁に対して疑わしい取引の届出を行わなければならない。

【協会定款・諸規則】

次の文章について、正しい場合は○へ、正しくない場合は×の方へマークしなさい。

問12． 協会員は、原則として、相手方が反社会的勢力であることを知りながら、当該相手方との間で有価証券の売買その他の取引を行ってはならない。

問13． 協会員は、上場公社債の取引を初めて行う小口投資家に対して、取引所金融商品市場における取引と店頭取引の相違点についての説明等が義務付けられている。

問14． 金融商品取引業者は、顧客から新たに外国株券の売買を受託するときに、あらかじめ外国証券取引口座に関する約款を交付し、外国証券取引口座設定に関する申込みを受けなければならないが、外国証券取引口座設定に関する確認書の徴求義務はない。

問15． 協会員は、有価証券の売買その他の取引等を行う場合、顧客の注文に係る取引と自己の計算による取引とを峻別し、顧客の注文に係る伝票を速やかに作成のうえ、整理・保存しなければならない。

問16． 協会員が顧客（特定投資家を除く）と市場デリバティブ取引の契約を行おうとするとき、契約締結前交付書面を交付している場合は確認書の徴求は要しない。

問17． 会員は、いかなる顧客に対しても、株券の名義書換えの請求に際し、自社の名義を貸与してはならない。

問18． 照合通知書の記載事項として、立替金、貸付金、預り金又は借入金の直近の残高がある。

【協会定款・諸規則】

問19. 次の文章のうち、正しいものの番号を2つマークしなさい。

1. 協会員は、法人関係情報を取得した場合は、営業上有益であるため、他の部門と共有しなければならない。
2. 協会員は、ハイリスク・ハイリターンな特質を有する取引等を行うに当たっては、それぞれ各協会員が取引開始基準を定め、その基準に適合した顧客との間で当該取引等の契約を締結するものとされている。
3. 協会員は、投資勧誘に当たっては、顧客に対し、投資は投資者自身の判断と責任において行うべきものであることを理解させる必要がある。
4. 照合通知書を顧客に交付するときは、顧客との直接連絡を確保する趣旨から、直接手渡すことを原則としている。
5. 保護預り証券は、すべて証券保管振替機構で混合保管することとされている。

【協会定款・諸規則】

問20. 次の文章のうち、誤っているものの番号を2つマークしなさい。

1. 協会員の従業員は、顧客から有価証券の売付けの注文を受ける場合において、当該有価証券の売付けが空売りであるか否かの別を確認せずに注文を受けてはならない。
2. 二種外務員は、新株予約権証券を取り扱うことができる。
3. 協会員は、ブル型のレバレッジ投資信託の勧誘を行う際、指数の下落などリスクの説明を行わなければならない。
4. 協会員は、その従業員が有価証券等の性質又は取引の条件について、顧客を誤認させるような勧誘をしないように指導及び監督しなければならない。
5. 二種外務員は、店頭デリバティブ取引に類する複雑な仕組債を取り扱うことはできないが、レバレッジ投資信託は取り扱うことができる。

【協会定款・諸規則】

問21. 次の文章のうち、誤っているものの番号を２つマークしなさい。

1．法人関係部門とは、法人関係情報を統括して管理する部門をいう。
2．協会員の従業員は、有価証券の売買等について、顧客と損益を共にすることを約束して勧誘等をしてはならない。
3．会員は、金銭及び有価証券の残高がない顧客であっても、直前に行った報告以後１年に満たない期間において残高があったものについては、照合通知書により、現在その残高がない旨を報告しなければならない。
4．協会員は、上場公社債の取引を初めて行う小口投資家との店頭取引に当たっては、価格情報の提示や公社債店頭取引の知識啓発に十分留意し、より一層取引の公正性に配慮しなければならない。
5．取引所内の価格に基づいて行う、取引所外での差金決済取引は禁止されている。

【取引所定款・諸規則】

次の文章について、正しい場合は○へ、正しくない場合は×の方へマークしなさい。

問22. 非参加型優先株の上場審査基準は、普通株と全く同じである。

問23. 金融商品取引市場において、国債先物等取引参加者となることができるのは金融商品取引業者のみである。

問24. 売買立会の始値を定める方法は、板寄せによる方式で行われる。

問25. 指値による呼値は、成行による呼値に値段的に優先する。

問26. 価格優先の原則では、売り呼値の場合、高い値段の売り呼値が低い値段の売り呼値に優先する。

問27. 地方債証券は、制度信用取引の保証金代用有価証券となる。
（注）本設問は外国株式信用取引を除く、国内における信用取引を対象とする。

【株式業務】

次の文章について、正しい場合は○へ、正しくない場合は×の方へマークしなさい。

問28. 立会外のバスケット取引は、15銘柄以上で構成され、かつ総額5,000万円以上のポートフォリオに限定されている。

問29. 株式の新規上場時に、まず入札を行いその結果を勘案して公開価格を決定する方式をブック・ビルディングという。

問30. 株式ミニ投資とは、投資者から資金を預かり、当該金銭を対価として、毎月一定日に特定の銘柄の株式等を買い付ける制度をいう。

問31. PTS（私設取引システム）の売買価格決定方法は、競売買の方法のみである。

問32.「自己と委託の別」は、「注文伝票」に記載すべき事項である。

問33. EV/EBITDA倍率は国際的な同業他社との比較に用いられ、一般的には、この倍率が高ければ株価は割安で低ければ割高と言える。

【株式業務】

問34. 時価1,200円の株式が１：1.5の株式分割をすることになった。予想権利落ち相場はいくらになるか。正しいものの番号を１つマークしなさい。

（注）答えは、円未満は切り捨ててある。

１． 480円　　２． 510円　　３． 800円

４． 817円　　５．2,400円

【株式業務】

問35. 資本金120,000百万円、時価総額900,000百万円、利益剰余金80,000百万円、有利子負債700,000百万円、保有現預金（短期有価証券含む）50,000百万円、EBITDA220,000百万円である会社（年１回決算）のEV／EBITDA倍率として正しいものの番号を１つマークしなさい。

（注）答は、小数点第２位以下を切り捨ててある。

１．7.0倍　　２．7.2倍　　３．7.6倍

４．7.9倍　　５．8.4倍

【株式業務】

問36. 次の文章のうち、正しいものの番号を２つマークしなさい。

1．「上場銘柄の制度信用取引」において、委託保証金の引き出しは制度信用取引に係る有価証券の相場変動による計算上の利益に限られる。
2．信用取引貸株料は、株券の借入れに伴う費用として売方が金融商品取引業者に支払う。
3．「上場銘柄の制度信用取引」においては、委託保証金は全額を有価証券で代用できる。
4．「上場銘柄の制度信用取引」においては、金利は株券を借りた顧客から徴収し、品貸料は買付代金を借りた顧客から徴収する。
5．金融商品取引業者は代用有価証券として受入れた有価証券については、顧客の書面による同意がなくても他人に貸し付けることができる。

【株式業務】

問37. 制度信用取引において、１株1,000円の上場銘柄Ａ社株式を10,000株買建て、代用有価証券として上場銘柄Ｂ社株式を１株750円で10,000株を差し入れた。その後、担保であるＢ社株式が500円となった場合、買建てたＡ社株式が値下がりによりいくらを下回ると、維持率を下回って追証が発生するか、正しいものの番号を１つマークしなさい。

（注）委託保証金率は30%、上場株式の現金換算率（代用掛目）は70%とし、立替金は考慮しない。

1．Ａ社株式が950円を下回った場合
2．Ａ社株式が850円を下回った場合
3．Ａ社株式が800円を下回った場合
4．Ａ社株式が700円を下回った場合
5．Ａ社株式が650円を下回った場合

【債券業務】

次の文章について、正しい場合は〇へ、正しくない場合は×の方へマークしなさい。

問38. 発行者利回りは、発行者が負担する利子や引受手数料、元利払い手数料などの１年当たりの経費が、債券の発行によって調達した手取り資金総額に対してどれだけになっているかという比率である。

問39. 特例国債は、いわゆる赤字国債のことをいい、公共事業費等以外の歳出に充てる資金を調達することを目的として各年度における特例公債法により発行される。

問40. 社債管理者は、社債権者のために弁済を受ける等の業務を行うのに必要な一切の権限を有する会社で、社債管理者となることができる者は、金融商品取引業者に限られる。

問41. 現先取引ができる債券に、新株予約権付転換社債は含まれる。

問42. 国際機関や外国政府、事業法人（非居住者）等が日本国内市場において円建てで発行する債券を、円建外債（サムライ債）という。

問43. 発行価格102.00円、利率年3.3%、残存期間７年、購入価格105.00円の10年満期の利付債券の直接利回りとして正しいものの番号を１つマークしなさい。

（注）答えは、小数点第４位以下を切り捨ててある。

１．2.547%　　２．2.675%　　３．3.142%
４．3.738%　　５．3.925%

問44. 利率年1.8%の10年満期の利付国債を99.70円で買付け、２年後に102.50円に値上がりしたので売却した場合の所有期間利回りとして正しいものの番号を１つマークしなさい。

（注）答えは、小数点第４位以下を切り捨ててある。

１．1.955%　　２．2.086%　　３．2.156%
４．3.102%　　５．3.209%

【債券業務】

問45. 額面100万円の長期利付国債を取引所取引により単価102円で購入した。経過利子600円、手数料は額面100円につき40銭（消費税相当額は考慮しない）のとき、受渡代金として正しいものの番号を１つマークしなさい。

１．1,015,400円　　２．1,020,600円　　３．1,023,400円
４．1,024,000円　　５．1,024,600円

【投資信託及び投資法人に関する業務】

次の文章について、正しい場合は○へ、正しくない場合は×の方へマークしなさい。

問46. 「クローズドエンド型」は、換金するためには市場で売却するしかなく、解約または買戻しによる基金の減少が行われない。

問47. 信託報酬は、投資信託財産の運用管理の報酬として、所定の率を日割計算し、日々、投資信託財産から控除される。

問48. 約款上株式を一切組入れることができない証券投資信託は公社債投資信託に分類され、公社債投資信託以外の証券投資信託は、株式投資信託に分類される。

問49. 投資法人の執行役員は投資主総会の決議で選任されるが、その人数に制限はなく、従って1名でもよい。

問50. 投資信託の対象となる特定資産に、不動産自体は含まれるが、賃借権は含まれない。

問51. 登録投資法人は、資産の運用以外の行為を営業としてすることができない。

問52. MRFは、追加型株式投資信託の一種である。

【投資信託及び投資法人に関する業務】

問53. 次のうち、ETF（上場投資信託）に関する文章の組合せとして、正しいものの番号を1つマークしなさい。

イ．注文の方法は、指値に限られている。
ロ．売買単位は商品ごとに異なる。
ハ．信用取引を行うことはできない。
ニ．換金は、市場で売却するしかない。

1．イ及びロが正しい
2．イ及びハが正しい
3．ロ及びハが正しい
4．ロ及びニが正しい
5．ハ及びニが正しい

問54. 次のうち投資信託の交付運用報告書に記載されるものの組み合わせとして、正しいものの番号を1つマークしなさい。

イ．当該投資信託財産の運用方針
ロ．当該投資信託の計算期間中における資産の運用の経過
ハ．運用状況の推移
ニ．株式のうち主要なものにつき、銘柄ごとに、当期末現在における時価総額の投資信託財産の純資産額に対する比率

1．イ、ロ及びハが正しい
2．イ、ロ及びニが正しい
3．ロ、ハ及びニが正しい
4．ロ及びニが正しい
5．イ～ニのすべて正しい

【付随業務】

問55. 次の文章のうち、正しいものの番号を2つマークしなさい。

1．株式累積投資は、任意の時に単元未満株のまま機動的に任意の銘柄の買付けを行い、また、買付けた単元未満株を単元未満株のまま売付けることができる。
2．株式累積投資は、特定の銘柄の株価の動きに関係なく、一定の金額で買い付ける方法であり、ドル・コスト平均法と呼ばれる。
3．第一種金融商品取引業者が付随業務を行うには、内閣総理大臣に届け出なくてはならない。
4．累積投資契約の対象有価証券に、非上場株式は含まれない。
5．投資運用業者は、金融商品取引業に付随する業務を行うことができない。

【株式会社法概論】

次の文章について、正しい場合は○へ、正しくない場合は×の方へマークしなさい。

問56. 取締役が会社と取引する場合は、取締役会（設置しない場合は株主総会）の承認を受けなければならない。

問57. 大会社が定時総会後公告しなければならないのは、貸借対照表のみである。

問58. 会社の合併には、当事会社の全部が解散して新会社を設立する新設合併と、当事会社の１つが存続して他の会社を吸収する吸収合併がある。

問59. 株式会社を設立するには、発起人２名が定款を作成してそれに署名する必要がある。

問60. 株式会社の最低資本金は、500万円とされている。

【株式会社法概論】

問61. 次の文章のうち、誤っているものの番号を２つマークしなさい。

1．新株予約権付社債は、社債部分と新株予約権部分のいずれかが消滅しない限り、社債と新株予約権を分離して譲渡することはできない。
2．大会社はすべて会計監査人を置かなければならず、監査等委員会設置会社にも会計監査人が必要である。
3．取締役会設置会社は取締役が必要であるが、取締役会を置かない会社では取締役を置く必要はない。
4．指名委員会等設置会社には、監査役を置かなければならない。
5．取締役会設置会社において、自己株式の消却は、定款で別段の定めがない限り、取締役会の決議事項である。

【経済・金融・財政の常識】

問62. 次の文章のうち、正しいものの番号を２つマークしなさい。

1．有効求人倍率は、求人者数に求職者数を乗じて求める。
2．ドル需要が発生するのは、日本から外国に製品を輸出する場合や外国が日本の債券・株式を購入する場合であり、ドルの供給が発生するのは、日本が外国から原材料や製品を輸入する場合や外国の債券・株式を購入する場合である。
3．インターバンク市場の参加者は金融機関に限られ、金融機関相互の資金運用・資金調達の場として利用されている。
4．公開市場操作で売買される債券に、国庫短期債券が含まれ、株式も対象となる。
5．財政政策の機能のなかに、「所得の再分配」の機能がある。

問63. 次の文章のうち、正しいものの番号を２つマークしなさい。

1．消費関連指標のうち、家計貯蓄率は家計貯蓄を財産所得で除して求める。
2．ユーロの対円レートが80円から160円になれば、円のユーロに対する値打ちは半分になったことになる。
3．衆議院で可決した予算を参議院が否決した場合、両院協議会が開かれ、両院協議会においても意見が一致しない場合は、参議院の議決が国会の議決となり予算が成立する。
4．一般会計で最も大きな経費は、公共関連事業費である。
5．財政投融資とは、税負担に拠ることなく、財投債（国債）の発行などにより調達した資金を財源とした投資活動である。

【財務諸表と企業分析】

次の文章について、正しい場合は○へ、正しくない場合は×の方へマークしなさい。

問64. キャッシュ・フロー計算書は、営業活動、投資活動、財務活動の３つに分類され、企業の現金の変動状況の把握ができる。

問65. 一般的に総資本回転率が低ければ低いほど、資本効率は高いことになる。

問66. 当座比率は、一般的に低いほうが望ましいとされる。

問67. 当座資産は、短期的に現金化される資産を示し、現金、預金、支払手形、買掛金がその例である。

問68. 流動比率は、100%以下が望ましい。

【財務諸表と企業分析】

問69. 資料から抜粋した金額が次のとおりである会社の配当率と配当性向の組合せとして、正しいものの番号を１つマークしなさい。

（注）答えは、小数点第２位以下を切り捨ててある。発行済株式総数及び資本金の数値は、前期末と当期末において変化はない。

発行済株式総数	28,000,000株
中間配当／７円	期末配当／９円

純資産合計	資本金：　2,670百万円
	その他：12,400百万円

売上高	40,000百万円
売上原価	35,000百万円
販売費及び一般管理費	4,000百万円
営業外損益	200百万円
特別損益	400百万円
法人税及び住民税	1,200百万円

1．配当率：16.7%　　配当性向：112.0%
2．配当率：16.7%　　配当性向：　63.0%
3．配当率：　7.9%　　配当性向：112.0%
4．配当率：　7.9%　　配当性向：　63.0%
5．配当率：　2.9%　　配当性向：　 8.9%

【証券税制】

次の文章について、正しい場合は○へ、正しくない場合は×の方へマークしなさい。

問70. 配当控除の適用を受けようとする場合、確定申告をする必要はない。

問71. オープン型株式投資信託の元本払戻金（特別分配金）は、所得税法上の非課税所得に該当しない。

問72. 財形年金貯蓄及び財形住宅貯蓄の非課税限度額は、それぞれの合計が、一人当たり元本550万円である。

問73. 「居住者の国内課税」において、公社債投資信託の収益の分配に係る所得は、所得税法上、雑所得となる。

問74. 確定申告不要を選択できるものに、源泉徴収選択特定口座内の上場株式等の譲渡による所得が含まれる。

問75. 国外転出時課税制度の対象資産は、上場株式のみである。

問76. 甲氏は10月30日に実父が死亡したことにより上場銘柄Ａ社株式を相続することになった。相続税の財産基本評価通達上、当該株式の１株当たりの相続税の評価額として正しいものの番号を１つマークしなさい。

1．10月30日の終値：　　　2,720円
2．10月中の終値平均株価：2,670円
3．９月中の終値平均株価：2,580円
4．８月中の終値平均株価：2,620円
5．７月中の終値平均株価：2,560円

【証券市場の基礎知識】

次の文章について、正しい場合は○へ、正しくない場合は×の方へマークしなさい。

問77. ESG要素を考慮する手法として、特定の業界や企業、国などを投資対象から除外するネガティブ・スクリーニングがある。

【証券市場の基礎知識】

問78. 次の文章のうち、正しいものの番号を１つマークしなさい。

1．企業の資金調達において、株式の発行や債券の発行によるものは間接金融に区分される。
2．店頭デリバティブ取引を金融商品取引業者が行う場合には、内閣総理大臣（金融庁長官）の認可が必要である。
3．投資者保護とは、投資対象とする有価証券の価格を保証することである。
4．銀行は、金融商品仲介行為を行うことができない。
5．日本証券金融は、金融商品取引業者に対する金銭の貸付けを行うことができる。

【セールス業務】
次の文章について、正しい場合は○へ、正しくない場合は×の方へマークしなさい。

問79. 顧客本位の業務運営を行うには、重要な情報のわかりやすい提供が必要である。

問80. 外務員は、顧客に対し、能動的にコミュニケーションをとり、当該顧客の事情を探ったうえで、顧客のニーズに合うと判断した商品の勧誘を行ってみることも必要である。

問81. 外務員が、投資家にアドバイスを行うときは、自身の説明を理解してもらう必要があり、たとえそれが投資家の意向に沿ったものでなくても、アドバイスの有効性、有益性を強く訴える必要がある。

問82. 外務員は、会社の利益の最大化のためには、法令・規則違反となる可能性が高くても、明らかな違反でなければ積極的に行動するべきである。

問83. 外務員は、適切な倫理感覚を養うには、常に第三者の目を意識することが重要である。

【デリバティブ取引】
次の文章について、正しい場合は○へ、正しくない場合は×の方へマークしなさい。

問84. 先渡取引の決済方法は、差金決済のみである。

問85. オプションのプレミアムは、イントリンシック・バリューとタイム・バリューの２つの部分で成り立つ。

問86. 通貨スワップとは、取引者Ａと取引者Ｂが、異なる通貨のキャッシュ・フローをあらかじめ合意した為替レートで交換する取引である。

問87. サーキット・ブレーカー制度とは、先物価格が取引所の定める変動幅（制限値幅）に達した場合実施される取引の一時中断措置のことである。

問88. 金利スワップは、元本の交換が行われない。

問89. バリアンス・スワップとは、投資家と証券会社等が、株価指数の価格変動性の実現値と固定価格を交換するスワップ取引である。

問90. ギブアップ制度とは、注文の執行業務とポジション・証拠金の管理といった清算業務を異なった取引参加者に依頼することができる制度をいう。

問91. 市場デリバティブ取引における証拠金は、顧客が取引を行った日から３営業日までに当該金融商品取引業者に差し入れる。

【デリバティブ取引】

問92. 現在、Ａさんは長期国債現物を額面10億円保有している。長期国債現物の価格は現在100.50円、長期国債先物の価格は105.10円であるが、先行き金利が低下し債券相場が値上がりすることが懸念されている。１ヵ月後、懸念したとおり金利は低下、長期国債現物の価格は値上がりし103.00円、長期国債先物価格は108.50円になった。しかし、２ヵ月後には、長期国債現物価格は100.80円、長期国債先物価格は105.50円になった。この場合、Ａさんが以下の投資を行った場合に、結果として最も収益をあげる投資方法を記述しているものとして、正しいものの番号を１つマークしなさい。なお、手数料、税金等は考慮しないものとする。

1．そのまま長期国債10億円を保有し、２ヵ月後に売却した。
2．直ちに保有する長期国債現物と同額面の長期国債先物を買い、２ヵ月後に長期国債先物を全額売却し、長期国債現物も全額売却した。
3．直ちに保有する長期国債現物と同額面の長期国債先物を買い、１ヵ月後に長期国債先物を全額売却し、長期国債現物も全額売却した。
4．１ヵ月後に長期国債現物と同額面の長期国債先物を買い、２ヵ月後に長期国債先物を全額売却し、長期国債現物も全額売却した。
5．１ヵ月後に長期国債現物と同額面の長期国債先物を売り、２ヵ月後に長期国債先物を全額買戻し、長期国債現物も全額売却した。

問93. ある顧客が、権利行使価格1,400ポイントのTOPIXプット・オプションをプレミアム40ポイントで10単位売建てるとともに、権利行使価格1,450ポイントのTOPIXプット・オプションをプレミアム65ポイントで10単位買建てた。その後、転売は行わず最終決済期日を迎え、SQ値（特別清算数値）が1,350ポイントになった場合における取引全体での損益として、正しいものの番号を１つマークしなさい。なお、委託手数料、税金は考慮しないものとする。

1．25万円の利益　　2．25万円の損失　　3．250万円の利益
4．250万円の損失　　5．450万円の利益

【デリバティブ取引】

問94. 長期国債先物を100円で額面10億円買い建てた。対応する証拠金所要額は1,000万円と計算され、全額代用有価証券で差し入れたとする。翌日、長期国債先物の清算値段が99.00円に下落し、代用有価証券に150万円の評価損が出た場合、差し入れる証拠金について述べた次の文章のうち、正しいものの番号を１つマークしなさい。なお、建玉残10単位に対する証拠金所要額は1,000万円で変わらなかったものとする。

1．証拠金を差し入れる必要はない。
2．証拠金を差し入れる必要があり、先物建玉の評価損は全額現金で差し入れる必要があるが、代用有価証券の値下がり分は全額有価証券で代用できる。
3．証拠金を差し入れる必要があり、先物建玉の評価損及び代用有価証券の値下がり分については、全額現金で差し入れる必要がある。
4．証拠金を差し入れる必要があり、代用有価証券の値下がり分は全額現金で差し入れる必要があるが、先物建玉の評価損は全額有価証券で代用できる。
5．証拠金を差し入れる必要があり、先物建玉の評価損及び代用有価証券の値下がり分については、全額有価証券で代用できる。

問95. 次の文章のうち、誤っているものの番号を２つ選択しなさい。

1．オプションのローとは、短期金利の微小変化に対するオプション・プレミアムの変化の比を指す。
2．コールのデルタは０～１、プットのデルタは－１～０の範囲で動く。
3．オプションのガンマとは、ボラティリティの微小変化に対するデルタの変化の比を指す。
4．オプションのベガとは、残存期間の微小変化に対するオプション・プレミアムの変化の比を指す。
5．オプションのオメガとは、原資産価格の変化率に対するオプション・プレミアムの変化率の比を指す。

【デリバティブ取引】

問96. 次の文章のうち、正しいものの番号を２つ選択しなさい。

1．有価証券を対象とした先物取引において、価格変動リスクを回避しようとする取引を裁定取引という。
2．有価証券を対象とした先物取引において、先物価格が現物価格より高いことを「先物がディスカウント」という。
3．有価証券を対象とした先物取引において、先物と現物又は先物と先物との間の価格乖離をとらえて収益を狙う取引をヘッジ取引という。
4．有価証券を対象とした先物取引において、カレンダー・スプレッド取引とは、同一商品の異なる２つの限月間の取引の価格差が一定の水準近辺で動くことを利用した取引である。
5．スペキュレーション取引とは、先物の価格変動をとらえて利益を獲得することのみに着目する取引である。

問97. 次の文章のうち、正しいものの番号を２つ選択しなさい。

1．原資産価格が上昇すれば、コール・オプション、プット・オプション共にプレミアムは高くなる。
2．原資産価格に対して、高い権利行使価格のコール・オプションのプレミアムは高くなり、プット・オプションのプレミアムは低くなる。
3．残存期間が短くなるほど、コール・オプション、プット・オプション共にプレミアムは高くなる。
4．ボラティリティが上昇すれば、コール・オプション、プット・オプション共にプレミアムは高くなる。
5．短期金利が下落すれば、プット・オプションのプレミアムは高くなる。

【デリバティブ取引】

問98. TOPIXの価格が1,100ポイントで、短期金利が2.5%である時の、3ヵ月後のTOPIX先物の理論価格として正しいものの番号を1つマークしなさい。なお、配当利回りは考慮しない。また、金利の計算は月単位で行うこと。
（注）小数点以下は切り捨ててある。

1. 1,106ポイント
2. 1,109ポイント
3. 1,112ポイント
4. 1,115ポイント
5. 1,118ポイント

問99. 長期国債先物オプション取引について記述している次の文章のうち、正しいものの番号を2つ選択しなさい。

1. 原資産は、長期国債である。
2. 取引最終日までに必ず反対売買か権利行使しなければならない。
3. 権利行使のタイプは、いつでも権利行使可能なアメリカン・タイプである。
4. 最終決済では、権利行使日の取引最終時刻に長期国債先物取引が成立する。
5. 限月は、3, 6, 9, 12月限で、5限月取引である。

問100. 次の文章のうち、誤っているものの番号を2つマークしなさい。

1. 天候デリバティブは、一定の条件を満たせば決済金が支払われる。
2. 天候デリバティブは、実損の因果関係や損害金額に関する調査は不要である。
3. 地震オプションは、損害が発生しなくても一定の条件下で決済金が支払われる。
4. 地震オプションの買い手のリスクは、「決済金では実際の損害金額をカバーできないリスク」のみである。
5. CATボンドは、ローン債権や債券等を多数集めてプールし、これを裏付けに担保資産として証券化商品にしたものである。

模擬想定問題 1　解答・解説

• 参照ページは、2024～2025証券外務員学習テキストのページとなっています。

科目	問	解答	解説	参照ページ
金融商品取引法	問1	×	有価証券その他の取引等について、既に生じた顧客の損失を補填し、又は利益を追加するため財産上の利益を提供する旨を、当該顧客等に対し、申し込み、又は約束する行為は禁止されている。	テ28
	問2	○		テ34
	問3	○		テ47
	問4	○		テ25
	問5	○	以前会社関係者であり、会社関係者でなくなってから1年以内の者は会社関係者となるので6ヵ月以内の者も会社関係者となる。	テ46
	問6	○	問題文は不招請勧誘の禁止の記述である。	テ26
	問7	1・3	1× 相場操縦の成立のためには、それにより投資者の利益が害されること、利益の獲得を目的にしていることとは必要ではない。市場の公正な価格形成を人為的に歪曲する意思のみで相場操縦とされる。	テ44
			2○ 問題文は、虚偽情報による相場操縦の記述である。	テ45
			3× 仮装取引とは、上場有価証券等の売買等について、取引状況に関し、他人に誤解を生じさせる目的をもって、権利の移転、金銭の授受等を目的としない仮装の取引をすることである。問題文は、馴合取引の記述である。	テ44
			4○ 問題文は、現実取引による相場操縦の記述である。	テ45
			5○ 問題文は、市場操作情報の流布の記述である。	テ45
	問8	3・5	1○	テ55
			2○	テ53
			3× 有価証券報告書等の電子開示手続は、EDINETを使用して行われる。	テ54
			4○	テ54
			5× 財務諸表等については、上場会社等監査人名簿への登録を受け、かつ、当該法人と特別の利害関係を持たない公認会計士、監査法人による監査証明を受けなければならない。	テ54
金融商品の勧誘・販売に関係する法律	問9	○	問題文は、消費者契約法による契約の取り消しの記述である。	テ65
	問10	×	法人の代表者個人や取引担当者個人を識別することができる情報は、個人情報に該当する。	テ70
	問11	○	なお、疑わしい取引の届出を行おうとすること又は行ったことを、当該疑わしい取引に係る顧客やその関係者に漏らしてはならない。	テ72
協会定款・諸規則	問12	○		テ123
	問13	○		テ146
	問14	○		テ147

科目	問	解答	解説		参照ページ
協会定款・諸規則	問15	○			〒113
	問16	×	契約締結前交付書面等に記載された金融商品取引行為についてのリスク、手数料等の内容を理解し、当該顧客の判断と責任において当該取引を行う旨の確認を得るため、確認書を徴収しなければならない。		〒110
	問17	○			〒112
	問18	○			〒119
	問19	2・3	1×	協会員は、法人関係情報を取得した役職員に対し、その取得した法人関係情報を直ちに管理部門に報告するなど法人関係情報を取得した際の管理のために必要な手続きを定め、業務上不必要な部門に伝わらないように管理しなければならない。	〒115
			2○		〒109
			3○	問題文は、自己責任原則の徹底の記述である。	〒107
			4×	照合通知書の交付については、顧客との直接連絡を確保する趣旨から、当該顧客の住所又は当該顧客が指定した場所に郵送することを原則としている。	〒120
			5×	保護預り証券は、原則として会員が保管する。金融商品取引所又は決済会社の振替決済に係る証券については、決済会社で混合保管する。	〒118
	問20	2・5	1○		〒127
			2×	二種外務員は、新株予約権証券を取り扱うことができない。	〒129
			3○		〒108
			4○		〒127
			5×	二種外務員は、店頭デリバティブ取引に類する複雑な仕組債だけでなく、レバレッジ投資信託も取り扱うことができない。	〒129
	問21	1・5	1×	法人関係部門とは、主として業務（金融商品取引業及びその付随業務又は登録金融機関業務をいう）を行っている部門のうち、主として業務上、法人関係情報を取得する可能性の高い部門をいう。	〒115
			2○		〒125
			3○		〒119
			4○		〒146
			5×	差金決済取引（CFD取引）とは、有価証券や有価証券指数を参照とする取引開始時の取引価格と取引終了時の取引価格との差額により差金決済を行う取引であり、上場CFD取引のほか、店頭CFD取引も一定の要件の下で行われており、禁止されているわけではない。	〒151
取引所定款・諸規則	問22	×	優先株等の上場については、優先株等の特異性を考慮し、普通株とは異なった基準を設けている。		〒161
	問23	×	国債先物等取引参加者になれるのは、第一種金融商品取引業者及び登録金融機関である。		〒157
	問24	○			〒167
	問25	×	成行による呼値は、指値による呼値に値段的に優先する。		〒166

科目	問	解答	解説	参照ページ
取引所定款・諸規則	問26	×	価格優先の原則では、売り呼値の場合、低い値段の売り呼値が高い値段の売り呼値に優先する。	テ166
	問27	×	地方債証券は、制度信用取引の委託保証金代用有価証券となる。	テ173、204
株式業務	問28	×	立会外バスケット取引は、15銘柄以上で構成され、かつ総額1億円以上のポートフォリオに限定されている。	テ189
	問29	×	ブック・ビルディングは、公開価格に係る仮条件を決定し、その後ブック・ビルディングにより把握した投資者の需要状況、上場日までの期間における有価証券の相場の変動リスク等を総合的に勘案して、上場前の公募・売出しに際する公開価格を決定するものである。問題文は、競争入札の記述である。	テ197
	問30	×	株式ミニ投資は、任意の時に単元未満株（取引所の定める売買単位の10分の1単位）のまま機動的に任意の銘柄の買付けを行い、また、買い付けた単元未満株のまま売り付けることができる方法である。問題文は、株式累積投資の記述である。	テ194～195、306
	問31	×	PTSの売買価格決定方法には、競売買（オークション）の方法の他、顧客の間の交渉に基づく価格を用いる方法など6通りの価格決定方法がある。	テ193
	問32	○		テ186
	問33	×	一般的にEV/EBITDA倍率が高ければ株価は割高で低ければ株価は割安と言える。	テ223
	問34	3	権利落相場 $= \frac{権利付相場}{分割比率} = \frac{1,200円}{1.5} = 800円$	テ217
	問35	1	EBITDA220,000百万円 EV＝時価総額＋有利子負債－保有現預金－短期有価証券 ＝900,000百万円＋700,000百万円－50,000百万円 ＝1,550,000百万円 EV/EBITDA倍率 $= \frac{EV}{EBITDA} = \frac{1,550,000百万円}{220,000百万円} \fallingdotseq 7.0倍$	テ223
	問36	2・3	1× 信用取引の建玉の評価益（相場の変動により生じた利益相当額）について、保証金として差し入れた金銭又は有価証券を引き出したり、他の建株の保証金として充当することは、禁止されている。	テ206
			2○ なお、品貸料と異なり買方には支払われない。	テ209、211
			3○	テ204
			4× 信用取引の金利は買付代金を借りた顧客（買方）が買付代金の融資に対し金融商品取引業者及び株券を借りた顧客（売方）に支払い、品貸料は売方が株券の借入れに伴う費用として調達先及び買方に支払う。	テ209～211
			5× 金融商品取引業者が受け入れた代用有価証券を再担保に供するか、又は他人に貸し付けるときは、当該顧客から書面による同意書を受けなければならない。	テ27、201

科目	問	解答	解説	参照ページ
株式業務	問37	2	買建てたＡ社株式の約定代金＝1,000円×10,000株 ＝10,000,000円 委託保証金＝代用有価証券の時価×株数×代用掛目 ＝500円×10,000株×70％＝3,500,000円…① 維持率20％の場合の委託保証金＝Ａ社株式の約定代金×20％ ＝2,000,000円……② ①－②＝3,500,000円－2,000,000円＝1,500,000円 評価損が1,500,000円を上回ると追証（追加保証金）が発生する。 追証が発生する１株当たりの評価損＝1,500,000円÷10,000株 ＝150円 追証が発生する株価＝1,000円－150円＝850円 Ａ社株式が850円を下回った場合、追証が発生する。 したがって選択肢２が正しい。	テ206～208
債券業務	問38	○	なお、発行者利回りは、債券発行による資金調達コストを表している。	テ236
	問39	○		テ231
	問40	×	社債管理者となることができる者は、銀行、信託銀行又は担保付社債信託法による免許を受けた会社及び会社法施行規則で定める者に限られる。	テ238
	問41	×	現先取引ができる債券は、国債、地方債、社債、円貨建外債などで、新株予約権付社債は含まれない。	テ245
	問42	○		テ233
	問43	3	$\text{直接利回り}=\frac{\text{利率}}{\text{購入価格}}\times100(\%)=\frac{3.3}{105.00}\times100=3.142\%$	テ254
	問44	5	$\text{所有期間利回り}=\frac{\text{利率}+\frac{\text{売却価格}-\text{購入価格}}{\text{所有期間（年）}}}{\text{購入価格}}\times100(\%)$ $=\frac{1.8+\frac{102.50-99.70}{2}}{99.70}\times100$ $=3.209\%$	テ253
	問45	5	債券購入時の受渡代金＝約定代金＋手数料＋経過利子 $\text{約定代金}=\frac{102.00\text{円}}{100\text{円}}\times100\text{万円}=1,020,000\text{円}$ $\text{委託手数料}=\frac{0.4\text{円}}{100\text{円}}\times100\text{万円}=4,000\text{円}$ 債券購入時の受渡代金＝1,020,000円＋4,000円＋600円 ＝1,024,600円	テ258
投資信託及び投資法人に関する業務	問46	○	なお、クローズドエンド型は、基金の減少が行われないので、基金の資産量が安定している。	テ269
	問47	○	なお、信託報酬は、運用管理費用のことである。	テ262
	問48	○		テ267
	問49	×	投資法人の執行役員の構成（人数）は制限があり、１人又は２人以上と定められている。「投資信託及び投資法人に関する法律」第95条に規定されている。	テ298

科目	問	解答	解説		参照ページ
投資信託及び投資法人に関する業務	問50	×	特定資産（投資信託及び投資法人の主たる投資対象）は、12種類の資産に区分されていて、不動産の賃借権も含まれる。		〒266
	問51	○			〒296
	問52	×	MRFは、追加型公社債投資信託の一種である。		〒285、289
	問53	4	イ×	成行注文も可能である。	〒268
			ロ○	なお、売買（取引）単位は、10口単位、1口単位など、ファンドごとに定められている。	
			ハ×	信用取引も行うことができる。	
			ニ○		
	問54	5	イ、ロ、ハ、及びニすべて正しい。		〒295
付随業務	問55	2・4	1×	株式累積投資は、毎月一定日に、特定の銘柄を株価水準に関係なく一定の金額で買付ける。なお、買付けた単元未満株を単元未満株のまま売りつけることができる。問題文は、株式ミニ投資の記述である。	〒194〜195、306
			2○		〒194、307
			3×	付随業務は、内閣総理大臣の届出や承認を受けることなく行うことができる業務である。	〒20、304
			4○		〒305
			5×	投資運用業者は、付随業務を行うことができる。	〒20、304
株式会社法概論	問56	○			〒319
	問57	×	大会社は、貸借対照表のほか損益計算書も公告しなければならない。		〒322
	問58	○			〒325
	問59	×	株式会社を設立する場合の発起人は1人でもよく、法人でもよい。		〒312
	問60	×	資本金が何円以上でなければならないという定めはない。資本金1円の株式会社も設立できる。		〒311
	問61	3・4	1○		〒247、324
			2○		〒321
			3×	取締役会設置会社は3人以上の取締役が必要であるが、取締役会を置かない会社では取締役は少なくとも1人は必要である。	〒318
			4×	指名委員会等設置会社には、監査委員会があるため、監査役及び監査役会を置かない。	〒320〜321
			5○		〒313、319
経済・金融・財政の常識	問62	3・5	1×	有効求人倍率は、有効求人数を有効求職者数で除して求める。	〒78〜79
			2×	ドルの需要が発生するのは、日本が外国から原材料や製品を輸入する場合や、外国の債券・株式を購入する場合であり、ドルの供給が発生するのは、日本が外国へ製品を輸出する場合や、外国の債券・株式を売却する場合である。	〒81
			3○		〒84
			4×	公開市場操作の対象は、債券や手形であり、株式は含まれない。	〒85
			5○		〒87

科目	問	解答	解説	参照ページ
経済・金融・財政の常識	問63	2・5	1× 家計貯蓄率は、家計貯蓄を可処分所得で除して求める。	テ78
			2○	テ83
			3× 参議院が衆議院の可決した予算案を否決した場合、両院協議会を開くことになっており、両院協議会において意見が一致しない場合には、衆議院の議決が国会の議決となる。	テ86
			4× 一般会計で最も金額の大きな経費は、社会保障関係費である。	テ86
			5○	テ87
財務諸表と企業分析	問64	○		テ347
	問65	×	一般的に、資本回転率が高ければ、資本効率が高いことになる。	テ344
	問66	×	当座比率は、高い方がよく100％以上あることが望ましいとされている。	テ341
	問67	×	当座資産は、販売過程を経ることなく、比較的短期間に、容易に現金化する資産のことで、現金、預金、受取手形、売掛金等である。問題文中の支払手形、買掛金は、流動負債に分類される。	テ331〜332
	問68	×	流動比率は、高い方がよいとされ、理想的には200％以上あることが望ましいとされている。	テ341
	問69	1	配当金（年額）＝1株当たり配当金×発行済株式総数 ＝（7円＋9円）×28百万株＝448百万円 $配当率=\frac{配当金（年額）}{資本金（期中平均）}\times 100$ $=\frac{448百万円}{2,670百万円}\times 100 \fallingdotseq 16.7\%$ 当期純利益＝売上高－売上原価－販売費及び一般管理費＋営業外損益＋特別損益－法人税及び住民税 ＝40,000－35,000－4,000＋200＋400－1,200 ＝400百万円 $配当性向=\frac{配当金（年額）}{当期純利益}\times 100$ $=\frac{448百万円}{400百万円}\times 100$ $\fallingdotseq 112.0\%$	テ352〜353
証券税制	問70	×	配当控除の適用を受けるためには、総合課税により確定申告する必要がある。	テ362
	問71	×	オープン型株式投資信託（追加型株式投資信託）の元本払戻金（特別分配金）は、所得税法上の非課税所得に該当する。	テ290、359
	問72	×	財形年金貯蓄および財形住宅貯蓄の非課税限度額は、合算して累積元本550万円である。	テ359
	問73	×	公社債投資信託の収益の分配に係る所得は、所得税法上、利子所得となる。	テ357、360
	問74	○		テ358、367、369
	問75	×	対象資産には、上場株式のほか、投資信託や未決済の信用取引・デリバティブ取引が含まれる。なお、対象資産の含み益に対して所得税が課される。	テ374

科目	問	解答	解説	参照ページ
証券税制	問76	3	相続した上場株式は、「課税時期の終値」、「課税時期の属する月の毎日の終値の平均額」、「課税時期の属する月の前月の毎日の終値の平均額」、「課税時期の属する月の前々月の毎日の終値の平均額」のうち、最も低い価額によって評価される。 9月中の終値平均株価2,580円が最も低い価格なので、2,580円となる。 なお、7月中の終値平均株価は評価対象外のため、該当しない。	テ375
証券市場の基礎知識	問77	○		テ9
	問78	5	1 × 企業の資金調達において、株式の発行や債券の発行によるものは直接金融に区分される。	テ2～3
			2 × 店頭デリバティブ業務を行うに当たって、内閣総理大臣の登録が必要である。	テ5、18
			3 × 投資者保護とは、投資対象とする有価証券の価格を保証したり、株式の配当を約束するものではなく、証券投資に関する情報を、正確かつ迅速に投資家が入手でき、不公正な取引の発生から投資者を回避させることが基本となる。	テ5
			4 × 銀行も金融商品の仲介ができる。	テ7
			5 ○ 日本証券金融は、金融商品取引業者に信用取引の決済に必要な金銭又は有価証券を貸し付ける貸借取引貸付け等を行っている。	テ7、41
セールス業務	問79	○		テ103
	問80	○		テ92
	問81	×	外務員は、顧客ニーズに合った商品を選定し、顧客の納得のうえで実際に購入してもらう必要がある。	テ92
	問82	×	外務員は、顧客の最大の利益に立って行動すべきであり、法令、諸規則を遵守することはもちろん、たとえルールがなくても不適切な行為はしないという姿勢が必要である。	テ93
	問83	○		テ93
デリバティブ取引	問84	×	先渡取引の決済については、期限日の現物受渡しが原則で、期限日前に契約を解消する場合には相手方との交渉が必要になる。	テ385
	問85	○		テ389
	問86	○		テ440
	問87	○		テ415
	問88	○		テ437
	問89	○		テ436
	問90	○		テ415
	問91	×	証拠金は、顧客が取引を行った場合には、翌営業日までの金融商品取引業者が指定する日時までに、当該金融商品取引業者に差し入れなくてはならない。	テ417

科目	問	解答	解説	参照ページ
デリバティブ取引	問92	3	（下記）	〒421

	長期国債現物	長期国債先物
現在の価格	100.50円	105.10円
1ヵ月後の価格	103.00円	108.50円
2ヵ月後の価格	100.80円	105.50円

①保有している長期国債現物は、最も高い1ヵ月後の103.00円で売却すると、最も収益を獲得できる。
②長期国債先物は、最も安い現在の105.10円で買建て、最も高い1ヵ月後の108.50円で転売すると、最も収益を獲得できる。
③したがって、上記①及び②を組み合わせた投資を行っているのは、選択肢3である。

科目	問	解答	解説	参照ページ
デリバティブ取引	問93	3	（下記）	〒395、401、431

損益図

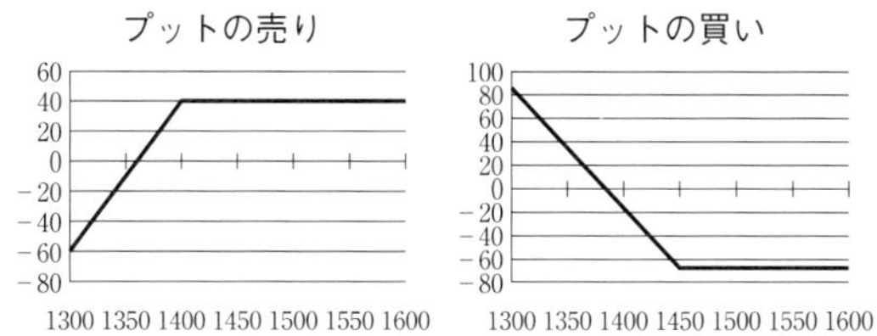

損益表
1単位当たりの損益

	1,300	1,350	1,400	1,450	1,500	1,550
プットの売り	−60	−10	40	40	40	40
プットの買い	85	35	−15	−65	−65	−65
合計損益	25	25	25	−25	−25	−25

損益計算1,350ポイントの場合
1単位当りの損益×取引単位×数量
25円×10,000円×10単位＝2,500,000円
よって250万円の利益
このポジションはバーティカル・ベア・プット・オプションである。
損益図

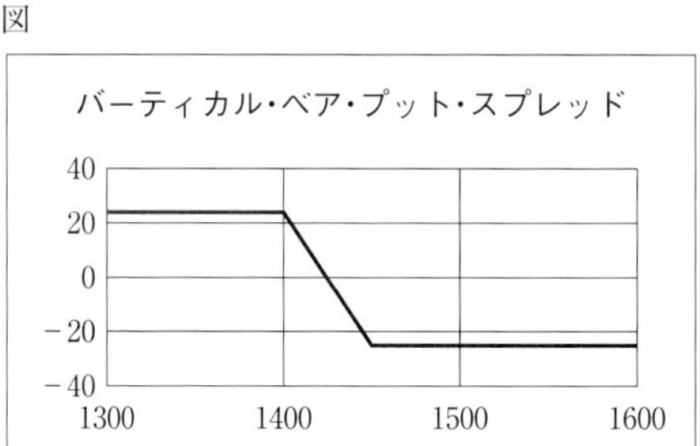

科目	問	解答	解説		参照ページ
デリバティブ取引	問94	2	先物建玉の評価損による証拠金不足は「現金不足額」として全額現金で差し入れる必要がある。代用有価証券の値下がりによる証拠金不足は、証拠金不足額として全額有価証券で代用できる。		テ418、423
	問95	3・4	1○		テ392
			2○		テ391、393
			3×	ガンマとは、原資産価格の微小変化に対するデルタの変化の比を指す。問題文は、ベガの記述である。	テ392
			4×	ベガとは、ボラティリティの微小変化に対するプレミアムの変化の比を指す。問題文は、セータの記述である。	テ392
			5○		テ392
	問96	4・5	1×	先物取引において、価格変動リスクを回避しようとする取引をヘッジ取引という。	テ381～382
			2×	先物取引において、先物価格が現物価格より高いことを「先物がプレミアム」という。	テ379
			3×	先物取引において、先物と現物又は先物と先物との間の価格乖離をとらえて収益を狙う取引を、裁定取引という。	テ381～382
			4○		テ383
			5○		テ384
	問97	4・5	1×	原資産価格が上昇すれば、コール・プレミアムは高くなるが、プット・プレミアムは低くなる。	テ390
			2×	高い権利行使価格のコール・オプションのプレミアムは低くなり、プット・オプションのプレミアムは高くなる。	テ390
			3×	残存期間が短くなるほど、コール・オプション、プット・オプション共にプレミアムは低くなる。	テ390
			4○		テ391
			5○		テ391
	問98	1	先物理論価格 ＝現物価格×｛1＋(短期金利－配当利回り)×期間｝ ＝1,100×(1＋0.025×3/12) ＝1,100×1.00625 ≒1,106ポイント		テ380
	問99	3・4	1×	原資産は長期国債先物である。	テ429
			2×	取引最終日までに反対売買か権利を放棄してオプションを消滅させることもできる。なお、取引最終日までに反対売買によって決済されなかったイン・ザ・マネーの未決済建玉については、権利を放棄しない限り自動的に行使される（自動権利行使制度）。	テ388、429
			3○		テ387、429
			4○		テ429
			5×	長期国債先物の限月は、3、6、9、12月限のうち直近の2限月、その他の限月は最大で直近の2限月である。	テ429

科目	問	解答		解　説	参照ページ
デリバティブ取引	問100	4・5	1○		テ444
			2○		テ444
			3○		テ446
			4×	地震オプションの買い手のリスクは、「決済金では実際の損害金額をカバーできないリスク」のほか、「取引相手である損害保険会社の信用リスク」が存在する。	テ446
			5×	CATボンドは、高めのクーポンを投資家に支払う代わりに、元本毀損リスクを背負ってもらう仕組債である。問題文は、CDOの記述である。	テ443、446

◆MEMO

模擬想定問題　2

本試験と同一レベル・同一配分で作成した模擬想定問題を掲載しています。学習の総括として、ぜひチャレンジしてください。

また、専用の解答用紙を設けましたので、ご利用ください。

【試験の形式について】

・実際の試験は、PCによる入力方式となります。

・電卓はPCの電卓を用います。

・問題数は計100問（○×方式70問、五肢選択方式30問）です。

・解答時間は２時間40分です。

・合否は440点満点のうち、７割（308点以上）の得点で合格となります。

模擬想定問題 2　解答用紙

【この解答用紙の使い方】
・この解答用紙は、コピーしたり、本書から切り取るなどしてご利用ください。
　また、本書から切り取る際は、ハサミやカッターなどで手を傷つけないよう十分にご注意ください。
・解答と解説は、問題の後部に掲載しています。

問	○ 1	× 2	3	4	5	問	○ 1	× 2	3	4	5	問	○ 1	× 2	3	4	5
1	▯	▯				35	▯	▯	▯	▯	▯	69	▯	▯	▯	▯	▯
2	▯	▯				36	▯	▯	▯	▯	▯	70	▯	▯			
3	▯	▯				37	▯	▯	▯	▯	▯	71	▯	▯			
4	▯	▯				38	▯	▯				72	▯	▯			
5	▯	▯				39	▯	▯				73	▯	▯			
6	▯	▯				40	▯	▯				74	▯	▯			
7	▯	▯	▯	▯	▯	41	▯	▯				75	▯	▯			
8	▯	▯	▯	▯	▯	42	▯	▯				76	▯	▯	▯	▯	▯
9	▯	▯				43	▯	▯	▯	▯	▯	77	▯	▯			
10	▯	▯				44	▯	▯	▯	▯	▯	78	▯	▯	▯	▯	▯
11	▯	▯				45	▯	▯	▯	▯	▯	79	▯	▯			
12	▯	▯				46	▯	▯				80	▯	▯			
13	▯	▯				47	▯	▯				81	▯	▯			
14	▯	▯				48	▯	▯				82	▯	▯			
15	▯	▯				49	▯	▯				83	▯	▯			
16	▯	▯				50	▯	▯				84	▯	▯			
17	▯	▯				51	▯	▯				85	▯	▯			
18	▯	▯				52	▯	▯				86	▯	▯			
19	▯	▯	▯	▯	▯	53	▯	▯	▯	▯	▯	87	▯	▯			
20	▯	▯	▯	▯	▯	54	▯	▯	▯	▯	▯	88	▯	▯			
21	▯	▯	▯	▯	▯	55	▯	▯	▯	▯	▯	89	▯	▯			
22	▯	▯				56	▯	▯				90	▯	▯			
23	▯	▯				57	▯	▯				91	▯	▯			
24	▯	▯				58	▯	▯				92	▯	▯	▯	▯	▯
25	▯	▯				59	▯	▯				93	▯	▯	▯	▯	▯
26	▯	▯				60	▯	▯				94	▯	▯	▯	▯	▯
27	▯	▯				61	▯	▯	▯	▯	▯	95	▯	▯	▯	▯	▯
28	▯	▯				62	▯	▯	▯	▯	▯	96	▯	▯	▯	▯	▯
29	▯	▯				63	▯	▯	▯	▯	▯	97	▯	▯	▯	▯	▯
30	▯	▯				64	▯	▯				98	▯	▯	▯	▯	▯
31	▯	▯				65	▯	▯				99	▯	▯	▯	▯	▯
32	▯	▯				66	▯	▯				100	▯	▯	▯	▯	▯
33	▯	▯				67	▯	▯									
34	▯	▯	▯	▯	▯	68	▯	▯									

【配点】○×方式：１問２点
五肢選択方式：１問10点（五肢択二は各５点）

計　　　　点（　　月　　日実施）

模擬想定問題　2

【金融商品取引法】

次の文章について、正しい場合は○へ、正しくない場合は×の方へマークしなさい。

問1． 相場操縦とは、有価証券やデリバティブ取引に係る市場における価格形成を人為的に歪曲する行為であり、何人もこれを行った場合は刑事罰として懲役若しくは罰金に処せられる。

問2． 金融商品取引業者等は、商品関連デリバティブ取引契約を締結しようとするときは、あらかじめ顧客に対し、契約締結前交付書面を交付しなければならない。

問3． 金融商品取引業者等は、広告等を行う際は、重要事項について顧客の不利益となる事実について表示しなければならない。

問4． 金融商品取引業者等は、金融商品取引契約につき、顧客に対し、特別の利益の提供を約すことは禁止されている。

問5． 金融商品取引法に規定する有価証券には株式、国債のほかに小切手及び約束手形が含まれる。

問6． 投資運用業者が取引一任契約を締結しようとするときは、あらかじめ顧客に対して、契約締結前交付書面を交付しなければならない。

【金融商品取引法】

問7．次の文章のうち、正しいものの番号を2つマークしなさい。

1．「株券等の大量保有の状況に関する開示制度」に関して、大量保有報告書の提出期限は、株券等の実質的な保有者がこの開示制度に定める大量保有者に該当することとなった日から起算して10日（日曜日その他政令で定める休日の日数は算入しない）以内とされている。
2．「株券等の大量保有の状況に関する開示制度」に関して、大量保有報告書の提出は、発行済株式総数等の5％超の株券等を実質的に保有する者に義務付けられており、当初提出していれば、その後に当該保有者の保有割合に変化が生じた場合でも、その異動状況等に関する報告は一切不要である。
3．大量保有報告書の対象となる有価証券には、新株予約権証券は含まれない。
4．「株券等の大量保有の状況に関する開示制度」において、株券等保有割合は保有する株券等の数を発行済株式総数で除して求める。
5．「株券等の大量保有の状況に関する開示制度」に関して、内閣総理大臣（金融庁長官）に提出した大量保有報告書は、5年間公衆の縦覧に供しなければならない。

【金融商品取引法】

問8．次の文章のうち、正しいものの番号を2つマークしなさい。

1．有価証券の発行者は、有価証券の募集・売出しを行う場合は、いかなる場合も当該募集又は売出しに関する届出書を内閣総理大臣（金融庁長官）に提出しなければならない。
2．投資信託の受益証券は、企業内容等開示制度の対象となる。
3．有価証券報告書は、有価証券の募集若しくは売出しに際し、内閣総理大臣（金融庁長官）に提出するものであり、当該募集又は売出しに関する情報が記載された勧誘文書である。
4．企業内容等開示制度に関して、上場会社等以外で株式の所有者が500人以上のとき、その発行者は、当該株式の所有者が500人以上となった年度を含めて3年間、継続開示義務が課される。
5．有価証券報告書の提出を義務付けられている会社は、財政状態・経営成績に著しい影響を与える事象が生じたときは、臨時報告書を内閣総理大臣（金融庁長官）に提出しなければならない。

【金融商品の勧誘・販売に関係する法律】

次の文章について、正しい場合は○へ、正しくない場合は×の方へマークしなさい。

問９. 犯罪による収益の移転防止に関する法律において、取引時確認を行う際の本人確認書類のうち、有効期限のないものについては、金融商品取引業者が提示又は送付を受ける日の前１年以内に作成されたものに限られる。

問10. 金融サービスの提供に関する法律において、金融商品販売業者等は、金融商品の販売等を業として行うときは、金融商品の販売が行われるまでの間に、原則として顧客に重要事項の説明をしなければならない。

問11. 消費者契約法において、事業者は自らが直接販売せず、媒介により委託を受けた者による勧誘の場合は消費者契約法は適用されない。

【協会定款・諸規則】

次の文章について、正しい場合は○へ、正しくない場合は×の方へマークしなさい。

問12. 協会員は、顧客と外国証券の取引に関する契約を締結する場合、あらかじめ各金融商品取引業者が定める様式の外国証券取引口座に関する約款を当該顧客へ交付し、取引口座の設定に係る申込みを受けなければならない。

問13. 協会員は、国債の発行日前取引を初めて行う顧客に対し、あらかじめ当該取引が停止条件付売買であることを説明しなければならない。

【協会定款・諸規則】

次の文章について、正しい場合は○へ、正しくない場合は×の方へマークしなさい。

問14. 顧客カードの記載事項に、「資産の状況」がある。

問15. 日本証券業協会（以下「協会」という）は、協会員が顧客との間において行う公社債の店頭売買の際に協会員及び顧客の参考に資するため、協会が指定する協会員からの報告に基づき、売買参考統計値を毎営業日発表している。

問16. 協会員は、外国証券の国内店頭取引において、顧客の求めがあった場合には、取引価格の算定方法等について、口頭又は書面により、その概要を説明しなければならない。

問17. 協会員は、顧客に対し店頭デリバティブに類する複雑な投資信託に係る販売の勧誘を行うに当たっては、勧誘開始基準を定め、当該基準に適合した顧客に対してのみ勧誘ができる。

問18. 協会員は、顧客の有価証券関連デリバティブ取引等の建玉、損益、委託証拠金、預り資産等の状況については個人情報に当たるため、総合的な管理を行ってはならない。

問19. 次の文章のうち、誤っているものの番号を２つマークしなさい。

1．協会員は、登録を受けている外務員について、外務員登録日を基準として３年目ごとの日の属する月の初日から１年以内に日本証券業協会の外務員資格更新研修を受講させなければならない。
2．協会員は、その役員又は従業員のうち、外務員の種類ごとに定める一定の資格を有し、かつ、外務員の登録を受けた者でなければ、外務員の職務を行わせてはならない。
3．二種外務員は、有価証券デリバティブ取引等に係る外務員の職務は、一種外務員の同行があれば行うことができる。
4．協会員は、取引の信義則に違反するものに該当するおそれのある広告等の表示を行ってはならない。
5．協会員の従業員は、顧客から有価証券の売付けの注文を受ける場合において、当該有価証券の売付けが空売りであるか否かの別を確認せずに注文を受けてはならない。

【協会定款・諸規則】

問20. 次の文章のうち、誤っているものの番号を２つマークしなさい。

1．協会員の従業員は、いかなる名義を用いているかを問わず、原則として自己の計算において有価証券関連デリバティブ取引を行ってはならない。
2．協会員の従業員は、有価証券の売買その他取引等に関して顧客と金銭、有価証券の貸借を行うことができる。
3．照合通知書を顧客に交付するときは、顧客との直接連絡を確保する趣旨から、直接手渡すことを原則としている。
4．協会員は、原則として、相手方が反社会的勢力であることを知りながら、当該相手方との間で有価証券の売買その他の取引を行ってはならない。
5．「仮名取引」とは、口座名義人とその口座で行われる取引の効果帰属者が一致しない取引のことであり、顧客が架空名義あるいは他人の名義を使用してその取引の法的効果を得ようとする取引のことをいう。

問21. 次の文章のうち、正しいものの番号を２つマークしなさい。

1．協会員は、有価証券オプション取引について、金融商品取引所が取引制限や取引禁止措置を行っている銘柄ついては、その旨を顧客に説明しなければならないが、有価証券オプション取引に係る建玉に関して注意喚起を行っている銘柄については、説明する必要はない。
2．協会員は、新規顧客、大口取引顧客等からの注文に際しては、あらかじめ当該顧客より買付代金又は売付有価証券の全部又は一部の預託を受ける等、取引の安全性の確保に努めなければならない。
3．協会員は、顧客の投資経験、投資目的、資力等を十分に把握し、顧客の意向を実情に適合した投資勧誘を行うよう努めなければならない。
4．協会員の従業員は、所属協会員の書面による承諾があれば信用取引を行うことができる。
5．内部管理責任者は、自らが任命された営業単位における投資勧誘等の営業活動、顧客管理に関し、重大な事案が生じた場合は、速やかにその内容を営業責任者に報告し、その指示を受けなければならない。

【取引所定款・諸規則】

次の文章について、正しい場合は○へ、正しくない場合は×の方へマークしなさい。

問22. 取引所は、有価証券の価格の急激な変動による投資者の不測の損害を防止するため、有価証券の売買における１日の値幅を制限している。

問23. 転換社債型新株予約券付社債の上場審査基準は、発行者に対する基準と上場申請銘柄に対する基準からなる。

問24. 東京証券取引所の内国株式の上場審査基準において、上場審査は株主数などの形式基準すべてに適合するものを対象として行う。

問25. 有価証券の売買に係る顧客と取引参加者との間の金銭の授受は、必ず円貨で行わなければならない。

問26. 国債証券の上場については、発行者からの申請は必要ないとされている。

問27. 国債証券は、制度信用取引の保証金代用有価証券にはならない。
（注）本設問は外国株式信用取引を除く、国内における信用取引を対象とする。

【株式業務】

次の文章について、正しい場合は○へ、正しくない場合は×の方へマークしなさい。

問28. 株式ミニ投資に係る取引については、顧客から注文を受託した日が約定日となる。

問29. 新規上場における株式の公開価格の決定方法には、競争入札による公募等とブック・ビルディングがある。

問30. 私設取引システム（PTS）の売買価格決定方法のうちの１つに、顧客の提示した指値が、取引の相手方となる他の顧客の提示した指値と一致する場合に、当該顧客の提示した指値を用いる方法が含まれる。

問31. 資金と証券の同時又は当日中の引渡しを行う決済をDVP決済といい、取引相手の決済不履行（資金又は証券を交付した後その対価を受け取れないこと）を排除できる。

問32. 株価純資産倍率（PBR）は、１株当たり純資産を株価で除して求められる。

問33. 制度信用取引は、金利や返済期限が顧客と金融商品取引業者との合意に従って行われる信用取引である。

【株式業務】

問34. 以下の会社の株価純資産倍率（PBR）と株価収益率（PER）の組合せとして、正しいものの番号を１つマークしなさい。

（注）答えは、小数点第２位以下を切り捨ててある。発行済株式総数は前期末と当期末において変化はない。

発行済株式総数	1,500万株	当期(純)利益	３億円
総資産	90億円	株価	1,000円
総負債	60億円		

1．PBR　1.6倍　PER　5.0倍
2．PBR　1.6倍　PER　50.0倍
3．PBR　5.0倍　PER　50.0倍
4．PBR　50.0倍　PER　1.8倍
5．PBR　50.0倍　PER　5.0倍

問35. 次の文章のうち、正しいものの番号を２つマークしなさい。

1.「上場銘柄の制度信用取引」においては、買建株の決済の方法は反対売買のみである。
2.一般信用取引の返済期限は、最長６ヵ月である。
3. 顧客が制度信用取引を申し込み、金融商品取引業者が承諾した場合には、信用取引口座設定約諾書を差し入れる必要がある。
4.「上場銘柄の制度信用取引」において、金利については顧客と金融商品取引業者との間で自由に決定できる。
5.「上場銘柄の制度信用取引」においては、代用有価証券の現金換算率は、有価証券の種類にかかわらず、一律100分の80に統一されている。

（注）本設問は外国株式信用取引を除く、国内における信用取引を対象とする。

【株式業務】

問36. ある顧客が、時価900円の上場銘柄A社株式2,000株を制度信用取引で新たに買い建て、委託保証金代用有価証券として時価1,000円の上場銘柄B社株式1,000株を差し入れた。その後、ある日の終値で、A社株式が650円に、B社株式が800円になった場合の委託保証金に関する記述として正しいものを１つマークしなさい。

（注）委託保証金率は30%、上場株式の現金換算率（代用掛目）は80%とし、立替金は考慮しないものとする。

※本設問は外国株式信用取引を除く、国内における信用取引を対象とする。

1. 追加差入れは必要ない。
2. 12万円以上の追加差入れが必要である。
3. 15万円以上の追加差入れが必要である。
4. 22万円以上の追加差入れが必要である。
5. 24万円以上の追加差入れが必要である。

問37. 資本金900億円、時価総額850億円、利益剰余金40億円、有利子負債650億円、保有現預金（短期有価証券含む）50億円、EBITDA170億円である会社（年１回決算）のEV／EBITDA倍率として正しいものの番号を１つマークしなさい。

（注）答えは、小数点第２位以下を切り捨ててある。

1．1.4倍　　2．8.5倍　　3．9.1倍
4．9.5倍　　5．9.8倍

【債券業務】

次の文章について、正しい場合は○へ、正しくない場合は×の方へマークしなさい。

問38. 債券の入替売買とは、同一の投資者がある銘柄を売るとともに別の銘柄を買うというように、同時に売り買いを約定する売買手法である。

問39. コール市場、手形市場、CD（譲渡性預金）市場などの短期金利が低下すると、一般に債券の利回りは低下し、債券価格は下落する。

【債券業務】

次の文章について、正しい場合は○へ、正しくない場合は×の方へマークしなさい。

問40. 格付とは、発行会社が負う金融債務についての総合的な債務履行能力や個々の債務等が約定どおりに履行される確実性（信用力）に対する格付機関の意見を簡単な記号で示したものである。

問41. 地方債とは、都道府県や市町村などの地方公共団体の発行する債券で、国債と合わせて公債ともいう。

問42. 投資者が最終償還日まで新規発行債券を保有したときの年利と１年当たりの償還差損益の合計に対する投資元本の割合を、最終利回りという。

問43. 次の条件の転換社債型新株予約権付社債の乖離率として、正しいものの番号を１つマークしなさい。

（注）答えは、小数点第３位以下を切り捨ててある。

転換価額	1,000円
転換社債型新株予約権付社債の時価	110円
転換の対象となる株式の時価	800円

1．▲37.50%
2．▲20.00%
3．10.00%
4．20.00%
5．37.50%

問44. 発行価格100.00円、利率3.0%、残存期間6年の利付債券を、103.00円で買付けた場合の最終利回りとして、正しいものの番号を1つマークしなさい。
（注）答えは、小数点第4位以下を切り捨ててある。

1．2.215%　　2．2.427%　　3．2.652%
4．2.912%　　5．3.398%

問45. 利率3.4%、残存期間1年の利付債券を最終利回り1.37%になるように買うとすれば購入価格はいくらか。正しいものの番号を1つマークしなさい。
（注）答えは、円未満を切り捨ててある。

1．101円　　2．102円　　3．103円
4．104円　　5．105円

【投資信託及び投資法人に関する業務】

次の文章について、正しい場合は○へ、正しくない場合は×の方へマークしなさい。

問46. 投資法人の成立時の出資総額は、設立の際に発行する投資口の総額であり、その最低額が定められている。

問47. 不動産投資法人の売買注文において、成行注文はできるが、指値注文はできない。

問48. 投資法人の監督役員である者は、当該投資法人の執行役員を兼任することができない。

問49. MRFは毎日決算が行われ、毎月末に再投資される。

問50. 投資信託委託会社は、投資信託契約を解約し、償還しようとするときは、あらかじめその旨を内閣総理大臣（金融庁長官）に届け出なければならない。

問51. 投資信託の分類における「オープンエンド型」は、発行者が発行証券を買い戻すことができる（投資家が解約できる）ファンドであり、そのため、ファンドの減少が絶えず行われる。

問52. 通貨選択型投資信託は、投資対象資産の価格変動リスクに加え、換算する通貨の為替リスクを被ることに注意する必要がある。

【投資信託及び投資法人に関する業務】

問53. 投資信託の区分に関して、（　　）に当てはまる語句の組み合わせとして正しいものはどれか。正しいものの番号を１つマークしなさい。

（ イ ）型の発行証券は、市場で売却することで換金できる。
（ ロ ）型の発行証券の買戻しは、純資産価格に基づいて行われる。
（ ハ ）型は、（ ニ ）型に比べて、基金の資金量が安定している。

a．クローズドエンド　　b．オープンエンド

1．イ－a、ロ－b、ハ－a、ニ－b
2．イ－a、ロ－b、ハ－b、ニ－a
3．イ－b、ロ－a、ハ－a、ニ－b
4．イ－b、ロ－a、ハ－b、ニ－a
5．イ－b、ロ－b、ハ－a、ニ－b

問54. 次の文章は証券投資信託の運用手法に関する記述である。次の文中の（ イ ）～（ ニ ）にそれぞれ当てはまる語句を下の語群a～fから正しく選んでいるものの番号を１つマークしなさい。

アクティブ運用には、大別して、マクロ経済に対する調査・分析結果でポートフォリオを組成していく（ イ ）と個別企業に対する調査・分析結果の積み重ねでポートフォリオを組成していく（ ロ ）がある。

さらに、（ ロ ）によるアクティブ運用には、企業の成長性を重視する（ ハ ）や株式の価値と株価水準を比較し、割安と判断される銘柄を中心に組成する（ ニ ）などがある。

a．パッシブ運用　　b．インデックス運用
c．トップダウン・アプローチ　　d．ボトムアップ・アプローチ
e．グロース株運用　　f．バリュー株運用

1．イ＝c、ロ＝d、ハ＝a、ニ＝b
2．イ＝c、ロ＝d、ハ＝e、ニ＝f
3．イ＝c、ロ＝d、ハ＝f、ニ＝e
4．イ＝d、ロ＝c、ハ＝a、ニ＝b
5．イ＝d、ロ＝c、ハ＝e、ニ＝f

【付随業務】

問55. 次の文章のうち、誤っているものの番号を２つマークしなさい。

1．金融商品取引業の付随業務に該当するものに、信用取引に付随する金銭の貸付がある。
2．金融商品取引業の付随業務に該当するものに、累積投資契約の締結がある。
3．金融商品取引業の付随業務に該当するものに、私設取引システム運営業務（PTS）がある。
4．金融商品取引業の付随業務に該当するものに、株券等貸借取引がある。
5．金融商品取引業の付随業務に該当するものに、元引受け業務がある。

【株式会社法概論】

次の文章について、正しい場合は○へ、正しくない場合は×の方へマークしなさい。

問56. 株式を分割すると、発行済株式が増え、１株当たりの実質的価値も増える。

問57. 合名会社の無限責任社員は、会社の債務につき、債権者に対して直接・連帯・無限の責任を負う社員である。

問58. 剰余金の配当は分配可能額の範囲でなされる必要があるが、配当をできる回数は年２回までである。

問59. 会社法において、大会社とは、資本金の額が10億円以上又は負債総額が100億円以上の株式会社をいう。

問60. 単元株制度において、単元株式数は1,000以下かつ発行済株式総数の200分の１以下とされている。

問61. 次の文章のうち、誤っているものの番号を２つマークしなさい。

1．２種類以上の株式を発行する会社を、種類株発行会社という。
2．株式会社は、発行する株式の全部又は一部について、譲渡には会社の承認が必要であると定めることができる。
3．少数株主権とは、１株しか持たない株主でも行使できる権利のことである。
4．株式会社は、定款に記載がなければ株券を発行することはできない。
5．株式会社が自己株式を取得することは、出資の払戻しと同じであるため、全面的に禁止されている。

【経済・金融・財政の常識】

問62. 次の文章のうち、誤っているものの番号を２つマークしなさい。

1．景気動向指数の採用系列は、先行系列と遅行系列の２つに分類される。
2．企業物価指数（CGPI）は、家計が購入する各種の消費財やサービスの小売価格の水準を指数値で示したものである。
3．通貨の基本的機能には、商品の価値の計算単位としての機能がある。
4．国民所得に対する租税・社会保障負担の比率のことを、「国民負担率」という。
5．基礎的財政収支対象経費とは、一般会計の歳出から国債費を除いたものをいう。

問63. 次の文章のうち、誤っているものの番号を２つマークしなさい。

1．GDPは、一国の経済活動の様子を全体的にとらえる代表的な指標といえ、家計、消費、資産の３つの側面を持っており、どの面からみても等しいという意味で「三面等価の原則」が成り立っているといえる。
2．マネーストックとは、民間金融機関を除く一般法人、個人及び地方公共団体が保有する現金通貨・預金通貨等の保有量のことである。
3．日本銀行は、銀行券の独占的発行権を有する「発券銀行」としての機能、市中金融機関を対象に取引を行う「銀行の銀行」としての機能及び政府の出納業務を行う「政府の銀行」としての機能を有している。
4．コール市場で取引される翌日物（オーバーナイト物）の仲介は、金融商品仲介業者が行っている。
5．有効求人倍率は、景気が良い時は上昇、景気が悪い時は低下する。

【財務諸表と企業分析】

問64. 当座比率は、$\frac{\text{当座資産}}{\text{流動資産}} \times 100$である。

問65. 貸借対照表は、一定時点における企業の財政状態を示す一覧表である。

問66. 連結貸借対照表を作成するのは、親会社が他の会社を支配するに至った日において行われる。

問67. 特許権は、流動資産に分類される。

問68. 固定比率は、$\frac{\text{固定資産}}{\text{固定負債}} \times 100$である。

【財務諸表と企業分析】

問69. 次の損益計算書の金額（単位：百万円）が次のとおりである会社に関する記述において、正しいものの番号を１つマークしなさい。

	前期	当期
売上高	10,000	15,000
売上原価	7,500	12,000
販売費及び一般管理費	2,100	2,500
営業外損益	80	50
特別損益	▲150	380
法人税及び住民税	200	450

イ．前期の売上高総利益率は、4.0％である。
ロ．前期の売上高(純)利益率は、3.2％である。
ハ．当期の売上高経常利益率は、3.6％である。
ニ．当期は前期に比べ増収、増益（経常利益ベース）である。

１．イ及びロ　　２．イ及びハ　　３．ロ及びハ
４．ロ及びニ　　５．ハ及びニ

【証券税制】

次の文章について、正しい場合は○へ、正しくない場合は×の方へマークしなさい。

問70. 信用取引により株式の売買を行って生じる所得は、その信用取引等の決済の日の属する年分の所得として課税される。

問71. 株式等の売買による所得は、すべて譲渡所得となり、事業所得や雑所得に分類されることはない。

問72. 特定口座は、居住者である個人１人につき１口座しか設定できない。

【証券税制】

次の文章について、正しい場合は○へ、正しくない場合は×の方へマークしなさい。

問73. NISA口座（少額投資非課税制度）で購入した上場株式の配当金の受取方法について、株式数比例配分方式を選択しなければ、配当金を非課税で受け取ることはできない。

問74. 特定口座において「源泉徴収選択口座」を選択した場合、当該口座における年間の損益を通算し、必ず確定申告をしなければならない。

問75. NISA口座内の譲渡損失は、特定口座や一般口座の譲渡益と損益通算できる。

問76. ある個人（居住者）が、上場銘柄Ａ社株式を金融商品取引業者に委託して現金取引により下記の通り６月から８月までの間に10,000株新たに買付け、同年９月にすべて売却した。この売却による譲渡益として正しいものの番号を１つマークしなさい。

（注）○○年中には、他の有価証券の売買はなかったものとする。また売買に伴う手数料その他の諸費用については考慮しない。なお、取得価額の計算において１株当たりの金額に１円未満の端数がでた場合には、その端数を切り上げるものとする。

年月	売買の別	単価	株数
○○年６月	買い	650円	2,400株
○○年７月	買い	680円	2,800株
○○年８月	買い	670円	4,800株
○○年９月	売り	680円	10,000株

１．120,000円　　２．130,000円　　３．300,000円
４．420,000円　　５．668,000円

【証券市場の基礎知識】

次の文章について、正しい場合は○へ、正しくない場合は×の方へマークしなさい。

問77. サステナブルファイナンスは、特定の金融商品や運用スタイルを指す言葉ではなく、持続可能な社会を支える金融の制度や仕組み、行動規範、評価手法等の全体像を指す。

【証券市場の基礎知識】

問78. 次の文章のうち、正しいものの番号を1つマークしなさい。

1．証券取引等監視委員会は、インサイダー取引や損失補塡等の公正を損なう行為についての強制調査権が付与されている。
2．投資者保護基金の補償限度額は、顧客1人当たり3,000万円とされている。
3．資金移転の仲介の役割を担う証券会社は、供給者の資産を管理運用し、その果実（収益）を顧客に還元する。
4．金融市場において、経済主体間の資金需要額と供給額は、家計部門や企業部門で必ず一致する。
5．証券保管振替機構は、国債の決済及び管理業務を集中的に行う日本で唯一の証券決済機関である。

【セールス業務】

次の文章について、正しい場合は○へ、正しくない場合は×の方へマークしなさい。

問79. 金融事業者は、顧客本位の業務運営を実現するための明確な方針を策定し、公表する必要がある。

問80. 外務員は、単に不正又は不適切な行為をしないということだけでなく、リスクや不正を排除するために積極的に行動する姿勢が強く要求される。

問81. 金融事業者は、顧客の資産状況、取引経験、知識及び取引目的・ニーズを把握し、当該顧客にふさわしい金融商品・サービスの組成、販売・推奨等を行うべきである。

問82. 外務員は、法令違反についてはすぐに報告せず、大事に至りそうな場合は、上司や法務部等の専門部署に報告する。

問83. 外務員は、投資家の期待と信頼に応えられるよう、知識技能の習得など自己研鑽に励み、高い倫理観をもって営業活動に当たらなければならない。

【デリバティブ取引】

次の文章について、正しい場合は○へ、正しくない場合は×の方へマークしなさい。

問84. 国債先物取引における決済の方法は、現渡し・現引きによる受渡決済のみである。

問85. スワップ取引とは、契約の当事者である二者間で、スタート日付から満期までの一定間隔の支払日にキャッシュ・フローを交換する取引のことである。

問86. イン・ザ・マネーの状態でのオプション・プレミアムは、本質的価値のみである。

問87. 「フロア」は、将来の金利上昇リスクのヘッジが可能となる。

問88. カバード・コールは、「原資産買い持ち＋コールの買い」で作るポジションで、原資産が値下がりしても、プレミアム分を得て利回りアップを望む投資者に用いられる。

問89. エクイティ・デリバティブで原資産が株価指数の場合の現金決済を、キャッシュ・セトルという。

問90. 投資戦略のうちストラングルの買いは、利益、損失ともに無限定となる。

問91. 国債先物取引の受渡決済においては、買方が銘柄の選択権を持つ。

問92. プット・オプションにおいて、下記の（A）～（C）の状態のとき、①～③に当てはまる記号の組み合わせとして正しいものの番号を１つマークしなさい。

（A）	アット・ザ・マネー	原資産価格	①	権利行使価格
（B）	イン・ザ・マネー	原資産価格	②	権利行使価格
（C）	アウト・オブ・ザ・マネー	原資産価格	③	権利行使価格

１．①　＜　②　＞　③　＝
２．①　＝　②　＜　③　＞
３．①　＞　②　＝　③　＞
４．①　＝　②　＞　③　＜
５．①　＜　②　＝　③　＜

【デリバティブ取引】

問93. 次の文章のうち、正しいものの番号を２つマークしなさい。

1．バーティカル・ブル・コール・スプレッドは、市場価格がやや上昇すると予想する戦略である。
2．同じ権利行使価格、同じ限月で同量のコールの買いとプットの売りを合わせると、あたかも先物の売りポジションを持ったかのようになる。
3．ストラドルの買いとストラングルの買いは、共に市場が小動きになると予想する戦略である。
4．コールの買いは利益が無限定であり、プットの買いは損失が無限定である。
5．ストラドルの買いは、損益分岐点が２つある。

問94. 次の文章のうち、正しいものの番号を２つ選択しなさい。

1．日経225先物取引の限月は、19限月である。
2．日経225先物取引の取引単位は、日経平均株価に1,000円を乗じたものになる。
3．日経225先物取引の取引最終日は、各限月の第２金曜日である。
4．日経225先物取引の呼値の刻みは、100円である。
5．日経225先物取引の最終決済は、現渡し・現引きにより行われる。

問95. 次の文章のうち、誤っているものの番号を２つマークしなさい。

1．オプションのデルタとは、原資産価格の微小変化に対するオプション・プレミアムの変化の比を指す。
2．オプションのオメガとは、原資産価格の変化率に対するオプション・プレミアムの変化率の比を指す。
3．オプションのガンマとは、ボラティリティの微小変化に対するデルタの変化の比を指す。
4．オプションのローとは、短期金利の微小変化に対するオプション・プレミアムの変化の比を指す。
5．オプションのベガとは、残存期間の微小変化に対するオプション・プレミアムの変化の比を指す。

【デリバティブ取引】

問96. 現在、Aさんは長期国債現物を額面10億円保有している。長期国債現物の価格は現在105.00円、長期国債先物の価格は99.50円であるが、先行き金利が上昇し債券相場が値下がりすることが予想されている。1ヵ月後、予想したとおり金利は上昇、長期国債現物の価格は値下がりし102.50円、長期国債先物価格は97.10円になった。しかし、2ヵ月後には、長期国債現物価格は105.20円、長期国債先物価格は99.80円になった。この場合、Aさんが以下の投資を行った場合に、結果として最も収益をあげる投資方法を記述しているものとして、正しいものの番号を1つマークしなさい。なお、手数料、税金等は考慮しないものとする。

1．そのまま長期国債10億円を保有し、2ヵ月後に売却した。
2．直ちに保有する長期国債現物と同額面の長期国債先物を買い、2ヵ月後に長期国債先物を全額売却し、長期国債現物も全額売却した。
3．直ちに保有する長期国債現物と同額面の長期国債先物を買い、1ヵ月後に長期国債先物を全額売却し、長期国債現物も全額売却した。
4．1ヵ月後に長期国債現物と同額面の長期国債先物を買い、2ヵ月後に長期国債先物を全額売却し、長期国債現物も全額売却した。
5．1ヵ月後に長期国債現物と同額面の長期国債先物を売り、2ヵ月後に長期国債先物を全額買戻し、長期国債現物も全額売却した。

問97. 長期国債先物を100円で額面10億円買い建てた。対応する証拠金所要額は6,000万円と計算され、全額代用有価証券で差し入れたとする。翌日、長期国債先物の清算値段が98.50円に下落し、代用有価証券に200万円の評価損が出た場合、差し入れる証拠金について述べた次の文章のうち、正しいものの番号を1つマークしなさい。なお、建玉残10単位に対する証拠金所要額は、6,000万円で変わらなかったものとする。

1．証拠金を差し入れる必要はない。
2．証拠金を差し入れる必要があり、先物建玉の評価損及び代用有価証券の値下がり分については、全額有価証券で代用できる。
3．証拠金を差し入れる必要があり、先物建玉の評価損及び代用有価証券の値下がり分については、全額現金で差し入れる必要がある。
4．証拠金を差し入れる必要があり、代用有価証券の値下がり分は全額現金で差し入れる必要があるが、先物建玉の評価損は、全額有価証券で代用できる。
5．証拠金を差し入れる必要があり、先物建玉の評価損は全額現金で差し入れる必要があるが、代用有価証券の値下がり分は全額有価証券で代用できる。

【デリバティブ取引】

問98. 次の文章のうち、正しいものの番号を2つマークしなさい。

1. 中期国債先物の標準物の償還期限は、3年である。
2. 長期国債先物の呼値の刻みは、額面100円当り10銭である。
3. 長期国債先物の取引単位は、額面1,000万円である。
4. 長期国債先物の限月は、3、6、9、12月のうち直近の3限月である。
5. 長期国債先物の標準物の利率は、6%である。

問99. ある顧客が、権利行使価格1,120ポイントのTOPIXコール・オプションをプレミアム40ポイントで10単位買建てるとともに、権利行使価格1,120ポイントのTOPIXプット・オプションをプレミアム20ポイントで10単位売建てた。
その後、転売は行わず最終決済期日を迎え、SQ値（特別清算数値）が1,140ポイントになった場合における取引全体での損益として、正しいものの番号を1つマークしなさい。なお、委託手数料、税金は考慮しないものとする。

1. 100万円の利益
2. 200万円の利益
3. 損益なし
4. 100万円の損失
5. 200万円の損失

問100. 次の文章のうち、誤っているものの番号を2つマークしなさい。

1. トータル・リターン・スワップは、プロテクションの買手が売手に定期的に固定金利を支払い、クレジット・イベントが発生した場合に、損失に相当する金額を売手から受け取る取引である。
2. クレジット・デフォルト・スワップは、プロテクションの売手が信用リスクをヘッジする取引である。
3. 参照組織が企業であるクレジット・デフォルト・スワップのプロテクション・セラーは、プレミアムを利益として得られるメリットがあるが、もし参照企業にクレジット・イベントが発生した場合には、その分補償額を支払うことになる。
4. トータル・リターン・スワップのプロテクションの買手は、社債等を保有したまま売却した場合と同様な経済効果が得られる。
5. CDOは、証券化商品の一種であり、ローン債権や債券、あるいはCDSを多数集めてプールしたポートフォリオを裏付けにした担保資産として発行される証券のことである。

模擬想定問題 2　解答・解説

• 参照ページは、2024～2025証券外務員学習テキストのページとなっています。

科目	問	解答		解説	参照ページ
金融商品取引法	問1	○			テ44
	問2	○		商品関連デリバティブ取引も金融商品取引法上の有価証券に該当し、契約締結前交付書面の交付義務がある。	テ17、24
	問3	○			テ24
	問4	○		なお、社会通念上のサービスと考えられるものは含まれない。	テ32
	問5	×		小切手及び約束手形は、金融商品取引法に規定する有価証券には含まれない。	テ16
	問6	○			テ20、24
	問7	4・5	1×	大量保有報告書の提出期限は、大量保有者に該当することとなった日から起算して5日以内とされている。	テ56
			2×	大量保有報告書を提出すべき者は、大量保有者となった後に、株券等保有割合が1％以上増減等した場合には、その日から5日以内に変更報告書を提出しなければならない。	テ56～57
			3×	大量保有報告書の対象となる有価証券に、新株予約権証券は含まれる。	テ56
			4○		テ56
			5○		テ57
	問8	2・5	1×	原則として有価証券届出書の提出義務があるが、国債や地方債などは不要とされている。	テ51
			2○		テ50
			3×	有価証券報告書は、事業年度経過後3ヵ月以内に作成する企業情報の外部への開示資料である。	テ53
			4×	上場会社等以外で株式の所有者が300人以上のとき、その発行者は、当該株式の所有者が300人以上となった年度を含めて5年間、継続開示義務が課される。	テ53
			5○		テ53
金融商品の勧誘・販売に関係する法律	問9	×		6ヵ月以内に作成されたものに限られる。	テ72
	問10	○		なお、重要事項の説明は、書面の交付による方法でも可能だが、顧客の知識、経験、財産の状況及び当該金融商品の販売に係る契約を締結する目的に照らして、当該顧客に理解されるために必要な方法及び程度によるものでなければならない。	テ62
	問11	×		媒介により委託を受けた者による勧誘の場合も、消費者契約法は適用される。	テ65
協会定款・諸規則	問12	○			テ147
	問13	○			テ146
	問14	○			テ108
	問15	○			テ146、241

科目	問	解答	解説	参照ページ
協会定款・諸規則	問16	○		テ148
	問17	○	その他、有価証券関連デリバティブ取引等（一定の取引を除く）、特定店頭デリバティブ取引等、店頭デリバティブ取引に類する複雑な仕組債の販売に係る契約を締結しようとするときも注意喚起文書を交付しなければならない。	テ108～109
	問18	×	協会員は、有価証券関連デリバティブ取引等を重複して行う顧客の評価損益については、総合的な管理を行わなければならない。	テ110
	問19	1・3	1 × 協会員は、登録を受けている外務員について、外務員登録日を基準として5年目ごとの日の属する月の初日から1年以内に日本証券業協会の外務員資格更新研修を受講させなければならない。	テ131
			2 ○	テ130
			3 × 二種外務員は、有価証券デリバティブ取引等に係る外務員の職務は、一種外務員の同行の有無にかかわらず、行うことはできない。	テ129
			4 ○ その他、協会員としての品位を損なうもの、金融商品取引法その他の法令等に違反する表示のあるもの等について、広告等の表示を行ってはならない。	テ132
			5 ○	テ127
	問20	2・3	1 ○	テ125
			2 × 協会員の従業員は、有価証券の売買その他取引等に関して顧客と金銭、有価証券の貸借（顧客の債務の立替えを含む）を行うことはできない。	テ126
			3 × 照合通知書の交付については、顧客との直接連絡を確保する趣旨から、当該顧客の住所、事務所の所在地又は当該顧客が指定した場所に郵送することを原則としている。	テ120
			4 ○ また、相手方が反社会的勢力であることを知りながら、当該相手方への資金の提供その他便宜の提供を行ってはならない。	テ123
			5 ○	テ125
	問21	2・3	1 × 有価証券オプション取引に係る建玉に関して、当該銘柄に注意喚起が行われている場合は、顧客に説明する必要がある。	テ111
			2 ○	テ113
			3 ○ いわゆる「適合性の原則」の記述である。	テ107
			4 × 協会員の従業員は、いかなる場合も自己の計算において信用取引を行ってはならない。	テ125
			5 × 内部管理統括責任者に報告する。	テ122
取引所定款・諸規則	問22	○		テ165
	問23	○	なお、発行者基準には、当該取引所の上場会社であることがある。	テ162
	問24	○		テ159

科目	問	解答	解説	参照ページ
取引所定款・諸規則	問25	×	金銭の授受は、すべて円貨で行うのが前提であるが、受託取引参加者が同意した場合は、顧客の指定する外貨で行うことができる。	テ172
	問26	○		テ159、162
	問27	×	国債証券は、制度信用取引の保証金代用有価証券になる。	テ173、204
株式業務	問28	×	株式ミニ投資に係る取引については、顧客から注文を受託した翌営業日が約定日となる。	テ196
	問29	○		テ197
	問30	○		テ193
	問31	○		テ170、188
	問32	×	株価純資産倍率（PBR）は、株価を1株当たり純資産で除して求められる。	テ221
	問33	×	制度信用取引では、金利は顧客と金融商品取引業者との間で自由に決定できるが、返済期限は取引所の規則により6ヵ月以内と定められている。問題文は、一般信用取引の記述である。	テ198
	問34	3	株価純資産倍率（PBR）$=\dfrac{\text{株価}}{\text{1株当たり純資産}}$ 純資産＝総資産－総負債 ＝90億円－60億円＝30億円 1株当たり純資産$=\dfrac{\text{30億円}}{\text{1,500万株}}=$200円 株価純資産倍率$=\dfrac{\text{1,000円}}{\text{200円}}=$5.0倍 株価収益率（PER）$=\dfrac{\text{株価}}{\text{1株当たり当期純利益}}$ 1株当たり当期純利益$=\dfrac{\text{3億円}}{\text{1,500万株}}=$20円 株価収益率$=\dfrac{\text{1,000円}}{\text{20円}}=$50.0倍	テ218～219、221
	問35	3・4	1× 上場株券の制度信用取引の決済方法には、「反対売買（差金決済）による方法」だけではなく、「受渡決済（現渡し又は現引き）による方法」がある。	テ199、201、211～212
			2× 一般信用取引では、品貸料、返済期限及び金利は、顧客と金融商品取引業者との間で自由に決定できる。	テ199、202
			3○ なお、信用取引口座設定約諾書は取引所が定める様式のものである。	テ173、201
			4○	テ198、209
			5× 有価証券の種類によって現金換算率に違いがある。	テ173、204

科目	問	解答	解説	参照ページ
株式業務	問36	4	委託保証金の維持率＝約定代金×20％ （900円×2,000株）×20％＝360,000円 「（受入委託保証金－建玉評価損）＜360,000円」となると、追加委託保証金が必要。 A社株式評価損 （650円－900円）×2,000株＝▲500,000円 代用有価証券の現金換算 800円×1,000株×80％＝640,000円 640,000円－500,000円＝140,000円 140,000円＜360,000円 ∴追加委託保証金が必要 必要追加差入れ金額 360,000円－140,000円＝220,000円＝22万円	テ206～208
	問37	2	EBITDA　170億円 EV＝時価総額＋有利子負債－保有現預金－短期有価証券 ＝850億円＋650億円－50億円 ＝1,450億円 EV／EBITDA倍率＝EV／EBITDA＝$\frac{1,450億円}{170億円}$≒8.5倍	テ223
債券業務	問38	○		テ244
	問39	×	コール市場、手形市場、CD（譲渡性預金）市場などの短期金利が低下すると、一般に債券の利回りは低下し、債券価格は上昇する。	テ242
	問40	○	なお、公正な格付を付与するための体制整備等の要件を満たした格付機関が、「信用格付業者」として登録できる「登録制」を採用している。	テ239
	問41	○		テ232
	問42	×	投資者が最終償還日まで新規発行債券を保有したときの年利と1年当たりの償還差損益の合計に対する投資元本の割合を、応募者利回りという。	テ252
	問43	5	パリティ価格＝$\frac{株価}{転換価額}\times 100=\frac{800円}{1,000円}\times 100=80円$ 乖離率＝$\frac{転換社債の時価－パリティ価格}{パリティ価格}\times 100(\%)$ $=\frac{110円-80円}{80円}\times 100=37.50\%$	テ249～250
	問44	2	最終利回り＝$\frac{利率+\frac{償還価格（100円）-購入価格}{残存期間（年）}}{購入価格}\times 100(\%)$ $=\frac{3.0+\frac{100.00-103.00}{6}}{103.00}\times 100=2.427\%$	テ252
	問45	2	購入価格＝$\frac{100+利率\times 残存期間}{100+利回り\times 残存期間}\times 100$ $=\frac{100+3.4\times 1}{100+1.37\times 1}\times 100=102円$	テ255

科目	問	解答	解説	参照ページ
投資信託及び投資法人に関する業務	問46	○	なお、出資総額は、1億円以上と定められている。	テ297
	問47	×	上場株式と同様に、指値注文、成行注文のほか、信用取引も可能である。	テ299
	問48	○		テ298
	問49	○		テ285、289
	問50	○		テ288
	問51	○		テ269
	問52	○		テ270
	問53	1	なお、正しい文章は次のとおりとなる。 ・(イ　a. クローズドエンド) 型の発行証券は、市場で売却することで換金できる。 ・(ロ　b. オープンエンド) 型の発行証券の買戻しは、純資産価格に基づいて行われる。 ・(ハ　a. クローズドエンド) 型は、(ニ　b. オープンエンド) 型に比べて、基金の資金量が安定している。	テ269
	問54	2	なお、正しい文章は次のとおりとなる。 アクティブ運用には、大別して、マクロ経済に対する調査・分析結果によってポートフォリオを組成していく (イ　c. トップダウン・アプローチ) と、個別企業に対する調査・分析結果の積み重ねでポートフォリオを組成していく (ロ　d. ボトムアップ・アプローチ) がある。 さらに、(ロ　d. ボトムアップ・アプローチ) によるアクティブ運用には、企業の成長性を重視する (ハ　e. グロース株運用) や、株式の価値と株価水準を比較して、割安と判断される銘柄を中心に組成する (ニ　f. バリュー株運用) などがある。	テ277
付随業務	問55	3・5	1○	テ20、304
			2○	テ20、304、306
			3× 私設取引システム運営業務 (PTS) は、金融商品取引業者の本来の業務である。	テ21、304
			4○ なお、株式においては、上場株式のみである。	テ304〜305
			5× 元引受け業務は、金融商品取引業者の本来の業務である。	テ19、304
株式会社法概論	問56	×	株式を分割すれば発行済株式は増えるが、資産は増えず、1株当たりの実質的価値は小さくなる。	テ313
	問57	○		テ310
	問58	×	要件を満たせば取締役会で承認すると、それに基づいて年に何回でも配当することができる。	テ323
	問59	×	大会社とは、資本金の額が5億円以上又は負債総額が200億円以上の株式会社をいう。	テ311
	問60	○	なお、上場会社では、単元株数が100 (売買単位が100株) に統一された。	テ313

科目	問	解答	解説		参照ページ
株式会社法概論	問61	3・5	1○		テ314
			2○	なお、譲渡に会社の承認が必要な株式を、譲渡制限株式という。	テ314
			3×	少数株主権は一定割合以上の議決権を持った株主だけが行使できる権利のことである。問題文は、単独株主権の記述である。	テ315
			4○	なお、株券の発行を定款に定めている会社を株券発行会社という。	テ316
			5×	自己株式を取得することは禁じられていない。	テ315
経済・金融・財政の常識	問62	1・2	1×	景気動向指数の採用系列は、先行系列・一致系列・遅行系列の3つに分類される。	テ77
			2×	企業物価指数（CGPI）は、企業間で取引される財の価格の水準を指数値で示したものである。問題文は、消費者物価指数（CPI）の記述である。	テ79
			3○	問題文は、価値尺度としての機能の記述である。このほか、交換手段としての機能及び価値の貯蓄手段としての機能がある。	テ82
			4○		テ86
			5○		テ86
	問63	1・4	1×	三面等価の原則とは、「生産＝分配＝支出」が成立することをいう。	テ76
			2○		テ82
			3○		テ83
			4×	コール市場で取引される翌日物（オーバーナイト物）の仲介は、主に短資会社が行っている。	テ84
			5○		テ78
財務諸表と企業分析	問64	×	当座比率は、$\frac{\text{当座資産}}{\text{流動負債}}\times 100$である。		テ341
	問65	○			テ330
	問66	○			テ335
	問67	×	特許権は、固定資産の無形固定資産に分類される。		テ331
	問68	×	固定比率は、$\frac{\text{固定資産}}{\text{自己資本}}\times 100$である。 なお、この比率は、100％以下であることが理想的とされる。		テ341

科目	問	解答	解説	参照ページ
財務諸表と企業分析	問69	5	売上総利益＝売上高－売上原価 経常利益＝売上総利益－販売費及び一般管理費 ＋営業外損益 （税引後）純利益＝経常利益＋特別損益－法人税及び住民税 〈前期〉 前期売上総利益＝10,000－7,500＝2,500 前期経常利益＝2,500－2,100＋80＝480 前期純利益＝480－150－200＝130 〈当期〉 当期売上総利益＝15,000－12,000＝3,000 当期経常利益＝3,000－2,500＋50＝550 当期純利益＝550＋380－450＝480	テ333〜334、338〜339、350〜351
		イ×	前期の売上高総利益率＝$\frac{売上総利益}{売上高}\times 100$ $=\frac{2,500}{10,000}\times 100=\underline{25.0\%}$	
		ロ×	前期の売上高(純)利益率＝$\frac{前期の純利益}{売上高}\times 100$ $=\frac{130}{10,000}\times 100=\underline{1.3\%}$	
		ハ○	当期の売上高経常利益率＝$\frac{当期の経常利益}{売上高}\times 100$ $=\frac{550}{15,000}\times 100=\underline{3.6\%}$	
		ニ○	売上高は、今期15,000＞前期10,000なので、増収である。また、経常利益は、今期550＞前期480なので、増益（経常利益ベース）である。したがって、<u>当期は前期に比べて増収、増益（経常利益ベース）である</u>。	
証券税制	問70	○		テ365
	問71	×	株式等の譲渡による所得は、事業的規模で行う場合や継続的に行う場合は、<u>事業所得や雑所得に分類されることがある</u>。	テ357
	問72	×	特定口座は、個人１人につき「<u>１業者・１口座</u>」とされている。	テ368
	問73	○	なお、ETF及びREITも同様である。譲渡益については、配当の受取り方式にかかわらず非課税となる。	テ370
	問74	×	源泉徴収が選択された特定口座（源泉徴収選択口座）に係る上場株式等の譲渡所得等の金額又は損失の金額は、<u>確定申告不要制度の対象</u>とされている。	テ358、367、369
	問75	×	NISA口座内の譲渡損失は、特定口座や一般口座で保有する他の有価証券の売買益や配当金との<u>損益通算及び繰越控除の適用を受けることもできない</u>。	テ371

科目	問	解答	解説	参照ページ
証券税制	問76	1	同一銘柄を2回以上にわたって取得している場合には、「総平均法に準ずる方法」により、取得費（取得価額）を計算する。 ○○年9月譲渡時点の1株当たりの取得費 $=\dfrac{650円\times2,400株+680円\times2,800株+670円\times4,800株}{10,000株}$ $=668円$ ○○年9月譲渡時点の譲渡益 $(680円-668円)\times10,000株=120,000円$	[テ]364
証券市場の基礎知識	問77	○		[テ]8
	問78	1	1○	[テ]6
			2×　補償対象は、機関投資家等のプロを除く顧客の預り資産で、補償限度額は、顧客1人当たり1,000万円とされている。	[テ]7、40
			3×　証券会社は資金移転等の仲介機能を果たしているが、証券を取得する判断と責任はすべて供給者（投資者）に帰属するものであり、供給者の資産を管理運用はしない。	[テ]3
			4×　経済主体間の資金需要額と供給額は、全体としてみれば一致するが、部門別では必ずしも一致はしない。	[テ]2
			5×　証券保管振替機構は、国債以外の有価証券の決済及び管理業務を集中的に行う日本で唯一の証券決済機関である。	[テ]6
セールス業務	問79	○		[テ]102
	問80	○		[テ]93
	問81	○		[テ]103
	問82	×	違反行為が発覚した場合には、しかるべき部署や機関に速やかに報告を行う。	[テ]93
	問83	○		[テ]97
デリバティブ取引	問84	×	受渡決済の他、取引最終日までに反対売買により売り値と買い値の差額で決済する差金決済の方法がある。	[テ]378～379 419～420
	問85	○		[テ]405
	問86	×	イン・ザ・マネーの状態でのオプション・プレミアムは、本質的価値と時間価値の合計である。	[テ]389
	問87	×	「フロア」は将来の金利低下リスクのヘッジが可能になる。	[テ]438
	問88	×	カバード・コールは「原資産買い持ち＋コールの売り」で作るポジションである。	[テ]403
	問89	○		[テ]435
	問90	×	ストラングルの買いは、利益無限定、損失限定となる。	[テ]397、404
	問91	×	国債先物取引の受渡決済においては、売方が銘柄の選択権を持っている。	[テ]420
	問92	2	（A）アット・ザ・マネー　原資産価格＝権利行使価格 （B）イン・ザ・マネー　原資産価格＜権利行使価格 （C）アウト・オブザ・マネー　原資産価格＞権利行使価格 したがって、正しい組み合わせは、選択肢2である。	[テ]387

<table>
<tr><th>科目</th><th>問</th><th>解答</th><th colspan="2">解説</th><th>参照ページ</th></tr>
<tr><td rowspan="19">デリバティブ取引</td><td rowspan="5">問93</td><td rowspan="5">1・5</td><td>1〇</td><td>なお、バーティカル・ブル・コール・スプレッドは、権利行使価格の高いコールを売り、権利行使価格の低いコールを買う戦略である。</td><td>テ398</td></tr>
<tr><td>2×</td><td>同じ権利行使価格、同じ限月で同量のコールの買いとプットの売りを合わせると、あたかも先物の買いポジションを持ったかのようになる。これを合成先物の買いという。</td><td>テ402</td></tr>
<tr><td>3×</td><td>ストラドルの買いとストラングルの買いは、共に市場が大きく変動すると予想する戦略である。</td><td>テ396～397</td></tr>
<tr><td>4×</td><td>オプション取引において、コール、プットとも買方の損益は、利益無限定、損失限定となる。</td><td>テ388、394～395、404</td></tr>
<tr><td>5〇</td><td></td><td>テ396、404</td></tr>
<tr><td rowspan="5">問94</td><td rowspan="5">1・2</td><td>1〇</td><td>6月限、12月限においては直近の16限月、3月限、9月限においては直近の3限月の19限月となる。</td><td>テ426</td></tr>
<tr><td>2〇</td><td></td><td>テ414、426</td></tr>
<tr><td>3×</td><td>日経225先物取引の取引最終日は、各限月の第2金曜日の前営業日に終了する取引日である。</td><td>テ426</td></tr>
<tr><td>4×</td><td>日経225先物取引の呼値の刻みは、10円である。</td><td>テ414、426</td></tr>
<tr><td>5×</td><td>日経225先物取引の最終決済は、約定価格と特別清算数値（SQ値）との差金決済で行われる。</td><td>テ425～426</td></tr>
<tr><td rowspan="5">問95</td><td rowspan="5">3・5</td><td>1〇</td><td></td><td>テ391</td></tr>
<tr><td>2〇</td><td></td><td>テ392</td></tr>
<tr><td>3×</td><td>オプションのガンマとは、原資産価格の微小変化に対するデルタの変化の比を指す。</td><td>テ392</td></tr>
<tr><td>4〇</td><td></td><td>テ392</td></tr>
<tr><td>5×</td><td>オプションのベガとは、ボラティリティの微小変化に対するプレミアムの変化の比を指す。問題文は、セータの記述である。</td><td>テ392</td></tr>
<tr><td>問96</td><td>4</td><td colspan="2"><table>
<tr><th></th><th>長期国債現物</th><th>長期国債先物</th></tr>
<tr><td>現在の価格</td><td>105.00円</td><td>99.50円</td></tr>
<tr><td>1ヵ月後の価格</td><td>102.50円</td><td>97.10円</td></tr>
<tr><td>2ヵ月後の価格</td><td>105.20円</td><td>99.80円</td></tr>
</table>
①保有している長期国債現物は、最も高い2ヵ月後の105.20円で売却すると、最も収益を獲得できる。
②長期国債先物は、最も安い1ヵ月後の97.10円で買建て、最も高い2ヵ月後の99.80円で転売すると、最も収益を獲得できる。
③したがって、上記①及び②を組み合わせた投資を行っているのは、選択肢4である。</td><td>テ421</td></tr>
<tr><td>問97</td><td>5</td><td colspan="2">先物建玉の評価損による証拠金不足は「現金不足額」として全額現金で差し入れる必要がある。代用有価証券の値下がりによる証拠金不足は、証拠金不足額として全額有価証券で代用できる。</td><td>テ418、423</td></tr>
</table>

<table>
<tr><th>科目</th><th>問</th><th>解答</th><th colspan="2">解　　説</th><th>参照ページ</th></tr>
<tr><td rowspan="14">デリバティブ取引</td><td rowspan="5">問98</td><td rowspan="5">4・5</td><td>1×</td><td>中期国債先物の標準物の償還期限は、5年である。</td><td>テ420</td></tr>
<tr><td>2×</td><td>長期国債先物の呼値の刻みは、額面100円当たり1銭である。</td><td>テ414、420</td></tr>
<tr><td>3×</td><td>長期国債先物の取引単位は、額面1億円である。</td><td>テ414、420</td></tr>
<tr><td>4○</td><td></td><td>テ420</td></tr>
<tr><td>5○</td><td></td><td>テ420</td></tr>
<tr><td>問99</td><td>3</td><td colspan="2">1,140ポイントのとき、「コールの買い」と「プットの売り」の合計は0（ゼロ）であるため、「損益なし」が正解となる。
<table>
<tr><th></th><th>1,100</th><th>1,110</th><th>1,120</th><th>1,130</th><th>1,140</th><th>1,150</th></tr>
<tr><td>コールの買い</td><td>－40</td><td>－40</td><td>－40</td><td>－30</td><td>－20</td><td>－10</td></tr>
<tr><td>プットの売り</td><td>0</td><td>10</td><td>20</td><td>20</td><td>20</td><td>20</td></tr>
<tr><td>合計損益</td><td>－40</td><td>－30</td><td>－20</td><td>－10</td><td>0</td><td>10</td></tr>
</table>
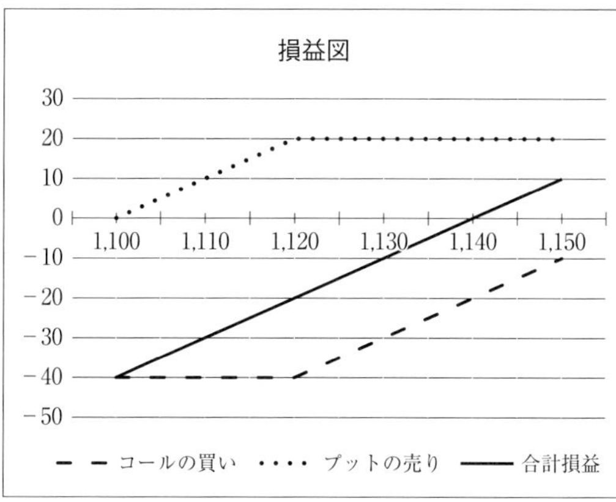

なお、このポジションは、合成先物の買いである。</td><td>テ394～395、402</td></tr>
<tr><td rowspan="5">問100</td><td rowspan="5">1・2</td><td>1×</td><td>トータル・リターン・スワップは、プロテクションの買手が、取引期間中、売手に買手が保有している社債等の参照資産から生ずるクーポン及び契約期間終了時に当該社債等が値上がりしていれば、値上がり益を支払い、代わりに値下がりしていれば、値下がり分及び想定元本に対して計算される短期金利を受取るスワップ取引である。問題文は、クレジット・デフォルト・スワップの記述である。</td><td>テ441～442</td></tr>
<tr><td>2×</td><td>クレジット・デフォルト・スワップは、プロテクションの買手が信用リスクをヘッジする取引である。</td><td>テ442</td></tr>
<tr><td>3○</td><td></td><td>テ443</td></tr>
<tr><td>4○</td><td></td><td>テ441</td></tr>
<tr><td>5○</td><td></td><td>テ443</td></tr>
</table>

◆MEMO

～編者紹介～

株式会社　日本投資環境研究所（略称　J-IRIS）

（Japan Investor Relations and Investor Support, Inc.）

1980年４月設立。みずほフィナンシャルグループ。2017年４月１日の合併に伴い、旧社名みずほ証券リサーチ＆コンサルティングより商号変更。

コンサルティング・調査事業、教育事業（ＦＰ研修、外務員研修等）のサービス等を提供する総合調査研究機関。日本ＦＰ協会の認定教育機関として、認定研修や継続研修等を展開するほか、多くの金融機関で外務員資格取得研修等を行う。商工会議所などの公益法人などでの各種セミナー、ＦＰ関連の相談業務、レポートなどの情報も提供している。

http://www.j-iris.com/

2024～2025　証券外務員　［一種］対策問題集

2024年５月25日　初版第１刷発行

編　者　株式会社日本投資環境研究所

発行者　延　對　寺　　哲

発行所　株式会社ビジネス教育出版社

〒102-0074　東京都千代田区九段南4-7-13
TEL 03(3221)5361(代表)　FAX 03(3222)7878
E-mail:info@bks.co.jp　https://www.bks.co.jp

落丁・乱丁はお取替えします。　　印刷製本：三美印刷株式会社

ISBN 978-4-8283-1080-0